A. und B. Kirkwood

Marias Botschaft an unsere Familien

Band 1

Annie und Byron Kirkwood

Marias Botschaft an unsere Familien

Band 1

ch. falk verlag

Aus dem Amerikanischen
von Anna-Christine Raßmann

deutsche Erstveröffentlichung

2. Auflage März 1996

Umschlaggestaltung: Sabine Becker-Will u. Josef Nysten-Riess
unter Verwendung eines Gemäldes von
Bright Eagle (Petra Schwabe), Prien am Chiemsee

Satz: Plejaden Publishing Service, Boltersen
Druck: F. Steinmeier, Nördlingen

Printed in Germany
ISBN 3-89568-004-4

Inhalt

Im **Zweiten Band**
finden Sie folgende Themen behandelt:

Einleitung

Annie Kirkwood ist Autorin von *Marias Botschaft an die Welt,* einer Botschaft, die Maria, die Mutter Jesu, Annie durch deren Bewußtsein diktierte. *Marias Botschaft an die Welt* wurde Annie in den Jahren 1987 bis 1990 in „täglichen Lektionen“ von je zwei bis drei Seiten übermittelt. 1991 wurde das Buch herausgegeben; es ist inzwischen ein in mehrere Sprachen übersetzter Bestseller geworden.

Annie hatte bei Ruth Montgomery und anderen Vorhersagen über die bevorstehenden Veränderungen auf der Erde gelesen. Da sie sich um ihre Familie sorgte und sich fragte, wie mit diesen Veränderungen umzugehen sei, hatte sie sich auf die Suche nach weiteren Informationen gemacht. In den Buchläden suchte sie nach einem Buch, das ihr alle Fragen beantworten würde, natürlich ohne je daran zu denken, daß sie selbst schließlich dieses Buch schreiben würde.

Eines Tages, als sie in einer Buchhandlung des Ortes weilte, fiel ihr beim Stöbern ein Band aus dem Regal. Sie warf einen Blick darauf, stellte es wieder an seinen Platz und suchte weiter nach ihrem Buch mit „allen Antworten“. Schließlich, als dasselbe Buch zum drittenmal aus dem Regal gefallen war, sagte der Verkäufer: „Ich glaube, das Buch versucht Sie auf sich aufmerksam zu machen.“

Annie kaufte das Buch. Es war *The God-Mind Connection* von Jean Foster. Als sie es gelesen hatte, fragte sie sich, warum sie es gekauft hatte, denn es beantwortete ihre Fragen nicht nur nicht, sondern es warf im Gegenteil hier noch neue Fragen auf! Schließlich kam sie zu dem Kapitel, in dem Jean beschreibt, wie sie mit den spirituellen Wesenheiten, die sich die „Bruderschaft“ nennen, verkehrt. Das Buch enthält Anleitungen, wie man selbst Botschaften von der Bruderschaft empfangen kann, und Annie hatte das

Gefühl, daß sie dazu auch imstande sein könnte, und zwar durch die Technik des „automatischen Schreibens", wie Jean es damals nannte. Annie bezeichnet es jetzt als „kosmisches Diktat", nachdem eine Freundin von ihr diese Bezeichnung benutzt hatte.

Nach mehreren vergeblichen Anläufen gelang es Annie, Kontakt zu der besagten Bruderschaft aufzunehmen. Sie ist eine Gruppe von hoch entwickelten spirituellen Wesenheiten, die den Menschen bei ihrer spirituellen Entwicklung beistehen.

Die Mitglieder der Bruderschaft haben ein Gelübde abgelegt, ihre persönliche Identität aufzugeben und keine ihrer Namen aus vergangenen Leben zu benutzen. Nachdem Annie mehrere Monate lang Botschaften der Bruderschaft empfangen hatte, kam eines Tages eine Wesenheit durch, die sich „Maria" nannte. Das kam ihr merkwürdig vor, denn die Bruderschaft nannte niemals Namen, und Annie wollte wissen, mit wem sie es zu tun hatte. Die Wesenheit gab sich als „Maria, die Mutter Jesu" zu erkennen. Annie, die nicht katholisch ist, sagte der Wesenheit, sie müsse sich irren, denn sie, Annie, sei nicht katholisch. Maria antwortete schließlich: „Ich auch nicht." Annie war immer davon ausgegangen, daß Maria, die Mutter Jesu, Katholikin gewesen sein müsse. Maria sagte Annie, daß sie eine Botschaft habe, die sie durch sie an die Welt weitergeben wolle. Diese Botschaft wurde schließlich zu dem Buch „Marias Botschaft an die Welt".

Während der Zeit, in der wir das Buchmanuskript aus den täglichen Botschaften zusammenstellten, empfing Annie nach wie vor Durchgaben von der Bruderschaft, die nach und nach mehrere dicke Ordner füllten. In einer ihrer Durchgaben (am 14. August 1988) bat die Bruderschaft: „Versammle deine Kinder um dich und lehre sie zu beten und zu meditieren. Sie werden zunächst deine Methoden übernehmen und dann eine Form finden, die ihnen gemäß ist. Kommt einmal in der Woche zu Gebet und Meditation zusammen. Gemeinsam werdet ihr überleben und zu wichtigen Leitbildern werden. Darum bitten wir, denn wir sind von Gott beauftragt, mit euch einen Anfang zu machen. In diesen wöchentlichen Treffen sollt ihr über die Dinge sprechen, die euch verwirren, und wir werden der Gruppe spezielle Botschaften übermitteln, die du vorlesen sollst. Nur als Einheit werdet ihr bestehen. Wenn andere sich eurer Familie anschließen wollen, heißt sie willkommen und bittet sie, um Führung zu beten."

So begannen unsere Familientreffen, wie wir sie später nannten. Man könnte auch einfach sagen, es waren „Gebets- und Meditationstreffen", die ursprünglich im engsten Familienkreise stattfanden. Durch die Durchgaben der Bruderschaft lernten wir viele spirituelle Vorstellungen und Begriffe kennen. Die meisten dieser Lektionen sind in diesem Buch enthalten. Manche der Botschaften kamen auch von Jesus oder von Mutter Maria. Einige Durchgaben waren so persönlicher Natur, daß wir sie von einer Veröffentlichung ausschlossen, und ein paar sind vielleicht auch durch Computerversagen verlorengegangen.

Wie diese Botschaften zu benutzen sind

Wenn Sie selbst einen Gebets- und Meditationskreis ins Leben rufen möchten, der diese Texte zur Grundlage nimmt, so schlagen wir folgenden Ablauf vor:[1]

Legen Sie zunächst fest, wer diese Gruppe jeweils oder dauernd leiten soll. Der Leiter soll die jeweilige Lektion vor dem Treffen gelesen und verstanden haben. Zu Beginn jedes Treffens gibt der Leiter einen kurzen Überblick über den Text. Dann führt er oder eine andere dazu bestimmte Person die Gruppe in eine Meditation. Es kann eine persönliche, geführte Meditation sein, wenn jemand in der Gruppe diese Fähigkeit hat. Sie können auch eine Meditationskassette benutzen oder einfach einen „Augenblick der Stille" vereinbaren. Wenn Sie sich für Stille entscheiden, dann meditieren Sie darauf, die Botschaft verstehen und annehmen zu können.

---

[1] Weitere Vorschläge finden Sie in einer Lektion vom 2. August 1992.

Nach der Meditation können Sie beten. Wir beten in der Gruppe, das heißt, einer der Anwesenden beginnt, dann betet der nächste und so fort, jeder auf seine eigene Weise. Wenn jemand in der Gruppe nicht beten möchte, kann er einfach sagen „weiter", dann fährt der nächste fort. Wir beenden unsere Gebetszeit gewöhnlich mit dem gemeinsam gesprochenen Vaterunser. Zum Beten bilden wir einen Kreis, zur Meditation jedoch nicht.

Als nächstes wird die Botschaft vorgetragen. Uns gefällt es, wenn jeder der Anwesenden einen kurzen Abschnitt übernimmt, außer natürlich, wenn jemand nicht laut vorlesen möchte. Danach könnte jemand einen passenden Text aus der Bibel beitragen.

Dann wird die Lektion besprochen. Wie sind die Gefühle dazu? Gibt es Fragen oder Unklarheiten? Wenn ja, können Mitglieder der Gruppe ihre Gedanken dazu äußern.

Nach der Aussprache über den Text kann der Gedankenaustausch auf jedes Thema ausgedehnt werden, das für irgend jemanden in der Gruppe gerade wichtig ist. Es ist eine „Frage-und-Antwort"-Zeit. Wenn einer eine Frage hat, weiß ein anderer vielleicht die Antwort oder kann zumindest sagen, was er zu diesem Thema meint oder fühlt. Oft möchte der Einzelne nur seine Gefühle oder seine Schwierigkeiten mit der Gruppe teilen können. Bitte halten Sie Kritik und Urteil aus dem Gespräch heraus.

Dies ist nur eine mögliche Form einer solchen Zusammenkunft, angelehnt an unsere ursprünglichen Familientreffen. Sie werden die der jeweiligen Gruppe gemäße Form finden. Mutter Maria und die Bruderschaft haben immer wieder betont, daß unser Tun nicht zu einer „Religion" werden soll. Es gibt schon genug Religionen in der Welt, so daß keine Rituale und unveränderlichen Formen mehr nötig sind. Um es mit Mutter Marias Worten zu sagen: „Wenn Ihnen diese Dinge helfen, Gott zu finden, dann benutzen Sie sie. Wenn sie Sie ablenken, dann lassen Sie sie beiseite."

Gott segne Sie!

Byron und Annie

Teil eins

Gebet und Meditation

1988

Kapitel 1

Beten und meditieren lernen

Ende des Jahres 1986 begann Annie, die Autorin von „Marias Botschaft an die Welt", Durchgaben von den spirituellen Wesenheiten zu empfangen, die als die Bruderschaft Gottes bekannt sind. Zu Anfang war es einfach so, daß Annie die Botschaften von Hand niederschrieb. Mit meinem (Byrons) Computerfachwissen hatte ich Annie jedoch bald dazu gebracht, einen Computer und ein Textverarbeitungssystem mit Rechtschreibeprogramm zu benutzen, das die Rechtschreibfehler korrigierte. Sie brauchte nun nur noch den Programmnamen „Annie" einzugeben, und der Computer war bereit, die Botschaften komplett mit Überschrift und Datum einzuspeichern.

Nachdem Annie zwei Jahre lang Botschaften von der Bruderschaft und Maria empfangen hatte, baten sie uns, das, was von ihnen kam, auch unserer Familie zugänglich zu machen. Der folgende Text ist ein Teil der Botschaft, die Annie am 14. August 1988 empfing, in der die Weisheiten uns mitteilten, wie das vonstatten gehen sollte.

Versammelt eure Familie um euch

14. August 1988

...Nun denn, bereitet eure Kinder und eure Freunde vor, indem ihr die Worte, die ihr von Maria empfangen werdet, veröffentlicht.[1] Ruft eure Kinder zusammen und lehrt sie beten und meditieren. Zeigt ihnen, wie sie beten und meditieren sollen. Sie werden diese Methoden aufnehmen und eine Form finden, die für sie paßt. Zur

[1] Das wurde zu dem Buch *Marias Botschaft an die Welt*

Zeit meditieren sie jedoch nicht. Manche von ihnen bemühen sich, und wir erachten diese Bemühungen als sehr wertvoll. Nicht zu diesen wenigen, sondern zu den anderen, die es noch nicht einmal versuchen, möchten wir sprechen.

Kinder von Annie und Byron, hört diese Lehren, die eure Mutter empfängt. Sie sind die Wahrheit. Die Vorhersagen werden eintreffen.[2] Sie lassen sich jetzt nicht mehr umgehen, denn die Erde braucht diese Umkehr, um zu heilen und zu überleben. Lernt von diesen Eltern, die jeden von euch so sehr lieben. Kommt einmal in der Woche zum Gebet zusammen und lernt zu meditieren.

Eure erste Gruppenaufgabe ist, den inneren Tempel zu besprechen. Jeder von euch wird in seiner Vorstellung einen Tempel erbauen, der ihm entspricht. Sagt niemandem, wie euer Tempel aussieht; es ist euer ganz besonderer Ort, wo ihr uns und dem Einen Gott begegnet. Dies ist eine unerläßliche Vorarbeit. Während der ersten Woche sollt ihr daran arbeiten, euren Tempel schön zu gestalten. Er soll so detailliert und vollständig sein, daß ihr ihn auf der Erde aus dreidimensionalen Materialien bauen könntet. Lest die Stellen in Jeans Buch[3], die Anweisungen zum Bau dieses Tempels geben. Wir werden bei diesem Familientreffen zugegen sein und jeden einzelnen von euch lehren, sich zu öffnen und alles zu empfangen, was wir euch geben werden. Erneut bitten wir dringend jeden einzelnen von euch, dieser Bitte Folge zu leisten. Wir stehen euch jederzeit für alles zur Verfügung.

Die nächste Botschaft zeigt die vollständige Form, in der jede Durchgabe empfangen wurde, einschließlich der Überschrift mit Annies Namen, dem Datum und der Quelle (Bruderschaft, Maria, Jesus usw.). Sie umfaßt auch die typische Einleitung und die Schlußworte. In den folgenden Botschaften haben wir diese Elemente ausgelassen, um unnötige Wiederholungen zu vermeiden.

---

[2] Das bezieht sich auf die Voraussage über Erdveränderungen in Kapitel 2 von *Marias Botschaft an die Welt*

[3] Jean Foster, *The God-Mind Connection*

Die Titel der Lektionen und die Kapiteleinteilung wurden später hinzugefügt, als wir das Buch zusammenstellten. Als wir die einzelnen Lektionen empfingen, hatten wir keine Ahnung, daß sie fortlaufend waren oder auch nur ein durchgängiges Thema hatten. Wir konnten, wie das Sprichwort sagt, „vor lauter Bäumen den Wald nicht sehen". Wir konnten den größeren Plan nicht erkennen und dachten überhaupt nicht daran, daß diese Lektionen mit der Zeit zu einem Buch werden würden. Aber so werden wir oft gelehrt, einfach zu dienen.

Annie Kirkwood – 21. August 1988 – Bruderschaft

Ich rufe die Bruderschaft an. Heute kommen meine Kinder zum Beten und Meditieren. Könnt Ihr ihnen ein paar Worte der Ermutigung geben, oder habt Ihr eine Botschaft für sie?

Guten Morgen, Kleines. Ja, wir wissen, daß deine Kinder sich heute mit euch treffen, um mehr über uns, über Gott und sich selbst zu erfahren. Zuerst solltet ihr darüber sprechen, was sie schon wissen, was sie glauben und was sie sich von diesen Sitzungen erhoffen. Dann werdet ihr wissen, wie ihr vorgehen könnt. Wir haben natürlich eine Botschaft für sie.

Ihr solltet mit euren Kindern darüber sprechen, einen inneren Tempel zu bauen, denn das ist das wichtigste. In diesen inneren Tempel wird jedes von ihnen gehen, um zu beten und zu meditieren und seine Antworten von dem Einen Gott des Universums zu erbitten. Ein paar von ihnen haben Jeans Buch gelesen, und für sie wird es eine Wiederholung sein, während es für die anderen neu ist. Auch die kleinen Kinder werden von diesen Gesprächen profitieren. Versucht nicht, sie zum Zuhören zu bewegen, aber schließt sie beim Gebet und bei der Meditation mit ein. Kleine Kinder können noch nicht lange aufmerksam sein, und während eures Gespräches werden sie ein und aus gehen, aber beim Gebet und bei der Meditation sollen sie wirklich dabei sein. Sagt den Kleinen, wie wichtig es ist, Gott, der sie geschaffen hat, in ihrem Innern zu suchen. In ein paar Wochen werden wir sie darin unterrichten, auf ihre Gedanken zu achten, und wie diese Gedanken manchmal als Gebete gehört werden. Laßt euch Zeit mit den Kindern, und allmählich, wenn diese Sitzungen ihnen etwas Vertrautes geworden sind, werden sie sich von selbst mehr an diesen Gesprächen beteiligen.

Mit der Zeit wird durch eure wöchentlichen Treffen und durch eure Fragen eine Art Programm entstehen, und die Gespräche werden sich ganz von selbst ergeben. Ihr sollt so vorgehen, daß ihr zunächst klarstellt, wie wichtig es ist, einen inneren Tempel zu haben. Sprecht dann darüber, wie man mit dem Licht umgeht, das sie in ihren Visualisierungen sehen werden. Dieses Licht bringt Wissen und Weisheit und zündet die Intuition. Durch das Vorlesen der Botschaften, die wir euch geben, werden neue Fragen auftauchen. Wir werden ihre Fragen beantworten. Es ist ganz einfach. Schließt, wenn ihr betet, immer ein besonderes Gebet für den Planeten und für alle Menschen auf der Erde mit ein.

Wir werden mit euch sein, mit jeder Gruppe und ihren Familien, so wie auch Maria mit euch ist. Wir freuen uns über die Teilnahme eurer Kinder. Sie haben richtig entschieden und werden nun darauf vorbereitet werden, ihre Funktion in den kommenden Ereignissen zu erfüllen.

Kinder von Byron und Annie, hört auf euer inneres Selbst, das zu euch spricht und euch in eurer Suche nach der Wahrheit leitet. Dieses heutige Treffen ist nur eine Vorbereitung auf das, was ihr euch von diesen wöchentlichen Treffen erhoffen und erwarten könnt. Eure wichtigste Aufgabe ist jetzt, für den Planeten und für alle Menschen auf der Welt zu beten. Die Hoffnung der Zukunft liegt in euren Händen. Der Sinn des Lebens wird euch sehr bald enthüllt werden. Der Frieden, der die Welt später umgeben wird, beginnt in euren Herzen, in eurer Familie und in eurem Teil der Welt. Immer geschieht es so. Gott ist euer Ursprung. Jeder von euch begann als ein Funke des Göttlichen, und jeder von euch trägt diesen Funken in seinem Bewußtsein, in seinem Körper und seiner Seele. Laßt diesen Funken des Göttlichen sich mit der Quelle alles

Göttlichen verbinden, mit dem Einen Gott des Universums, denn das ist euer tiefstes Verlangen und eure innere Hoffnung, die euch durch viele Leben zu diesem Punkt getragen hat.

Das wichtigste ist, auf eure Denkmuster und Gedanken zu achten und sie richtig auszurichten, denn wie ihr denkt, so werdet ihr sein. Jeder Mensch ist nach dem Bilde Gottes geschaffen, und ihr müßt verstehen, wie wertvoll ihr seid. Nach diesem Wert sucht ihr. Er liegt in eurem Innern, in eurem Herzen und eurem Gemüt. Denkt während der Woche an diesen Funken des Göttlichen, der in allen Menschen anwesend ist. Haltet dieses Wissen ganz im Vordergrund eures Denkens und durchdenkt es sorgfältig. Ihr seid göttlich, denn ihr kommt von Gott. Ihr könnt ebenso wunderbar und herrlich sein wie Gott, denn all Seine Eigenschaften sind in euch. Haltet diesen Gedanken täglich in euch präsent. Sagt Gott, wie dankbar ihr dafür seid, daß er all Seine Eigenschaften in euch gelegt hat. Mit Dankbarkeit und ernsthaftem Streben werdet ihr diese Eigenschaften finden. Sie werden zum Vorschein kommen und eure Welt und euer Leben verbessern. Bereitet euch durch diese wöchentlichen Treffen auf die kommende Zeit vor. Sie werden all eure Fragen beantworten. Wir werden jede Frage und jedes Gespräch bedenken und unser Wissen und unsere Weisheit mit euch teilen. Trefft euch in Frieden und vergebt allen Menschen, auch denen, die euch, wie ihr meint, schlecht behandelt haben. Vergebung ist nicht nur für den anderen Menschen gut, sondern vor allem für euch selbst. Vergebung reinigt das Herz von Verletzung und Zorn. Schaut tief hinein in euren Zorn, euren Neid, eure Eifersucht, eure verletzten Gefühle und eure Angst. Schaut, woher sie kommen. Vergebt allen und ändert eure Einstellung gegenüber diesen Gefühlen. Es sind Emotionen, die euch vom Guten abbringen.

Vergebt den Menschen in eurer Familie, die nicht eurer Meinung sind oder die euch verletzt oder geärgert haben. Betet, daß sie ihr Herz und Gemüt der Wahrheit öffnen können, die in ihrem eigenen Wesen liegt. Darauf wollen wir etwas näher eingehen. Familien sind manchmal engstirnig und meinen, sie hätten alle

Antworten auf das Leben. Sie meinen, sie wüßten die Wahrheit über Gott und alle religiösen Fragen. Jemand, der sich für allwissend hält, ist in Wahrheit weit davon entfernt und wird so lange in der Dunkelheit seines eigenen Bewußtseins umherirren, bis er sein Herz öffnet. Betet für diese Familienmitglieder und für alle Mitglieder eurer Familie. Bald werden viele sehen, wie ihr euch verändert, und andere werden es vielleicht nicht sehen. Ihr könnt ihnen nur durch Beten helfen. Die einzige Hoffnung für die Engstirnigen liegt in euren Gebeten für sie. Sprecht über niemanden schlecht, denn nur dank der Gnade Gottes seid ihr nicht selbst so. Seid dankbar für eure Offenheit und hört auf euer offenes Herz, das euch in allen Lebensbereichen führen wird.

Zuerst werdet ihr euch innerlich verändern, werdet euch anders fühlen, euch selbst und anderen gegenüber. Dann werden sich diese Veränderungen in euren Beziehungen zu anderen zeigen, und schließlich werden sie sich über die ganze Welt verbreiten. Später werdet ihr denken, daß alle Menschen so denken wie ihr, und werdet euch wundern, wieso manche Menschen so unglücklich und mißgestimmt sind. Wir möchten euch nur lehren, glücklich, reich, gesund und voller Frieden zu sein. Unser Ziel ist, euch mit dem Denken Gottes zu verbinden, das alle Antworten kennt und alle guten Gaben für euch bereithält. Wir sind sehr stolz auf euch, und eure Bemühungen werden nun mit unseren Gebeten und allem, was wir zu geben haben, belohnt.

Nun, Kleines, fahre fort, nach der Wahrheit zu streben und deine Familie zu unterrichten, denn viele, die Rat und Hilfe suchen, werden an deine Tür kommen. Dein Rat für jeden wird sein, so wie du Gott in seinem Herzen zu suchen. Du wirst wissen, was du jedem Menschen sagen mußt. Laß dich durch nichts von dieser wichtigen Aufgabe abhalten, denn dafür bist du auf die Erde gekommen.

Wir umgeben dich und deine Lieben mit göttlicher Liebe.

Die Bruderschaft

Das Datum und die Quelle der jeweiligen Botschaft (normalerweise die Bruderschaft) werden nur ordnungshalber erwähnt. In ein paar Fällen hat das Datum eine Bedeutung, zum Beispiel an Weihnachten, Erntedank, Ostern und am Jahresanfang und -ende.

Wie man anfängt: Seine Vorstellungen von Gott erweitern

Die Bruderschaft, 28. August 1988

Wir loben jeden von euch, der zu der neuen Einstellung gefunden hat, zu beten und nach der Wahrheit zu streben. Wir sind die Woche über mit jedem von euch. Jeder, der darum gebeten hat, hat seinen eigenen Bruder[4], der ihm immer zur Verfügung steht. Sprecht im Geiste mit uns und laßt euch dieses innere Zwiegespräch zur lieben Gewohnheit werden. Ihr werdet merken, daß ihr zur rechten Zeit einfach wißt, was ihr in der jeweiligen Situation wissen müßt. So helfen wir euch. Wir sind an eurem Arbeitsplatz bei euch und auf dem Wege von und zur Arbeit. Wir sind zu Hause in jeder Situation für euch da. Doch wir nehmen euch nicht eure eigenen Pflichten ab. Wir leben nicht euer Leben für euch, noch treffen wir für euch eine Entscheidung. Wir werden euch bei jeder eurer Entscheidungen helfen und stehen euch als Führer und Ratgeber zur Verfügung. Das ist unser Versprechen an euch. Ihr werdet die Kraft haben, alle eure Aufgaben zu erfüllen. Ihr seid nie allein.

Unsere heutige Botschaft sagt euch, wie ihr anfangen sollt. **Beginnt mit der Vorstellung, die ihr von Gott habt. Gott ist so viel größer, mächtiger und herrlicher, als ihr es euch vorstellen könnt.** Er ist mächtiger, zärtlicher und liebevoller, als eure Vorstellungskraft es erfassen kann. Ihr sollt verstehen, daß ihr seid wie

---

[4] Die Bruderschaft sagte uns, daß wir darum bitten können, daß ein Mitglied der Bruderschaft jeweils speziell mit einem von uns arbeitet, wenn wir es wollen. Ihre Aufgabe ist, uns in unserem geistigen Fortschritt und in unserem Verstehen des Geistes zu unterstützen. Wenn Sie wollen, können Sie darum bitten, daß ein bestimmter Bruder einzeln mit Ihnen arbeitet.

Gott, denn ihr seid nach seinem Bilde und Gleichnis geschaffen. Der Teil von euch, der wie Gott ist, ist euer spirituelles Selbst. Im Innern eurer Seele seht ihr aus wie Gott, und dort findet ihr alle seine Eigenschaften.

Erweitert eure Vorstellung von Gott und der geistigen Welt. Erweitert eure grundlegenden Begriffe von Liebe und Zärtlichkeit. Spürt die größere Idee von Gottes Liebe, die euch umgibt. Seid voller Vergebung und Güte, so wie Gott. Bringt Ruhe und Stille in euer Inneres. In der Stille und in eurem inneren Tempel könnt ihr euch mit Gott verbinden. Bittet Ihn, euch eine Ahnung von Seiner Größe und Erhabenheit zu schenken, **bittet Ihn, in euch größer zu werden, und gestattet euch zu verstehen, wie ihr euch Ihm nähern könnt.** Wir sind da, um euch zu helfen, euch mit der echten Wahrheit zu verbinden, die nur im Gottesbewußtsein zu finden ist. Wir helfen euch zu erkennen, was in eurem Erdenbewußtsein wirklich und wahr ist. Das ist unser Versprechen an euch.

Nehmt den Gedanken mit euch, daß Gott freundlich ist und euch auf Weisen lieben kann, die ihr nicht kennt. Laßt diesen Gedanken euer Bewußtsein durchdringen und denkt über diese Worte nach, damit sie euch helfen, eure eigene Verbindung zu Gott zu finden.

Meditiert täglich. Ihr könnt dazu eine geführte Meditation benutzen oder selbst eine erfinden. Findet heraus, wie andere meditieren. Dann folgt diesem Beispiel und paßt es euren eigenen Bedürfnissen an. Zuerst ist das wichtigste, den Körper zur Ruhe zu bringen und ganz und gar zu entspannen. Reinigt und erneuert dann jeden Teil eures Körpers und bedenkt, daß viele seiner Ebenen eurem Bewußtsein nicht zugänglich sind. Es gibt Zellen in eurem Körper und Ebenen in eurem Herzen und Gemüt, von denen nicht einmal die Gelehrten etwas wissen. Laßt das reinigende Licht Gottes dies alles heilen. Benutzt die einzelnen Schritte und paßt sie euren eigenen Bedürfnissen an. Am Anfang ist es vielleicht gut, sie genau zu befolgen, aber mit der Zeit werdet ihr in der Lage sein, den physischen Körper still werden zu lassen. Dann werdet ihr euch vervollkommnen und Schritte hinzufügen, die euch euer eigenes höheres Selbst eingibt. Aber das hat keine Eile. Übt eure Meditation und baut weiter an dem Tempel in eurem Herzen und Bewußtsein. **Alle Gebete sind ein individueller Ausdruck. Immer betet ihr richtig, wie auch immer ihr betet.** Denkt daran, es ist niemals nötig, Gott um euer Wohlergehen anzubetteln; es wartet schon auf euch. Worum ihr bitten sollt, ist, all das Gute anzunehmen, das für euch da ist.

Man kann das damit vergleichen, wie ihr mit einem kleinen Kind umgehen würdet. Ihr habt das Geld für sein Studium schon beisammen, wenn es zwölf Jahre alt ist, aber da ist es noch nicht bereit, auf die Universität zu gehen, und es kann mit diesem Geld noch nicht umgehen. Wäre es also weise, ihm eine große Summe Geld zur Verfügung zu stellen? Wäre es gut für das Kind, oder würde es ihm schaden, wenn es noch nicht soweit ist, kluge Entscheidungen treffen zu können? So sollt auch ihr Gott bitten, euch bereitzumachen zu empfangen. Bittet Ihn, alles aus eurem Herzen und Gemüt zu tilgen, das euch daran hindert, euer Gut zu empfangen. Ist das klar? Ihr hindert euch selbst auf eure eigene Weise an eurem Wachstum und daran, Gottes vielfältigen Segen zu empfangen. **Strebt zuerst nach geistigem Wachstum, nach geistiger Heilung und geistigem Gut.** Dann kommt der Rest von selbst dazu. Denkt an Jesu Worte: „Trachtet zuerst nach dem Reiche Gottes, und alles andere wird euch dazugegeben." (Matthäus 6,33)

An erster Stelle steht die geistige Heilung von aller Unwissenheit und allen Gedanken, die eurem Wohle im Wege stehen. Dann kommen all die materiellen Güter, die ihr euch wünscht. In alles schließt Gott ein. Bringt alle eure Gedanken vor Gott, damit sie im Geiste geheilt und berichtigt werden. Bringt eure Einstellungen dar, so daß sie so verändert werden können, daß sie wie Gott sind. So betet und sucht ihr Gott auf die rechte Weise.

Wir wollen euch dabei helfen, und wir sind mit euch, wenn ihr betet und meditiert. Alles braucht Übung und wird mit der Zeit leichter. Erlaubt uns, euch weiter zu lehren und eure Bemühungen zu leiten. Wir sind stolz auf jeden von euch. Eure Bemühungen werden von geistiger Seite unterstützt. Bittet Gott, euer Herz und Gemüt mit Verstehen und Intelligenz zu erfüllen. Unsere Liebe und Hilfe begleiten euch.

Die Bruderschaft

Vertraut euch selbst und Gott

Die Bruderschaft, 5. September 1988

Wir kommen, um euch die Wahrheit zu zeigen, die Wahrheit, wie sie direkt von Gott, dem Vater des Universums, kommt. Manche Menschen denken an Gott als Vater-Mutter-Gott. Das ist ein interessanter Gedanke. Auf der Erde sind sowohl Vater als auch Mutter nötig, um Leben zu erschaffen. Vielleicht hilft euch das, daran zu denken, daß Gott der Schöpfer allen Lebens ist. Jeder, der darum bittet, kann in seinem Tun von seinem eigenen besonderen Bruder (der Bruderschaft) begleitet werden. Wir stehen euch in jeder Hinsicht mit Hilfe und Unterstützung zur Seite. Wenn ihr eine Frage habt, selbst wenn es etwas ganz Weltliches ist, dann fragt uns, und wir besprechen es. Wenn ihr das Problem kennt, werdet ihr eine Vorstellung haben, wie es zu lösen ist. Wir geben euch einfach einen Gedanken oder eine Idee ein, und es wird sich ganz einfach auflösen. Das ist unser Versprechen von jeden an euch. Habt keine Angst, wir sind nicht im geringsten so etwas wie „Geister" im Sinne dessen, was ihr auf Erden darunter versteht. Jesus nannte uns den Heiligen Geist (z.B. in Markus 13,11 oder Lukas 12,12), aber nur, weil er klarmachen wollte, daß wir spirituelle Wesenheiten sind. Eure sogenannten „Geister" sind feinstoffliche Wesen, die bis vor kurzem wie ihr auf der Erde gelebt haben und die eher böswillig sind. Wir spielen keine Streiche oder erschrecken ängstliche Leute. Wir kommen, um die Wahrheit des Einen Gottes des Universums mit euch zu teilen. Wir sind beauftragt, allen Menschen die Wahrheit zu bringen.

Vertraut auf eure Gebete und seht die Wunder; wenn eure Gebete erhört werden, könnt ihr euch selbst und einander die Wahrheit beweisen. Die Dinge, die ihr jetzt lernt, sind zu eurem Nutzen, und ihr sollt sie euren Lieben weitergeben. Sie werden euch sicher in die kommende Ära geleiten. Bringt Vertrauen in euer Leben, indem ihr euren Freunden und euren Ehepartnern vertraut, aber prüft zuerst, ob eure Freunde euer Vertrauen verdienen. Prüft alle und beweist euch eure eigene Vertrauenswürdigkeit. Prüft unser Vertrauen und Gottes Vertrauen. Wir sind uns unserer selbst und Gottes sicher. Seit Jahrhunderten kennen wir Gottes Macht und Seine Wunder. Ihr fangt gerade erst an, sie kennenzulernen. Erlaubt uns, euch den Weg zum Gottesbewußtsein finden zu helfen, zu Seiner Macht, die all eure Probleme auflösen kann, die euch täglich den Weg ebnet und euch bereitmacht, zu lernen und die Wahrheit zu sehen. Erlaubt uns, euch in jeder Weise zu helfen. Prüft uns, laßt uns in euer Leben und in euer Zuhause ein. Erbittet von uns, was immer ihr wollt. Bittet, daß alles sich zum Guten wenden möge, bittet um unsere Hilfe bei eurer Arbeit und in euren Beziehungen. Bittet um unsere Hilfe, wenn ihr mit dem Auto durch den Verkehr fahrt, und erlaubt uns, euch täglich göttlichen Schutz zu geben. Wir sind nur hier, um euch zu helfen.

Vor allem jedoch bitten wir euch darum, euch auf eurem geistigen Wege helfen zu lassen. Wenn ihr nicht wißt, wie ihr das tun sollt, dann sagt einfach: „Ich weiß nicht, wie oder um was ich bitten soll, aber ich wäre gern..., hätte gern ... oder würde gern ... verstehen.“ Die Lücken füllt ihr selbst aus. Bittet darum, daß Gottes Wahrheit euch erfüllen möge. Unsere wahre Absicht und Mission ist, euch mit dem Bewußtsein Gottes zu verbinden, aus dem alles Gute fließt.

Wenn ihr euch trefft, um zu beten, zu lernen und für die dazwischenliegenden Jahre zu planen, dann laßt uns euch bei diesen Plänen helfen. Bringt all eure Fragen in eurem Bewußtsein vor uns. Wir antworten auf viele Weisen – durch einen Gedanken, der euch plötzlich in den Sinn kommt, durch einen Traum oder irgend etwas, was ihr lest oder hört, auf viele verschiedene Weisen. Die Antworten kommen manchmal von irgendwoher, wo ihr es überhaupt nicht erwartet. Durch das „automatische Schreiben" können wir mit jedem von euch kommunizieren. Die Gedanken, die Annie aufschreibt, werden ihr nacheinander eingegeben, und sie hat keine Ahnung, was das Endergebnis sein wird. Sie formuliert diese Botschaften nicht, sondern schreibt nur auf, was von uns kommt. Denkt niemals, dies seien ihre Worte. Es sind unsere Worte. Wir übermitteln euch die Wahrheit, wie sie von Gott, dem Schöpfer aller Dinge, zu uns kommt.

Es ist mehr an Gott und an euch, als ihr wißt. An Gottes Schöpfung ist mehr, als euch bewußt ist. Aber jetzt habt ihr eine leise Ahnung von den Wundern in Gottes Welten bekommen, und ja, es sind viele. Gott hat nicht nur eine Welt und ein Sonnensystem erschaffen, sondern viele. Er hat auch viele Lebensformen erschaffen. Das Leben ist ewig. Jesus wurde gesandt, euch das zu zeigen. Leben ist ewig und breitet sich immerwährend im Universum aus. Wenn ein Sonnensystem untergeht, werden viele neue geboren. Wenn eine Kultur verschwindet, entstehen neue Kulturen. Es gibt immer Leben und Wachstum. Laßt diese Gedanken in euer Bewußtsein ein und laßt sie euer Denken erweitern, bis ihr erfüllt seid vom Wunder und von der Größe des Lebens.

Erweitert euer Denken und befreit euch von Angst. Laßt die Angst nicht in euer Bewußtsein ein. Ihr könnt sie loswerden, indem ihr, wenn ihr sie kommen fühlt, einfach sagt: „Weg damit, weg damit, ich will mich vor nichts mehr fürchten." Mehr ist für die weniger hartnäckigen Ängste nicht nötig. Ist das nicht einfach? Probiert es eine Woche lang aus, ihr werdet erstaunliche Erfahrungen damit machen.

Wir kennen die, die mit uns zusammenarbeiten, mit Namen, und wir lieben euch. Wir wissen von jedem, wer er ist, wie er denkt, wer von euch Angst hat und wer nicht. Wir wissen auch, wer glaubt und wer noch zweifelt. Aber faßt das nicht als Ermahnung auf, denn wir arbeiten an euren Zweifeln, und bald werdet ihr die Wahrheit sehen und Gewißheit darüber haben.

Die Bruderschaft

Wie ihr täglich in der göttlichen Liebe sein könnt

Maria, 5. September 1988

Ihr Lieben, Kinder Gottes, ihr seid besonders, weil ihr nach der Wahrheit verlangt. Ihr werdet es in den kommenden Zeiten leichter haben, weil ihr nach der Wahrheit strebt. Ihr alle seid meinem Herzen sehr nahe. Alle Menschen sind Gottes Kinder und als solche auch die meinen. Ich habe gelernt, bedingungslos zu lieben wie Gott.

Dies ist heute meine Botschaft. Bedingungslose Liebe ist göttlich. Diese Liebe sagt nicht: „Tu dies oder das, dann liebe ich dich." Sie sagt: „Ich liebe dich, was du auch tust oder sagst." Das ist Gottes Liebe. **Man kann nicht aus Gottes Liebe fallen, außer man entscheidet sich selbst dafür.**

Dies ist die Liebe, die heilt, denn sie ist göttlich. Sie heilt Körper und Geist. Sie heilt Familienbeziehungen und befreit ganze Städte von Angst und Gier. Wenn ihr göttliche Liebe aussendet, kehrt sie überreich zu euch zurück. Dies wird sich in kleinen Dingen zeigen, die auf einmal so einfach in euer Leben eintreten, als wäre die bedingungslose Liebe schon immer dagewesen. Und sie war es auch! Diese Welt ist aus göttlicher Liebe gemacht. Jeder von euch ist aus göttlicher Liebe geboren und erschaffen worden. Diese Welt und alle Planeten sind aus göttlicher Liebe erschaffen, und wir könnten endlos so weitergehen durch das ganze Universum, denn die ganze Schöpfung ist aus göttlicher Liebe und in göttlicher Liebe erschaffen.

Nehmt diesen Gedanken mit euch auf den Marktplatz, in euer Heim und in die Familie: **„Göttliche Liebe hat mich und alles, was mir begegnet, erschaffen. Göttliche Liebe heilt mein Leben und**

bringt mir und meiner Familie reichen Lohn." Wiederholt diese Affirmation immer und immer wieder, wenn ihr unterwegs seid und bevor ihr einschlaft. In einer Woche wird dieser Gedanke in euch eingegangen und Teil eures Glaubenssystems geworden sein. Es ist die Wahrheit. Gottes Wahrheit. Wenn euch klar wird, wie sehr ihr geliebt seid und wie leicht ihr euer Leben in göttlicher Liebe leben könnt, werdet ihr Gott für alles, was ihr jetzt seid, dankbar sein. Das ist im Geiste gelebtes Leben. Schickt den Gedanken göttlicher Liebe an jeden Menschen, der euch enttäuscht. Schickt ihn an eure Arbeitsstelle und seht, wie reibungslos sich der Tag abwickelt. Immer wenn ihr euch aufregt oder wütend werdet, denkt: „**Göttliche Liebe fließt jetzt augenblicklich durch mich.**" Diese Art von Wahrheitsgedanken helfen euch in eurem täglichen Leben und erinnern euch daran, daß ihr an die geistigen Reiche glaubt. Gleichzeitig mit eurem irdischen Leben lebt ihr in den spirituellen Bereichen. Ihr wachst im Geiste, aber auf Erden ist das leichter für euch. Nehmt meinen Rat an: Fahrt fort, zu beten und euch für euer Überleben in den kommenden Jahren vorzubereiten. Diese Gedanken werden euch nicht nur heute helfen, sondern auch während der bevorstehenden Veränderungen der Erde.

Bringt die Liebe Gottes in euer Heim, so könnt ihr Angst durch göttliche Liebe ersetzen. Nehmt die göttliche Liebe in eurem täglichen Tun mit euch. Sendet sie in Gedanken an die Menschen, die euch nahestehen, dann arbeitet Gott mit ihnen und bereitet sie auf die kommenden Ereignisse vor. Diese Vorbereitung findet sozusagen hinter den Kulissen statt. Füllt euren Körper mit göttlicher Liebe und benutzt sie dazu, Gewohnheiten oder Verhaltensweisen abzulegen, die euch schaden. Leitet eure Kinder mit göttlicher Liebe, nicht nur mit irdischer Liebe, die wandelbar ist. Geht mit dem Gedanken an göttliche Liebe durch euer Heim und bewahrt an eurem Arbeitsplatz den Gedanken an göttliche Liebe in euch und seht die Veränderungen, die vor euren Augen geschehen.

Laßt in eurem Umgang mit anderen Menschen immer göttliche Liebe anwesend sein. Sendet den Gedanken göttlicher Liebe überall in die Krankenhäuser, – das bringt vielen, die ihr niemals kennen werdet, Heilung. Gott sieht eure Bemühungen und belohnt euch dafür. Kommt mit dem Gedanken an göttliche Liebe nach Hause. Wenn ihr irgendeine Ausbildungszeit vor euch habt, dann bereitet euch mit dem Vertrauen auf die göttliche Liebe darauf vor. Gottes Liebe wird euch helfen, eure Lektionen, eure Arbeit und eure Lieben zu verstehen. Sendet in Gedanken göttliche Liebe an alle Studenten und Lehrer, so daß göttliche Liebe die kommenden Generationen unterrichten kann.

Jeder Mensch kann mit Hilfe göttlicher Liebe alles verbessern, sein Zuhause, sein Auto, seine Kleidung, seine Geldangelegenheiten, seine Familie. Sendet den Gedanken göttlicher Liebe an alle Menschen in der Welt und bittet Gott, sie alle einen Augenblick lang Seinen Frieden fühlen zu lassen. Wenn ihr für andere betet, betet ihr gleichzeitig auch für euch selbst. Nehmt diese Lektionen ernst. Ich wünsche mir, daß ihr sie täglich anwendet und euch in allem von der Bruderschaft helfen laßt. Jeder von euch hat seinen eigenen Bruder, der bei euch ist und euch in all eurem Tun unterstützt, nicht nur bei geistigen Problemen, sondern bei allen Schwierigkeiten in allen Bereichen eures Lebens.

Führt das gute Werk in euren Gebeten fort und fühlt die Liebe Gottes, mit der wir euch jeden Tag umgeben.

Maria, die Mutter Jesu

Baut einen Tempel in eurem Innern

Die Bruderschaft, 11. September 1988

Es ist mehr am Leben als das, was ihr sehen, hören oder spüren könnt. Meditiert jeden Tag und nehmt euch Zeit, über eure individuellen Ziele nachzudenken. Es ist wichtig, in eurem Innern weiter an eurem Tempel zu bauen. Der Tempel ist wie ein Hafen für euch, in dem ihr Ruhe, Trost und Zärtlichkeit findet. Wenn ihr in Zeiten, wo ihr voll Schmerz und müde seid, in diesem Tempel Zuflucht sucht, dann tut ihr euch damit etwas sehr Gutes. (An diesem Tag hörte Annie während ihrer morgendlichen Meditation die unten folgenden Worte.) Dies sind die Worte, die du in deinem Tempel gehört hast:

> Wenn sich die Stürme des Lebens um dich zusammenbrauen und dich erschrecken, dann gibt es in deinem Bewußtsein einen Hafen, einen, den du selbst mit deinen Gedanken errichtet hast. Dieser schöne Tempel, den niemand sehen oder betreten kann, ist nur für dich. In dem Frieden und in der Stille, die dich beim Eintreten erwärmen, bist du alterslos und ohne Schwere. Du bist alles, was du sein möchtest. In diesem inneren Tempel bist du mit aller Energie, aller Liebe, allem Frieden, aller Gesundheit, allem Reichtum und allem Glück verbunden. Hierin liegt die Antwort auf all deine Gebete. In deinem schönen Tempel ist das Tor zu allen Dingen.

Konzentriert euch darauf, den schönsten und phantastischsten Tempel in euch zu erbauen, den ihr euch vorstellen könnt. Geht in euren Tempel, um Gott alle Fragen, alle Schwierigkeiten und Bitten zu übergeben. Übergebt Ihm alle Angst, alle Sorgen und jeden Gedanken. Entfacht in eurem Tempel ein Feuer, in das ihr all eure Schwierigkeiten werft, so daß Gottes reine Energie sie verzehrt und auflöst. Oder tut sie draußen in einen Abfallbehälter oder werft sie zum Tempelfenster hinaus, so daß sie in Gottes reine, verwandelnde Energie zurückkehren können. Das Loslassen ist es, das den Gedanken in euch stärkt: „Gott kümmert sich darum und nimmt es dir ab." Danach, bis sich die Antwort gezeigt hat, dankt ihr Gott für die vollkommene Lösung.

Die Bruderschaft

Kapitel 2

Mit Gott sprechen

Des Rätsels Lösung

Byron

In der Botschaft, die Annie am 9. September 1988 von Maria empfing, fand ich „des Rätsels Lösung". In einem Abschnitt stand das Folgende:

> Ihr als Menschen habt jedoch immer die Macht gehabt, frei zu entscheiden. Das ist eine Macht, die zu gebrauchen ihr nicht gelernt habt. Wenn ihr es lernen wollt, braucht ihr nur Gott zu bitten, euch zu lehren, richtig zu entscheiden. Wenn ihr Gott eure Entscheidungsfreiheit übergebt, gewinnt ihr, denn es wartet so vieles auf euch. Gott wird euch jedoch nicht von eurem Pfad der Geburt und Wiedergeburt auf der Erde entbinden. Das ist keine Schmähung, wie manche sagen werden, denn ihr braucht nichts zu tun, was ihr nicht wollt. Ihr braucht nicht einmal wirklich zu sterben. Das Sterben ist zu eurem Nutzen, denn durch den Tod lernt ihr bestimmte Dinge, die ihr auf andere Weise nicht lernen könntet.

Als ich das noch einmal durchlas und die Schlüsselsätze unterstrich, wurde mir klar, daß das eine sehr wichtige Stelle war. Ich verstand sie so:

1. *Daß uns die Macht der freien Entscheidung gegeben ist, wir aber nicht gelernt haben, sie richtig zu gebrauchen.*
2. *Daß unser nächster Schritt ist, Gott zu bitten, sie uns zu lehren.*
3. *Daß wir wirklich gewinnen, wenn wir unsere Entscheidungsfreiheit an Gott abgeben. Das ist der nächste riesige Schritt in unserer spirituellen Entwicklung.*

Später wurde mir gesagt: „Danach kommt mehr, aber alles ist leichter, wenn ihr einmal gelernt habt, euch Gott zu übergeben. Immer mehr Leben und wunderbare Dinge stehen für euch bereit. Die Hingabe ist eine Art Graduierung für eine höhere Ebene."

Ich begriff, daß die Alternative dazu ist, sich immer und immer wieder reinkarnieren zu müssen, bis man alles richtig hat oder bis man „des Rätsels Lösung" findet.

Alles Gott überlassen

Maria, 11. September 1988

Sag Byron, daß er tatsächlich die Lösung gefunden hat. Er wird sehen, daß viele andere Rätsel dadurch mit gelöst werden. Die Lösung liegt im Glauben: **Wenn ihr eure Probleme, eure Sorgen, eure freie Entscheidung und euer ganzes Selbst Gottes wunderbarem Wesen hingebt, dann habt ihr gewonnen.** Endlich versteht das jemand! Das ist kein Hohn oder so etwas wie Hingabe an einen „bösen Geist des Satans". Wir haben euch mehrfach gesagt, daß es entweder Gott und all Seine Macht gibt oder gar nichts. Die bösen Geister, Teufel und Satane dieser Welt bestehen alle in eurem Kopf und in euren falschen Vorstellungen.

All eure Gebete, Meditationen und Glaubensbekenntnisse sind zu eurem Nutzen. Gott ist! Er braucht keine Glaubensbekenntnisse, um Seine Macht, Sein Leben oder Seine Energie zu stärken. Glaubt nie, daß diese Gebete Gott irgend etwas hinzufügen könnten. Gott ist Leben. Gott ist Reine Liebe. Gott ist Reine Energie. Gott ist Reine Macht. **GOTT IST GANZ UND VOLLSTÄNDIG.** Fangt ihr jetzt an zu begreifen? Alle diese Aufrufe zum Beten und Meditieren und zur inneren Umkehr sind zum Wohle der Menschen gedacht. Gott braucht nichts von euch, aber ihr, die ihr Seine Schöpfung seid, braucht Ihn sehr. Gott hat uns alle erschaffen und hatte von Anfang an alle notwendigen Elemente und die Macht, weiterhin zu erschaffen.

Die Menschheit ist es, die die Hilfe und den Rat höherer Wesen braucht. Alle Menschen auf der Erde, auch die unwissendsten, rufen irgendeine höhere Macht an. Sie betrachten sie vielleicht als die Sonne oder denken, sie sitzt in den Bäumen oder halten sie für einen Geist, der genauso launisch und unwissend ist wie sie selbst; aber sie erkennen, daß sie Hilfe brauchen.

Ihr und alle Menschen auf der Erde seid die Bedürftigen. Das ist heute meine Botschaft an euch. Sie verhilft euch zur völligen Vereinigung mit Gott in allen Dingen. Das ist eine segensreiche und wunderbare Verheißung. Eure Sprache kennt keine Worte, um die Pracht und Herrlichkeit des völligen Einsseins mit Gott zu beschreiben. Es ist so wunderbar, daß ich mir wünsche, jeder Mensch könnte sehen, daß das, was ihr auf Erden lebt, nur ein Schatten der wahren Wirklichkeit ist. Denkt an die wunderbarsten Augenblicke in eurem Leben. So ist das Leben in Gott immer! Denkt an die Erfüllung eurer größten Liebe. Das ist nur ein schwacher Abglanz der Liebe Gottes, ein dürrer Vergleich mit Gottes Leben und Liebe.

Der Schlüssel ist, alles Gott zu übergeben. Das ist es, was Jesus meinte; nicht, daß ihr noch mehr Religionen auf der Erde haben sollt. Es gibt heute schon so viele Religionen und Kirchen, und noch immer wissen die Leute nicht, wo sie Gott suchen sollen. Man findet Ihn nicht in einem Gebäude, in der Messe oder in einem Gottesdienst. Auch durch mechanisches Wiederholen von Gebeten findet ihr Ihn nicht. Der einzige Ort, wo ihr Gott finden könnt, ist euer eigenes Herz, und das Tor zu Ihm liegt in jedem Bewußtsein. Das ist eine weitere falsche Vorstellung, daß es nur eine Tür zu Gott gibt. Es gibt so viele Türen, wie es Menschen gibt, denn jeder hat die Tür in sich selbst.

Alle Religionen dienen dem Wohle des Menschen. Der innere Gottesdienst einer jeden Religion kann euch ein Gefühl der Heiligkeit geben. Jede Religion enthält Wahrheit, aber die wichtigste Aufgabe einer jeden Religion ist, zu lehren, wie man mit Gott kommuniziert. Die Gottesdienste sind äußere Manifestationen dessen, was in eurem Herzen geschehen sollte: Verehrung Gottes in eurem Denken, Trachten und Tun. Nicht, indem ihr euch hinkniet und mechanisch die Gebete herunterleiert, betet ihr Gott an. Ich möchte mit dieser Botschaft niemanden verletzen. Alle diese Religionen haben aus Unwissenheit über die geistigen Dinge weiterbestanden. Sie haben den Menschen lediglich ein Gefühl von Spiritualität gegeben. Das ist ein Grundbedürfnis so wie Essen, Luft und Wasser. Ihr seid Geist, und ihr müßt wieder dahin gelangen, mit dem Geist, der euch erschaffen hat, in Verbindung zu sein, aber über die Jahrhunderte hinweg hat die Menschheit daraus etwas Kompliziertes gemacht. Es ist jedoch einfach und nichts, was im geringsten zu fürchten wäre. Wenn ihr Gottes Macht erfahrt, bekommt ihr Angst. Aber bedenkt, daß auch Liebe in Seiner Macht liegt. Ihr auf der Erde habt etwas von der Macht des Universums entdeckt, aber ihr habt sie nur zur Zerstörung von Leben benützt. Das ist die Blasphemie und die satanische Realität, daß ihr euren wunderbaren Verstand dazu benützt, euch Methoden auszudenken, wie ihr das Leben und Gottes Schöpfung zerstören könnt. Es ist verblüffend, wie absolut unklar es euch ist, was ihr euch damit antut. In völliger Ignoranz lebt ihr dahin und seht nicht, daß ihr selbst es seid, die ihr zerstört.

Aber wir wollen lieber sagen, wie ihr es richtig machen könnt, und nicht, wie es falsch ist, denn ihr habt viele falsche Ansätze in eurer Spiritualität. **Sprecht mit Gott in eurem Herzen und in eurem Gemüt.** Sprecht mit Ihm über eure Probleme und übergebt sie Ihm. Laßt Ihm die Zeit, eure Probleme in einen Segen zu verwandeln. Wenn ihr weiter über dieselben Probleme nachgrübelt, dann ist euer Bewußtsein mit diesen Problemen beschäftigt. Es sollte jedoch damit beschäftigt sein, Gottes Ehre zu singen, im Gebet euren Glauben zu stärken und euer Vertrauen zu bekräftigen. Findet euer eigenes Glaubensbekenntnis an Gott, den Schöpfer aller Dinge. Wenn ihr euer Denken dazu benutzt, euch Sorgen zu machen, dann seid ihr zu sehr mit euch selbst und euren Problemen beschäftigt, als daß ihr Gott und Seine Güte wahrnehmen könntet.

Wenn ihr nur an euch selbst und eure Probleme denkt, dann habt ihr nichts Gottes Hilfe übergeben. Wenn ihr betet und mit Gott sprecht, legt eure Probleme dar und übergebt sie Ihm dann ausdrücklich. Oft hindert euch euer Verstand daran, die Antworten zu hören, denn jedesmal, wenn ihr euch um etwas sorgt, was ihr Gott bereits übergeben habt, schmälert ihr euren Glauben und eure Hoffnung. **Der Schlüssel liegt darin, alles zu übergeben, eure Probleme hinzugeben, um Lösungen dafür zu erhalten – gleichsam mit euren Problemen die Lösungen zu bezahlen.** Gebt euren Glauben, damit alles Gute in eurem Leben zunehmen kann. Gebt euren Glauben an Krankheit und Übel für vollkommene Gesundheit hin. Gebt euer Herz und Gemüt, auf daß sie vom Geist Gottes selber erfüllt werden. Das ist der Schlüssel – zu übergeben, loszulassen, euch in allem für Gott zu entscheiden.

Fangt an zu begreifen, daß ihr immer die Wahl habt. Indem ihr diese Möglichkeit der Wahl Gott übergebt, gewinnt ihr. Alles Sorgen und Kämpfen dient nur dazu, euer Wohl hinauszuzögern. Bittet Gott, euren Glauben zu stärken und euch zu helfen, die wahre Bedeutung des Lebens zu verstehen. Bittet Gott um alle Hilfe, die ihr braucht. Das ist die Wahrheit.

Maria, die Mutter Jesu

Sucht Gott in eurem Innern auf

Maria, 17. September 1988

Wir möchten euch ein paar Hinweise geben, wie ihr mit uns in Kontakt treten könnt. Denn seht ihr, wir haben alle dasselbe Thema. Wir alle verbreiten das Wissen, wo Gott zu finden ist. Jesus, mein Sohn, kam vor zweitausend Jahren auf die Erde, um genau dieselbe Botschaft zu bringen. **Das Reich Gottes liegt in euch!** (Lukas 17,21) **Er sagte euch auch, daß euch nach eurem Glauben geschehen wird.** Wenn ihr sanftmütig seid, werdet ihr belohnt. Wenn ihr Liebe in eurem Herzen findet, so wißt, daß Gott sie hineingelegt hat. Jesus brachte auch viele neue Gedanken und Vorstellungen, die in seiner Zeit nicht gut aufgenommen wurden. Dieselben Botschaften bringe ich heute wieder.

Wenn ihr die Bibel lest, müßt ihr wissen, daß in der Bibel nicht alles enthalten ist. Die Geschichten, die darin über Jesus erzählt werden, sollen euch zeigen, wie er dachte und wofür er eintrat. Vieles aus Jesu Leben wurde nicht in die Bibel aufgenommen. Doch das Wesentliche ist enthalten, denn Gott lenkte die Niederschrift und die Zusammenstellung der Bibel.

Zu viele Religionen halten sich zu streng an die Bibel als letzte Autorität und vernachlässigen die Wahrheit, die den Menschen durch Gebet und Meditation zuteil wird. Zu viele Priester und Prediger sind sehr gut darin, das Wort zu predigen, aber nicht, es zu leben. Deshalb solltet ihr euch nicht an anderen orientieren – von keinem Mann, keiner Frau und keinem Kind ein letztes Wort darüber erwarten, wie ihr Gott anbeten sollt. Das ist eine Sache zwischen euch und Gott selbst – wie ihr denkt, eure Einstellungen, eure Überzeugungen, eure Art, euch dem Leben im allgemeinen zu stellen, und eure innere Anbetung Gottes. Ist euch nicht klar, daß Gott in eurem Bewußtsein und in eurem Herzen ist? Er kennt jeden Gedanken, jede Verletzung, jeden Atemzug, jedes Gefühl, das in euch gespeichert ist. Nichts ist vor Gott verborgen. Seht ihr nicht, wie nutzlos es ist, euch vor Gott verstecken zu wollen? Er ist in euch und überall um euch. Er sieht euer Kommen und Gehen. Ich will die Religionen der Welt nicht kritisieren, aber sie haben ihre Aufgabe, die Menschen zu einer engen Verbundenheit mit Gott zu führen, nicht erfüllt. Zu viel Gewicht wird auf Geld, auf Lippenbekenntnisse, auf die Anzahl der Menschen, die in die Kirche kommen, gelegt, doch sind ja das nur Äußerlichkeiten. Diese Äußerlichkeiten in den Kirchen halten die Menschen davon ab, wirklich nach Gott zu streben. Niemand kann eure Bemühungen beurteilen, niemand weiß, wie es in eurem Herzen aussieht und wie ernsthaft ihr wirklich strebt. Nur Gott weiß es!

Ich möchte euch nahebringen, welchen Gewinn das Gebet für euch hat. Wenn ihr betet, dann laßt euer Denken vollkommen von der Lösung des Problems erfüllt sein und von dem Ergebnis, das ihr euch wünscht. Wenn ihr für einen Kranken betet, dann bittet um die vollkommene Gesundheit dieses Menschen. Gebt Gott das Muster dessen, was ihr euch wünscht. Er wird eine Vorstellung davon haben, was ihr wollt. Bittet Gott immer, euch „das oder etwas Besseres" zu geben, denn das öffnet die Tür für das Allerbeste, das Gott für euch bereithält.

Meditieren – das ist es, was ihr tun müßt. Nehmt euch die Zeit, eure Gedanken zur Ruhe zu bringen, und kommt in einen träumerischen, halb wachen, halb schlafenden Zustand. Das ist der meditative Zustand, den ihr anstrebt. Stellt euch im Geiste einen vollkommen friedlichen Ort vor. Er kann am Meer sein, in den Bergen oder auch in eurem Hinterhof. Wo es ist, ist egal, nur die Stimmung ist wichtig. Bleibt weiter in diesem halb schlafenden Zustand. Malt euch im Geiste aus, welches Leben ideal für euch wäre. Dann laßt alle Gedanken los und spürt einfach, wie Licht in euren Kopf hereinströmt. Bleibt, so lange ihr könnt, so still, wie ihr sein könnt. **Laßt Gott für den Bruchteil einer Sekunde Wissen und Verstehen in euer Bewußtsein ausgießen. Ihr könnt Ihm dabei helfen, indem ihr denkt: „Ich mache mich leer, dann gießt Gott Wissen, Verstehen und Weisheit in mich aus."** Dann macht ihr euch so leer, wie ihr könnt. Probiert das eine Woche lang aus.

Das Beten ist ein Teil, der Teil, in dem ihr sprecht und bittet. Die Meditation ist der Teil, wo ihr Bilder auftauchen laßt und still seid – euer ideales Bild von euch selbst und eurem Leben; und das Bild von euch selbst, wie ihr Wissen, Verständnis und Weisheit empfangt. Wir wollen es so sagen: **Das Gebet sind die Gedanken und Worte, die aus eurem Denken aufsteigen. Meditation ist das Einströmen alles Guten von Gott in euch.**

Bittet um alles Gute, das von Gott kommt. Es ist Wissen, Verstehen, Weisheit, Liebe, Frieden, Intelligenz, Erleuchtung, Reichtum und Güter, Gesundheit, Schönheit, Kraft, Ordnung, Begeisterung, Leben, Macht und noch viel mehr Qualitäten, derer ihr euch nicht bewußt seid. All dies ist zu eurer Verfügung. Warum dann wendet ihr euch weiterhin von Gott ab? Warum wollt ihr Gott nicht nahe sein? Ihr könnt euch selbst all diese Qualitäten ohne Seine Hilfe nicht geben. Und doch seid ihr auf der Erde heute so aufgeblasen und von euren Machtspielen so sehr gefangengenommen. Ihr seid so fasziniert von euch selbst, daß ihr keine Zeit habt, an die Ewigkeit zu denken. Da ist all das Gute, das Gott euch bereitet hat. Noch viel mehr ist da, doch habt ihr diese Gaben noch nicht angenommen. Ihr habt das Geschenk Gottes vollkommener und umfassender Liebe noch nicht erkannt.

Laßt eure Ängste hinter euch und seid bereit, das Gute und Vollkommene, das Gott euch schenken möchte, in euch aufzunehmen. Angst und Wut bedeuten eure Zerstörung. Feindseligkeit, Neid, Eifersucht, Geiz und Besitzdenken bringen euch um. Das sind Emotionen, die ihr hinter euch lassen müßt. Haltet euch nicht mit ihnen auf. Wie Lots Weib sollt ihr nicht zurückblicken, sonst könntet ihr zu Salzsäulen werden, was einfach bedeutet, daß euer Herz versteinert und ihr nichts mehr fühlt. Gott ist gekommen, euch diese Emotionen tilgen zu helfen. Wut und Angst, die euch so sehr schaden, sind Produkte eures eigenen Denkens. Die Angst vor dem Unbekannten wurde euch eingegeben, um euch wachsam und bedächtig zu machen, nicht um euch zu lähmen oder in Kriege und Kämpfe mit euren Mitmenschen zu führen. Dies sind die Ursachen, die euch an das Rad des Karmas gebunden halten. Werdet geheilt und laßt euch von Gottes allmächtiger Liebe segnen. Wenn es euch zu schwerfällt, diese Emotionen abzulegen, dann bittet um Gottes Hilfe. Bittet Gott, euch den Heiligen Geist zu schicken, die Bruderschaft. Bittet mich; ich und eine Heerschar von Engeln lehren euch gern. Nur durch euren eigenen Entschluß öffnet ihr euer Herz und Denken unserer Hilfe. Bittet Gott um Hilfe: Er weiß, wie ihr eure Ängste und euren Zorn überwinden könnt.

Es gibt nichts, worum ihr Gott nicht bitten könnt. Er ist reine Energie, Liebe und Ganzheit. Er möchte, daß ihr mit Ihm sprecht und um Seine Hilfe bittet.

Seht ihr nicht – das beste Geschenk, das ihr jemandem machen könnt, ist, um seine Hilfe zu bitten. Jeder gibt gern Ratschläge, jeder liebt es, für weise gehalten zu werden. Bittet jemanden um Rat und seht, wie seine Augen leuchten. Es ist ein großes Kompliment. Wieviel mehr könnt ihr also empfangen, wenn ihr Gott nicht nur um Rat bittet, sondern um die Lösung all eurer Probleme? Was, sagt ihr – was würden wir denn dann tun? Könnt ihr euch ein Leben ohne Probleme vorstellen? Könnt ihr glauben, daß ihr in Frieden und Glück leben könntet? Was hättet ihr dann noch zu tun? Nun, meine Lieben, ihr hättet übergenug zu tun und übergenug zu genießen. Man braucht dieses Leben nicht aus einem Blickwinkel von Problemen zu leben. Es kann gelebt werden **im Vertrauen auf Gott in allen Dingen.**

Meditiert eine Woche lang darauf, nur Gutes in eurem Leben zu sehen. Träumt bei Tag oder Nacht über euer Leben, wie ihr es gern hättet. Seht es ideal. Seht das Allerbeste als euer Ziel. Träumt bei der Arbeit und sprecht mit Gott; Er hört immer zu. Lernt, euch in allem auf Gott zu verlassen. Sucht Gott in eurem Herzen und Gemüt. Wir werden das immer und immer wieder sagen, bis ihr euch mit jedem Bedürfnis und jedem Wunsch auf Gott verlaßt.

Betet auf eure eigene Weise. Sprecht mit Gott wie mit einem Freund. Ihr braucht nicht zu schreien oder zu rufen; Gott ist in euch. Ihr braucht auch keine besonderen Worte dafür, und ihr braucht nicht lange zu flehen; Gott ist in eurem Herzen, und Er weiß schon, was ihr braucht. Es ist nicht nötig, mit jemandem über diese Gebete zu sprechen. Das meinte Jesus, als er sagte, zum Beten sollt ihr ins stille Kämmerlein gehen. Das stille Kämmerlein ist euer Bewußtsein, sind eure Gedanken. Ihr könnt in einem Raum voller Menschen beten, in einem kurzen Augenblick oder für lange Zeit, und niemand braucht es zu wissen. Alle Gebete sind gut. Alle Gebete werden gehört. Aber denkt daran – wenn ihr euch sorgt, behindert ihr das Eintreten dessen, worum ihr gebeten habt. Legt also die Sorgen in Gottes Hände.

Ich möchte euch bitten, eine Woche lang mehr zu beten als gewöhnlich. Auf diese Weise betet ihr auch mehr für die Welt und die Menschen auf diesem Planeten. Ich möchte, daß jeder von euch in einer engen Verbindung mit Gott, unserem Vater lebt. In göttlicher Liebe und göttlichem Frieden verlasse ich euch.

Maria, die Mutter Jesu

Wendet euch mit euren Problemen an die Quelle

Maria, 25. September 1988

Heute ist ein neuer Tag der Anbetung und des Lernens. Das ist gut. Lernt, euren eigenen Weg zu gehen und in eurem Innern eine Verbindung mit Gott zu finden. Jesus ist gekommen, um euch das zu lehren, aber noch immer suchen nicht genug Menschen am richtigen Platz nach Gott. Seid euch gewiß, daß ihr den richtigen Platz dafür findet. **In Seiner großen Weisheit legte Gott jedem Menschen die Verbindung mit Ihm in seinen eigenen Geist.** Diese Verbindung zwischen eurem Geist und Gott ist real. Hier findet ihr eure Wahrheit. Ärgert euch nicht über eure Familie oder eure Freunde, selbst wenn sie euch sagen, ihr seid verrückt. Dies hier ist die Wahrheit aller Zeiten, und ihr seid keineswegs verrückt. Aber eure Wahrheit ist ganz individuell die eure und nicht für einen anderen bestimmt. Was ihr spürt und in eurem Bewußtsein wahrnehmt, ist eure Wahrheit und Führung, und vermutlich wird sie für niemand anderen richtig sein. Wie könnt ihr also euren Lieben helfen?

Zuerst – bittet um ihr geistiges Wohl.
Zweitens – bittet um die Gelegenheit, ihnen Freude und Trost zu geben.

Drittens – bittet darum, den rechten Zeitpunkt und die rechte Art zu wissen, um ihnen eure Wahrheit nahezubringen.

Viertens – bittet um die rechten Worte, um ihnen sagen zu können, was ihr fühlt.

Baut weiter an eurem Tempel und geht bei jeder Gelegenheit hinein, um eure Sorgen abzulegen und Führung zu bekommen. Sprecht mit uns in der geistigen Welt; wir hören es, wenn ihr eure Gedanken an uns richtet. Das wichtigste ist jedoch, mit Gott zu sprechen, der in jeder Zelle eures Körpers ist und eure Gedanken und Gefühle schon kennt. Es ist in Ordnung, das, was ihr denkt und fühlt, in Worte zu fassen. Gott ist sehr geduldig und hört gern zu, wenn ihr Ihm erklärt, was Er schon weiß. Was Er möchte, ist, daß ihr euch an Ihn wendet. Wenn ihr eure Gedankenrichtung ändert und an Ihn denkt, dann ist es, als ob ihr eure automatische Steuerung auf den höchsten Gott und euer Endziel einstellt. Vielleicht werdet ihr euer Sehen und Lernen verzögern, aber wenn ihr einmal euren Blick auf Gott als euer Ziel im Leben gerichtet habt, dann werdet ihr von Ihm in die Situationen geführt, in denen ihr auf die schnellstmögliche Weise am meisten lernt.

Sprecht mit Gott wie mit euch selbst, aber denkt daran, daß ihr mit Gott sprecht, der euch erschaffen hat. So spricht Annie mit Gott. Sie beginnt ihr Gespräch immer damit, Ihn beim Namen zu nennen: „Gott, ich fühle mich nicht gut, und ich weiß nicht warum. Bitte zeige mir, wie ich aus dieser schrecklichen Stimmung herauskommen kann.“ Oder: „Gott, Byron und ich haben uns gestritten. Bitte gieße Deine göttliche Liebe und Deinen Frieden in uns aus und hilf uns, dieses Problem auf eine Weise zu lösen, die für uns beide stimmt.“ Oder: „Gott, ich brauche einen Parkplatz vor der Eingangstür.“ Oder auch: „Gott, bitte bring die richtigen Mieter für das Mietshaus, und laß sie es mieten und gernhaben und ein Jahr darin wohnen können.“ Sprecht mit Gott über das Geld, das ihr braucht. Er weiß, daß jeder von euch Geld braucht und lernen muß, so damit umzugehen, daß es jedem von euch im Hause von Nutzen ist. Sprecht mit Gott und bittet Ihn um alles, was ihr braucht. Legt Ihm das ganze Problem dar und bittet immer um die beste Lösung, bei der jeder gewinnt und jeder sich wohlfühlt.

Ihr könnt natürlich mit mir oder mit der Bruderschaft sprechen, aber ihr sollt wissen, daß ihr mit der Zeit mit allen euren Schwierigkeiten sicher zur Quelle selbst gehen wollt. Bittet Gott, die Angst, die ihr vor Ihm habt, von euch zu nehmen. Es ist diese Angst, die euch hindert, eine enge Beziehung zu Gott zu haben, und diese Angst muß aufgelöst werden, damit eure Gebete direkt und unverzüglich erhört werden können. Wenn ihr jemand anderen bittet, für euch zu beten, dann kann dabei etwas von der Botschaft verlorengehen. **Es ist also besser, wenn sich jeder von euch direkt mit allem an Gott wendet.** Er weiß, wann ihr niedergeschlagen und zornig seid, deshalb wartet nicht, um euch zu bestimmten Zeiten an Ihn zu wenden. Bittet Ihn einfach, euch aus der Stimmung, in der ihr gerade seid, herauszuhelfen und euch zu zeigen, wie ihr mit der Situation umgehen sollt.

Hört niemals auf irgend jemanden, der euch sagt, ihr sollt irgend etwas anderes tun, als mit Gott in Verbindung zu treten. Es ist Gottes Lebenskraft, die euch beseelt und euch euren Atem und Herzschlag gibt. Sucht eure Verbindung zu Gott. Geht durch die Tür, die in euren Geist gelegt wurde. Erkennt Gott in eurem Herzen und spürt die Liebe, die euch von allem Anfang an erschaffen hat. Gott ist reine Liebe. Er korrigiert und berät euch immer voll Liebe und Verständnis für all eure Wege. Nichts ist vor Gott verborgen, nicht ein Gedanke oder Gefühl. Die Menschen haben immer versucht, sich vor Gott zu verstecken; von da kommt die Geschichte vom Garten Eden. Als Adam und Eva vom Baum der Erkenntnis gegessen hatten, näherten sie sich Gott und versuchten, ihre Nacktheit zu verbergen. Jeder von euch versucht, seine Nacktheit vor Gott zu verbergen. Wenn ihr euch irgendeiner Handlung oder eines Umstands bewußt werdet und sie als falsch verurteilt, dann habt ihr vom Baum der Erkenntnis gegessen. Dann versucht ihr, eure Nacktheit vor Gott zu verbergen, aber das ist eine Farce. Er ist in jedem eurer Gedanken. Gott ist es nicht, der euch straft. Es ist euer höheres Selbst, das straft und korrigiert. Es ist dieses höhere Selbst, das weiß, was richtig und falsch für euch ist, und das diese Unterscheidung trifft. **Gott ist und bleibt immer absolute und vollkommene reine Liebe und reines Verständnis.** Es ist Sein Wille, daß ihr Ihm euer ganzes Selbst übergebt, all eure Fehler, die Er ebenso liebt wie eure Talente.

Denkt immer daran, daß Gott bedingungslos und ohne jeden Vorbehalt liebt. Er liebt jeden Teil von euch. Bittet Gott, euch zu helfen, das zu korrigieren, was ihr korrigiert haben möchtet. Er ist überglücklich, euch zu helfen. Gott ist immer liebevoll und versteht besser als ihr selbst, warum ihr so seid, wie ihr seid. Gott sieht das ganze Bild, nicht nur dieses Leben. Er kennt eure Ziele in diesem Leben. Bittet Ihn, euch zu helfen, diese Ziele zu erreichen. Es ist Ihm eine Freude, euch zu helfen. Sagte Jesus nicht: „Es ist des Vaters Freude, euch Sein Königreich zu geben"? (Lukas 12,32) Geht mit diesem Wissen an die Bibel heran und lest diese Stellen noch einmal. Bittet Gott darum, euch offen zu machen für die Wahrheit hinter den Worten, denn geistige Dinge sind in irdischer Sprache schwer auszudrücken.

Ein weiterer Grund für die Meditation ist, daß ihr dadurch auf nicht verbale Weise Wissen erhalten könnt. Wahres Wissen kann euch ohne Worte übermittelt werden. Die Menschen sind es, die für alles Worte brauchen. Im Geiste haben wir Methoden, deren Natur so elementar ist wie die Amöbe. Es ist reine Kommunikation, die keiner Worte oder Begriffe bedarf. Deshalb lehrte Jesus in Geschichten oder Gleichnissen. Er begann immer mit den Worten: „Das Himmelreich gleicht diesem..." Gott in Seiner unendlichen Intelligenz hat viele Wege, Wissen und Verstehen zu übermitteln, die keiner Worte bedürfen. Wenn ihr euren Verstand zur Ruhe bringen könnt, könnt ihr Wissen, Weisheit, praktische Informationen und vieles mehr empfangen, das euch bei euren Lebenszielen hilft. Zuerst könnt ihr euch das Wissen, das Verstehen und all das Gute, das Gott zu geben hat, als Strom von Licht vorstellen, der in euren Kopf hineinkommt. Nehmt wahr, daß etwas in euren Körper hinein und um ihn herum fließt.

Setzt euch das Ziel, in eurer Meditation nonverbal mit Gott kommunizieren zu können, einfach die Liebe und das Verständnis zu spüren, die Gott freizügig gibt. Fahrt zu Gottes und eurer eigenen Freude unbeirrt darin fort.

Wenn jeder von euch Gott in seinem Innersten sucht, sind wir glücklich, denn wir haben die Gewißheit, daß ihr bekommen werdet, was ihr ersehnt, – das heißt, wenn eure Wünsche niemandem schaden. Manchmal könnt ihr auch einfach sitzen und euer Herz und euren Verstand ohne Worte mit Gott kommunizieren lassen. Dann schwelgt in der Liebe, die für euch und für jeden Menschen da ist.

Nun möchte ich euch dafür loben, daß ihr diese Lehren in die Tat umsetzt. Wir werden alle eure Bemühungen, zu verstehen und euer Ziel zu erreichen, unterstützen.

Maria, die Mutter Jesu

Ruft uns um Hilfe an

Die Bruderschaft, 25. September 1988

An die Geschichten aus der Bibel kann man sich zu jeder Zeit halten. Diese Geschichten und Parabeln enthalten Botschaften, die auf das tägliche Leben anwendbar sind. Bittet darum, sie zu verstehen. Die Geschichte des Baumes der Erkenntnis im Garten Eden zum Beispiel war kein einmaliges Ereignis. Sie geschieht jedesmal, wenn ihr etwas zu tun oder zu denken glaubt, was für euch oder jemand anderen schlecht ist. Nichts in der Bibel ist ein einmaliges Ereignis. Alles läßt sich nutzbringend auf euren heutigen Alltag übertragen. Die Nacktheit, die Adam und Eva fühlten, fühlt ihr jedesmal, wenn ihr einen Irrtum erkennt. So wenig, wie sie sich damals vor Gott verbergen konnten, könnt ihr es heute. Es ist nutzlos und müßig, sich vor Gott verstecken zu wollen.

In dem Maße, wie ihr euch dem geistigen Leben öffnet, werdet ihr nonverbale Botschaften empfangen. Ihr werdet bestimmte Dinge einfach wissen oder sie ganz leicht erfassen können. Diese Art von Wissen wird euch in eurem täglichen Leben helfen. Eltern werden wissen, wann sie ihre Kinder korrigieren sollen und wie sie es anfangen, daß die Kinder keine Angst vor dem Leben oder Sterben bekommen.

Wir stehen euch jederzeit zur Verfügung. Wir sind hier, um euch zur Seite zu stehen, wenn ihr die Angst vor Gott loslaßt und euch mit dem Gottesbewußtsein verbindet. Wenn ihr uns nicht mehr braucht, ziehen wir uns einfach zurück, bis ihr uns wieder ruft. Dann werdet ihr direkt und ohne Angst mit Gott sprechen, Ihn hören und mit Ihm kommunizieren können. Viele Menschen können mit Ihm sprechen, aber wenn Er antworten würde, bekämen sie Angst. Es ist unsere Aufgabe, euch, die ihr um unsere Hilfe gebeten habt, verstehen zu helfen, daß Gott nicht im geringsten zu fürchten ist. Wir bleiben euch nahe. Bittet uns, bei euch zu sein, wenn ihr beginnt, mit Gott zu kommunizieren. Die offene, zweiseitige Kommunikation mit Gott schenkt euch Wissen und Verständnis. Wenn diese Verbindung entsteht, bekommt ihr sozusagen Wurzeln, um einen Vergleich mit den Pflanzen zu benutzen. Eine Pflanze treibt zuerst Wurzeln, und wenn diese Wurzeln stärker werden, können die Sämlinge leichter durch die Erde brechen und wachsen. So lange, bis ihr fest in Gott verwurzelt seid, braucht ihr Stützen zum Überleben. Wir sind die Stützen, die euch helfen, spirituell zu reifen. Wir lassen uns gern als Stützen benutzen, damit ihr euch schließlich der Quelle zuwenden könnt.

Unsere Aufgabe ist die eines Ratgebers, eines Führers und Helfers. Das ist es, was uns Jesus für jeden von euch aufgetragen hat. Wir sind von Christus, dem Sohn Gottes gesandt, und wir nehmen unsere Aufgabe sehr ernst. Jesus wurde auf der Erde zum Christus, und Er bleibt der einzige, der das auf der Erde erreichte. Er ist der wahre spirituelle Sohn Gottes. Jesus ist der Mensch, der ganz vom Christusgeist durchdrungen wurde, deshalb wird Er Jesus Christus genannt. Ihr könnt jederzeit Jesus Christus um Hilfe bitten und unsere Hilfe überspringen. Er steht jedem von euch jederzeit zur Verfügung. Ihr könnt in der geistigen Welt jeden anrufen, mit dem ihr euch wohlfühlt. Erbittet unsere Hilfe, um euch mit der göttlichen Quelle und dem Schöpfer verbinden zu können.

Wir bitten euch, in eurem täglichen Leben, während ihr euren Geschäften nachgeht, im Geiste mit uns zu sprechen. Wenn euch etwas zustößt oder um euch herum etwas passiert, dann bittet uns, für euch einzugreifen. Wir tun es ohne Worte, und es wird sich einfach alles ergeben. Nehmt uns in jede Situation hinein, wenn ihr eure Kinder zurechtweist, wenn ihr mit eurem Ehepartner sprecht, wenn ihr es mit Eltern oder Mitarbeitern zu tun habt. Bittet uns vor dem Schlafengehen, zu euch zu kommen und euch im Schlafe geistig zu heilen. Euer bewußtes Denken schläft, aber während des Schlafes ist euer Unterbewußtsein immer wach und verarbeitet den letzten Gedanken, mit dem ihr eingeschlafen seid. Bittet also vor dem Einschlafen euer höheres Selbst um geistige Heilung, Verstehen und Wissen. Ihr werdet es auf nonverbale Weise empfangen, und euer Schlaf wird dadurch nicht gestört sein. Bittet Gott, euer Bewußtsein dem Verständnis eures wahren Wesens zu öffnen. Vergeudet keine Minute, nicht im Wachen und nicht im Schlaf. Ihr könnt unaufhörlich lernen.

Spürt die Liebe Gottes, die euch Wissen schenkt, Verstehen und Intelligenz, Weisheit, Geduld, technisches Verständnis und Selbstvertrauen. Gott ist bereit, all diese Gaben in euch zu stärken. Ihr habt sie schon, aber ihr wißt es nicht. Auch Kinder haben diese Fähigkeiten. Setzt sie bei allen euren Entscheidungen ein. Wir bitten, daß ihr uns in euer tägliches Leben einschließt und daß ihr euch immer und in allen Situationen auf uns verlaßt. Das wird euch helfen, euch allmählich auf Gott zu verlassen und Ihm zu vertrauen – dem All-Guten.

Denkt an Gott immer als die Quelle alles Guten, als reine Liebe, als vollkommene Annahme und absolutes Verständnis. Diese Begriffe sollt ihr mit Gott assoziieren. Er ist all dies und doch so viel mehr. Macht euch vertraut mit einem Gott, der euch sehr liebt und euer Handeln ganz und gar nicht kritisiert. Es ist euer höheres Selbst, das euch auf dem rechten Weg hält und euch von Zeit zu Zeit korrigiert. Euer höheres Selbst agiert etwa wie eine automatische Steuerung, die euch auf dem Weg hält. Euer höheres Selbst nimmt jede eurer Entscheidungen wahr und benutzt sie für euer höchstes Wohl. Zuweilen könnt ihr das nicht erkennen, denn ihr seht viele Menschen, die so wirken, als wären sie nicht auf dem geistigen Wege. Aber urteilt nicht über sie, denn sie lernen vielleicht auf diese Weise. Gottes Liebe ist bedingungslos. Gott nimmt euch ganz und gar an, genau so, wie ihr in diesem Augenblick seid. Vergeßt das nie.

Von dieser großen Liebe sind wir alle umgeben und umsorgt. In diesem großen Verständnis leben wir alle. Wir bleiben eure Freunde.

Die Bruderschaft

Kapitel 3

Im Geiste wachsen

Alles Leben ist ewig

Maria, 2. Oktober 1988

Dies ist ein Freudentag für euch, ein Tag mit einem Ziel. Es ist das beste Ziel, das es überhaupt gibt, nämlich das, mehr über Gott, den Vater aller Schöpfung, zu erfahren. Kommt mit eurer Begeisterung, kommt ernsthaft und wachst. Benutzt die Ereignisse eures täglichen Lebens zum Lernen. Erweitert euer Denken, laßt es alles Gute umfassen, das Gott für euch bereithält.

Ich werde mit der Schöpfungsgeschichte fortfahren. Das ist der Anfang, und hier kommen die ersten Denkfehler herein.

Die Schöpfungsgeschichte ist zu lang, um sie jetzt in allen Einzelheiten durchzusprechen, aber kurz zusammengefaßt habe ich euch gesagt, daß wir hier im Geistigen keine Tage haben, wie ihr sie auf der Erde kennt. Unsere Tage und Nächte sind, wie wir es wünschen. Alles wird mental gelebt. Wir denken etwas, und schon ist es da, aber nicht in fester Form wie auf der Erde, sondern so, wie wenn ihr euch etwas vorstellt.

Zu Anfang unseres Bewußtseins waren wir als Lichtstrahlen bei Gott. Es gab Gott, den Vater, und es gab die Lichtstrahlen, die Er aussandte. So waren wir vom ganzen Wesen und von allen Eigenschaften Gottes erfüllt. In unserem Kern sind wir noch immer dieselben Lichtstrahlen. Das ist unser Geist-Selbst, das eins ist mit Gott, dem Schöpfer, und immer eins mit Ihm sein wird. Dies ist ein Vergleich, denn es gibt keine Worte in einer irdischen Sprache, die die geistige Welt beschreiben können. Als kleine Gott-Strahlen fragten wir den Vater, die riesige Lichtquelle: „Werden wir je so groß werden wie Du, und werden wir soviel Wissen, Unterscheidungsvermögen und Verstehen haben, um erschaffen zu können?“ Das brachte den Vater zum Nachdenken, und Er fand es eine gute Idee, nicht nur Welten zu erschaffen, sondern Gott-Wesen, die diese Welten bewohnen sollten, um zu spielen, zu lernen und eine große All-Quelle zu werden. Dies war die Ur-Absicht für euch, die ihr Menschen geworden seid. Wir bekamen diese wunderbare Welt, um darin zu wirken und zu spielen. Gott hat alle Seine Welten mit den gleichen selbsterhaltenden Eigenschaften versehen, wie sie hier auf der Erde zu finden sind. Alle Welten im Universum werden durch die Naturgesetze ständig erneuert. Heute nennt ihr das Ökologie, aber es ist, ganz gleich, wie ihr es nennt, immer dieselbe selbsterneuernde Kraft.

Zu Anfang ließ Gott euch im Garten Eden wohnen, den ich euch als einen Bewußtseinszustand erklärt habe, einen Bewußtseinszustand, in dem ihr vollkommen mit Gott verbunden seid. Er sorgte für all eure Bedürfnisse, und ihr vertrautet vollkommen, daß euch alles in Liebe gegeben würde. Das war eure spirituelle Kindheit, und in dieser spirituellen Kindheit spieltet ihr, tolltet herum und hattet insgesamt eine wundervolle Zeit im Garten Eden. Es war eine glückliche Zeit für euch als geistige Wesen, denn ihr brauchtet nur an etwas zu denken, und schon war es da. Es gab nichts zu fürchten und nichts, worüber ihr euch hättet grämen können. Dann wuchst ihr als geistige Wesen, und ihr wolltet selbst etwas tun. Ihr wolltet wissen, was, wo und wie die Dinge erschaffen werden. Ihr lerntet schnell, als die Schlange eurer dunklen Seite ihren häßlichen Kopf hob und begann, euch darüber auszufragen, was ihr gelernt hattet und was nicht. Das war die Gegenseite zu der, die alles sieht und die bestmögliche Lösung für alle Beteiligten erkennt. **Die Schlange, das sind all die kleinen Gedanken des Zweifels, der Skepsis, der Angst, der Wut und dergleichen. Es sind die Teufel in eurem Denken.** Es gibt keinen Geist des Bösen oder einen großen bösen Geist, der euch verfluchen oder euch schaden kann. **Die Teufel dieser oder anderer Welten sind eure eigenen**

negativen Gedanken, Einstellungen und Überzeugungen, die euch oder anderen jede Art von Schmerz bereiten. Wir wollen zu unserer Analogie zurückkehren. Der Vater Gott kam und lehrte euch, selbsterhaltende Geister zu werden, die reif sind und klare Entscheidungen treffen können, ohne irgend etwas oder ein anderes Wesen oder eine andere Welt zu verletzen. Aber die Menschheit wollte es selber machen. Gott sagte euch im wesentlichen, daß ihr (die Menschheit) noch nicht reif dafür wäret, als separate und verantwortliche geistige Wesen für euch selbst zu sorgen. Aber die Menschen in ihrer Unreife wurden zornig! Mit dieser Handlung aß der Mensch vom Baum der Erkenntnis von Gut und Böse. Durch diesen Wutanfall verstrickte sich die Menschheit in das Übel aller Zeiten, nämlich in Selbstsucht und in Egozentrik. Deshalb seid ihr von Gott aus dem Garten Eden verbannt, solange ihr euch in dieser Art von Gemütszustand oder Handlungsweise befindet. Er duldet euch nicht im Garten Eden, wenn ihr egoistisch oder selbstsüchtig seid. Diese Eigenschaften sind nicht gottähnlich und gefallen Gott nicht.

Als der Geist des Menschen aus dem paradiesischen Zustand verbannt worden war, sagte Gott ihm: „Von jetzt an müßt ihr arbeiten, um euch Nahrung und Obdach zu beschaffen, und die Frauen werden ihre Kinder mit Schmerzen gebären, damit diese Kinder geschätzt und versorgt werden. Ihr werdet den Garten Eden nicht wieder betreten, um teilzuhaben am Baume des Lebens, bis ihr bewiesen habt, daß ihr reife und verantwortliche geistige Wesen seid."

Zu dieser Zeit schuf Gott die Gesetze der Reinkarnation, um euch mehr Gelegenheiten zu geben, die Lektionen, die das Leben lehren kann und tatsächlich lehrt, wieder zu lernen. Ihr hättet diese Lektionen eigentlich nicht auf diese Weise zu lernen brauchen, aber ihr habt gewählt, unabhängig von Gott dem Vater handeln zu dürfen. So begann die Menschheit eine Kette von Leben auf der Erde, um – eine nach der anderen – ihre Lektionen zu lernen. Der Teil von euch, der jetzt das höhere Selbst genannt wird, ist das geistige

Wesen, das für euer Leben und eure Lektionen zuständig ist. Das ist der Geist, der eines Tages zu Gott dem Vater zurückkam (in der Analogie) und fragte: „Wie kann ich zu dem früheren paradiesischen Leben im Garten zurückkehren? Was kann ich tun, um schnell das Wissen des Lebens zu erlangen?“ Der Vater Gott gab euch diese Methode, um zu lernen, wie Gott zu sein und in spirituellen Werten zu wachsen. Vater Gott sagte (in der Analogie): „Ihr werdet auf die Erde zurückkehren und wieder und wieder geboren werden, bis ihr gelernt habt, das geistige Wesen zu sein, das ihr sein könnt.“ Das ist der Grund, warum ihr verschiedene Personen geworden seid und viele Leben auf der Erde gelebt habt.

Es gab aber auch jene geistigen Seelen, die sich nicht gegen Gott den Vater auflehnten und die noch immer an Seiner Seite sind. Zuweilen melden sich manche von ihnen freiwillig dafür, Engel zu werden und euch von Gott dem Vater Worte der Warnung oder Ermahnungen zur Vorsicht zu bringen. Manche dieser Seelen sind von Zeit zu Zeit auf die Erde gekommen, um euch zu lehren, euch auf Gott zu verlassen und euch zu zeigen, wo ihr Ihn finden könnt. Es gibt auch die Selen, die rasch gelernt haben und zu Gott zurückgekehrt sind wie Jesus. **Diese Lektionen über spirituelle Werte sind in den tiefinnersten Kammern eures Herzens aufgezeichnet. Im Innersten eures Gemüts ist das Tor zu allem Wissen und zu allem, was ihr braucht, um in den Garten Eden zurückzukehren.** Ihr könnt euch in allem absolut und bedingungslos auf Gott verlassen.

Das Leben, wie es euch auf der Erde erscheint, ist kurz und währt nur eine kleine Zeitspanne. Bedenkt aber, wie lange die Gebirge und Ozeane schon auf der Erde sind. Meint ihr nicht, daß ihr, als Gottes lebendige Kinder, dieselbe Lebensspanne habt? Seid ihr als Geistwesen nicht von höherem Wert? Diese Berge und Meere sind seit Millionen von Jahren hier, das wurde wissenschaftlich bewiesen. Könnt ihr allen Ernstes glauben, daß Gott, der alles und vollkommene Liebe ist, euch nur eine Lebensspanne von weniger als hundert Jahren zugestehen würde und nicht auch Millionen von Jahren wie den Bergen? Diese falsche Vorstellung hat euch geschadet. Denn sagen sich nicht viele: „Ich bin nur einmal hier, da will ich auch allen Unfug machen, den ich kann“? Dies sind die teuflischen Gedanken eures eigenen Hirns. Ihr lebt immer, genau wie Gott. Ihr kommt auf die Erde, um zu lernen, ein spirituelles Leben zu führen, zu lernen, daß ihr sein werdet, was ihr denkt – daß es geistig gesehen falsch ist, nur an sich selbst zu denken. Selbstbezogenheit ist spirituell nicht gut. Wie leicht macht ihr es euch heute oft, indem ihr denkt: „Ich lebe erst mal mein Leben, und wenn ich alt bin, dann laß ich mich nieder und gehe in die Kirche“ – als ob das alles wäre, was von eurem Geist verlangt wird. Was ihr in diesem Leben sät, werdet ihr in einem anderen Leben ernten müssen. Seid sehr achtsam mit euren Gedanken, eurem Tun, euren Einstellungen und Überzeugungen. Sie sind es, die euch zu Fall bringen, nicht nur in diesem Leben, sondern in eurem wahren Leben, eurem geistigen Leben.

Fangt an, das Leben so zu sehen, wie es in Wahrheit ist – ewig. **Eure wahre Essenz ist Geist und nicht Fleisch. Die Lebenskraft, die euch beseelt, ist Geist.** Das Fleisch ist der Teil von euch, der begraben wird und zur Erde zurückkehrt. Der geistige Teil von euch lebt weiter. Seht ihr nicht, in welchem Irrtum manche eurer Religionen befangen sind, wenn sie sagen, ihr müßt diese Zeremonie durchführen, jenes Sakrament beachten oder öffentlich eure Sünden bekennen, damit ihr in den Himmel kommt? Was ist dann mit all denen, die lebten, bevor es diese Religionen mit diesen Gesetzen gab? Kommen sie nicht in den „Himmel“?

Die Wahrheit ist, daß jeder von euch Millionen und Millionen von Erdenjahren gelebt hat. Ihr werdet geboren, lebt in bestimmten Gegebenheiten und sterbt dann. Mit dem Tode kehrt ihr in die geistige „Welt“ zurück (ich setze diesen Begriff in Anführungszeichen, denn es ist euer Begriff und existiert nicht tatsächlich so, wie ihr es euch vorstellt). Hier hält eure Geistseele Rückblick auf euer Leben, wie ihr es tagtäglich gelebt habt. Ihr blickt durch euer wahres geistiges Auge, das alles versteht. Dies ist die Zeit des Gerichts, wo eure geistige Seele entscheidet, wie sie sich gehalten hat. Wenn es eine Frage gibt, dann besprecht ihr euch mit Gott, und Er hilft euch, euer Leben durchzusehen, und gibt euch Hinweise, wie ihr eure Irrtümer am besten korrigiert. Das heißt, wenn ihr Gott um Hilfe bittet, sagt Er euch, unter welchen Lebensumständen ihr euch rasch im Geiste weiterentwickeln könnt. Ihr müßt Gott jedoch bitten, euch bei eurem Urteil und bei eurem Lernprozeß zu helfen. Es ist die Zeit, wo ihr euer Lebensbuch durchschaut. Ihr auf der Erde führt zuweilen Tagebuch über eure täglichen Aktivitäten. Euer Lebensbuch ist euer geistiges Tagebuch. In diesem Tagebuch sind alle eure Gedanken und Handlungen, eure innere Einstellung, eure Worte und Überzeugungen verzeichnet. Wenn ihr so auf das gerade vergangene Leben zurückblickt, gebt ihr euch sozusagen eine Note dafür, wie gut ihr die Lektionen gelernt habt, die ihr euch für dieses Leben vorgenommen hattet. Ihr kommt nicht einfach willkürlich ins Leben herein, um planlos irgendwie zu handeln. Während ihr im Geistigen weilt, könnt ihr beobachten, wie andere geistige Wesen auf der Erde leben. Ihr könnt sehen, was zu den verschiedenen Kulturkreisen, Geschlechtern und Lebensbedingungen gehört. Ihr selbst bestimmt über die Ziele für euer nächstes Leben. Ihr setzt selbst fest, wo und unter welchen Lebensumständen ihr geboren werdet. Nun bedeutet das nicht, daß ihr euch auf der Erde nicht verbessern könnt. Ihr habt sowohl auf die geistigen als auch auf die weltlichen Lebensumstände durchaus einen Einfluß. Habt ihr nicht von Menschen gehört, die arm geboren wurden und in jungen Jahren ein Vermögen erwarben? Diese Menschen hatten in früheren Leben gelernt, geistig richtig zu denken. Manchen fällt das nicht schwer. Aber es gibt auch die, die im Wohlstand geboren werden und ihn mit „gutem" Leben verlieren, das heißt mit Partys, Alkohol und Drogen.

Manche der östlichen Kulturen und Religionen lehren seit Jahrhunderten die Wiedergeburt, wie es heute genannt wird. Unter dem Eindruck dieser Lehre haben die Menschen oft einfach aufgegeben und gesagt: „Das ist Schicksal oder Bestimmung" oder

„Deshalb bin ich in dieses Leben hineingeboren worden. Vielleicht werde ich das nächstemal reich und gesund geboren." Das ist auch eine falsche Denkweise. Ihr habt immer die Macht, selbst zu entscheiden und euren Status zu verbessern. Auf der Erde seid ihr genau wie im Geiste immer aktiv und entscheidet, wie, womit und wann ihr eure Lebensumstände verändern wollt. Legt nicht die Hände in den Schoß und sagt: „Es nützt nichts, sich dem Schicksal zu widersetzen; Gott hat es so bestimmt." Das ist falsch, und Gott hat niemanden dazu bestimmt, in Armut, in Krankheit oder in irgendeinem Zustand zu leben, der ihm nicht gefällt. Ihr habt immer die Wahl.

Lebt jeden Tag so, als hättet ihr all eure Lebensentscheidungen an diesem einen Tag zu treffen, denn alles, was ihr auf der Erde habt, ist der Augenblick der Gegenwart. Ihr könnt gestern nicht noch einmal erleben, und morgen ist noch nicht da. Jetzt, genau in diesem Augenblick, ist die Zeit, für eine Verbesserung eures Lebens Gott um Hilfe zu bitten. Jetzt, in diesem Augenblick ist die Zeit, wieder zu vertrauen und euch ganz und gar auf Gott den Vater zu verlassen. Ihr könnt jetzt in den Garten Eden zurückkehren und ein leichtes und glückliches Leben führen.

Nun nehmt diese Lektion an und seht ihre Wahrheit. Ihr lebt und habt seit Jahrhunderten und seit Millionen von Jahren gelebt. Ihr werdet ewig weiterleben. **Dieser Augenblick ist alles, womit ihr zu arbeiten habt. Dieser Augenblick ist alles, was wirklich euch gehört.** Lebt nicht im Morgen und nicht im Gestern. Lebt ständig in der Gegenwart – in der Gegenwart Gottes.

Bittet Gott den Vater im Gebet, euch mit euren Lebenszielen zu helfen, jenen Zielen, die ihr euch für diese Woche gesetzt habt, für dieses Jahr, für dieses Leben. Vertraut auf Gott und verlaßt euch bei euren Vorhaben auf Seine Hilfe. Sprecht mit Ihm. Sagt Ihm vielleicht: „Das hier ist so neu für mich, und ich weiß nicht, was ich davon halten soll. Hilf mir zu lernen, was ich mir für dieses Leben vorgenommen habe. Hilf mir mit meinen Vorhaben für dieses Jahr, diese Woche und heute." Ihr lebt ewig. Aber **ewig leben heißt,**

einen Augenblick nach dem anderen zu leben und einen Gedanken nach dem anderen. Achtet auf eure Gedanken und auf eure Zeit. Die Zeit wurde eingerichtet, um euch zu helfen, um euch darauf aufmerksam zu machen, was um euch herum vor sich geht. In der geistigen Welt haben wir keine Zeit, wie ihr sie auf der Erde habt. Nehmt die Zeit und benutzt sie weise.

Maria, die Mutter Jesu

Schätzt und achtet alles, was euch gegeben ist

Die Bruderschaft, 2. Oktober 1988

Lest und lernt zuerst eure (früheren) Lektionen und erlaubt eurem Verstand, diese neuen Gedanken zu betrachten und darüber nachzusinnen. Sprecht während der Woche darüber und lest die Lektionen, die ihr bekommen habt, noch einmal durch. Am besten probiert ihr ein paar der Ideen aus, die diese Lektionen in euch auslösen. Ihr übt auf diese Weise für die kommende Zeit. Das ist die heutige Lektion – anzuwenden, was wir alle euch geben. Es nützt euch nichts, wenn ihr diese Seiten irgendwo in einer Schublade verschwinden laßt. Da sollt ihr euren Schatz nicht aufbewahren. Denkt an Jesu Worte: „Sammelt euren Schatz nicht auf Erden, wo er verderben kann, sondern legt euren Schatz im Himmel an, wo ihn weder Diebe noch Verfall erreichen können." (vgl. Matthäus 6,19-21). Diese Worte und Lektionen sind euer Schatz, und der Himmel, in dem ihr ihn aufbewahren sollt, ist euer Bewußtsein. Ihr haltet euren Schatz dadurch in Ordnung und schön, daß ihr das, was ihr lernt, anwendet und so euer Leben auf der Erde und im Himmel verbessert – im Himmel, das heißt, in eurem Bewußtsein. Seht ihr, der „Himmel" ist ein Bewußtseinszustand. Wir sagen euch noch einmal, daß alles im Geiste gelebt wird. Euer Schatz ist der spirituelle Weg, durch den ihr euch das Leben und Lernen erleichtern könnt. Das ist der Schatz, den wir euch jede Woche geben, die

Wahrheit erfahren und die Wege des Geistes benutzen zu können, um eure Lebensziele leichter erreichbar zu machen und euch spirituell zu heilen.

Nehmt Mutter Marias Worte und faßt sie in kurzen Sätzen zusammen, so daß ihr euch an eure jeweilige Lektion der Woche erinnern könnt. Diese Woche könnte ein solcher Satz zum Beispiel lauten: „**Ich lebe ewig**" oder „**Alles Leben ist ewig**". Ein weiterer Gedanke, den ihr in euch behalten sollt, ist: „**Gottes Hilfe ist immer für mich da**" und „**Er antwortet mir gern**". Vielleicht müßt ihr euch daran erinnern, daß ihr geliebt werdet, dann könnt ihr euch sagen: „**Ich werde von Gott selbst mit göttlicher Liebe geliebt, und ich brauche nichts zu tun, um Seine Liebe zu verdienen.**" Seht ihr, auf diese Weise bringt ihr diese Lektionen immer wieder mit ein paar Worten in euer Bewußtsein. Diese Worte dringen, wenn ihr sie positiv und ohne Zweifel einfach konstatiert, bis in die tieferen Winkel eures Seins, und es wird ihre Wahrheit erkennen. Euer irdischer Verstand wird nicht mit der Wahrheit aller Zeiten kämpfen. Auch er erkennt die Wahrheit. Sagt euch also immer die Wahrheit, wie wunderbar ihr erschaffen seid. Schätzt und achtet den Körper und den Verstand, der eure Erinnerungen, eure Gedanken, Einstellungen und Überzeugungen aufbewahrt. Auf diese Weise ersetzt ihr allmählich die Vorstellungen eures Erdenverstandes durch die Wahrheit des Gottesbewußtseins, und dadurch wachst ihr im Geiste.

Lernt das Leben und alle Lebensumstände zu schätzen. Auf diese Weise werdet ihr unter den gegebenen Umständen schnell das Bestmögliche erreichen und dann weitergehen können. Sprecht eure Anerkennung nur innerlich aus, denn die Leute urteilen vielleicht über euch, wenn sie euch hören. Die Erdenmentalität der Welt versteht nicht, wie man so leben kann. Das ist nur für euch zu verstehen. Es sind die Gebete und Meditationen eures Herzens, die ihr im stillen sprecht und die euch gelohnt werden. Diese Worte werden euch helfen, euren Glauben und eure Hoffnung in Gottes Wahrheit zu stärken. Beginnt eure Arbeitswoche mit den Worten: **„Danke, Vater Gott, für diese Arbeit, für die Menschen und dafür,**

daß ich auf diese Weise meinen Lebensunterhalt verdiene." Dankt Gott für diese Dinge, die ihr besitzt, wie zum Beispiel euer Auto, und sagt eurem Auto, daß ihr es als ein Geschenk Gottes liebt. Schätzt und liebt euer Zuhause. Geht durch die Räume und seid dankbar für den Schutz und die Behaglichkeit, die sie euch bieten. Ach, sagt ihr, ich bin gar nicht zufrieden mit diesem alten Haus. Nun, schaut euch einmal um und seht die armen Seelen, die weder ein Zuhause noch ein Bett, noch etwas zu essen haben. Es wird im Leben immer Menschen geben, die mehr haben als ihr, und solche, die weniger haben. Ihr könnt das von beiden Seiten betrachten. Seid klug genug, es von beiden Seiten zu sehen. Seht, daß ihr euch in vieler Hinsicht steigern könntet, und gelobt, mit Gottes Hilfe spirituell zu wachsen und euch wenn möglich auch materiell zu verbessern. „Aber trachtet zuerst nach dem Reiche Gottes, und alles andere wird euch dazugegeben." Das sind Jesu eigene Worte, und sie sind auch nach zweitausend Jahren noch wahr. Bittet zuerst um spirituelle Heilung, und gleichzeitig werdet ihr auf der körperlichen, mentalen, emotionalen, psychischen, ätherischen und auf allen anderen Ebenen geheilt.

Es ist, als ob ihr beim Einkaufen gleich einen ganzen Brotlaib kauft, anstatt nur eine Scheibe Brot zu verlangen. Findet eure Verbindung zu Gott, und alles andere wird reicher werden. Ihr werdet Ideen für euer körperliches und geistiges Wachstum bekommen.

Wenn ihr lernt, das Leben, das ihr gerade führt, zu schätzen, dann wird euch alles Gute zuteil, das es in sich birgt. Das heißt, ihr gewinnt in jeder Hinsicht – körperlich, spirituell, emotional und im übersinnlichen und mentalen Bereich, und das bringt euch vorwärts. Vielleicht seht ihr die physischen Ergebnisse nicht sofort, aber wißt, daß es zuerst im Geiste geschieht und dann in euer Leben auf der Erde heruntersickert. Gebt nicht auf und verliert nicht den Glauben, denn dann bleibt ihr stehen. Wenn ihr den Glauben verliert, ist das wie ein Damm, der den Fluß des spirituellen Wohls zum Stillstand bringt. Eure Wertschätzung reißt diesen Damm ein. Die Schleusentore werden durch eure Anerkennung weit geöffnet, und auf allen Ebenen, in allen Dimensionen und allen Bereichen fließt euch das Gute zu.

Schätzt und achtet vor allem eure Partner im Leben. Ihr könnt eure Ehe und euer gemeinsames Leben schöner machen, wenn ihr euren Partner oder eure Partnerin und ihre Arbeit schätzt und achtet. Wenn ihr das Gute in eurem Partner sehen könnt, seht ihr die Liebe wachsen. Wenn ihr nicht verheiratet seid, dann schätzt eure Eltern und seht die Liebe in ihnen. Schätzt eure Ausbildung und eure Freunde. Durch Wertschätzung werden euer Leben, eure Lieben und euer Besitz wie in Gold getaucht. Alles erstrahlt in neuer Lebenskraft, und in allen Bereichen kommt neue Energie in euer Leben. Euer Zuhause bekommt ein ganz neues Gesicht und weckt neue Gefühle in euch, und es wird euch ein Vergnügen sein, in diesen Hafen der Ruhe zurückzukehren. Eure Sachen, zum Beispiel das Auto, erwidern eure Liebe und Anerkennung dadurch, daß sie gut funktionieren. Selbst unbelebte Gegenstände spüren die Liebe, mit der sie behandelt werden. Schenkt euren Kindern eure Anerkennung. Würdigt die Lektionen, die diese jungen Menschen euch als Eltern bringen. Ihr lernt Geduld und Verständnis und bekommt die Gelegenheit, die Welt mit ihren Augen zu sehen.

Engagiert euch für das Leben eurer Kinder und laßt sie an Aktivitäten teilnehmen, die ihre Energie auf gute Weise fordern. Ein kleineres Kind fragte Gott, wie es aufhören könne, so zappelig zu sein. Es ist überschüssige Energie, die es so unruhig macht. Verschafft dem Kind Gelegenheiten, seine Energie einzusetzen, aber bringt es nicht in Situationen, wo es unter Konkurrenz- oder Leistungsdruck steht, denn das würde es entmutigen. Das Kind soll nur mit sich selbst wetteifern. Ermutigt die Kinder, ihre Energie produktiv einzusetzen, so daß ihr Selbstvertrauen wächst. **Schenkt den kleinen Kindern mehr Anerkennung.** Ihr lernt vieles, wenn ihr Kinder durch alle Lebensstadien hindurch aufzieht. Freut euch daran und betrachtet es als Ehre, Eltern sein zu dürfen.

Jetzt spreche ich zu den Kindern: Wenn ihr in der Schule lernt, dann schätzt und achtet den ganzen Tag. Seht, wie gut die

Lektionen sind, die Hausaufgaben, die Lehrer, die Schulkameraden und alles, was ihr in der Schule tut. Freut euch an eurem Zuhause und an euren Sachen. Schätzt und liebt eure Eltern. Sie haben vielleicht ihre Fehler, aber sie haben auch ihre Stärken. Wie ihr sind sie auf der Erde, um die Lektionen des Lebens zu lernen.

Zu den erwachsenen, verheirateten Kindern möchte ich sagen: Schätzt auch ihr euer Zuhause und schaut nicht auf das, was fehlt, sondern auf das, was ihr schon erreicht habt. Freut euch an eurem gemeinsamen Leben und an eurer Arbeit. Fahrt fort, für eure Lieben zu beten. Vergebt euren Eltern ihre Menschlichkeit und versteht, daß sie es so gut gemacht haben, wie sie es zu der jeweiligen Zeit konnten. Auch ihr werdet vielleicht einmal Eltern sein, und es ist immer gut, andere so zu behandeln, wie man selbst behandelt werden möchte. Wie ihr mit euren Eltern umgeht, so werden eure Kinder mit euch umgehen.

Dies ist eure Lektion für diese Woche. Wir möchten euch im Anklang an diese Lektion unsere Anerkennung aussprechen, jedem von euch. Wir sehen in euch das wahre Du, euren Geist. Jeder von euch ist ein schönes und reiches Kind Gottes. Ihr sucht wirklich da nach den Antworten, wo sie zu finden sind, nicht in irgendwelchen Gebäuden, sondern in eurem Herzen. Wir schätzen auch, daß ihr uns anruft. Wir fühlen uns geehrt, euch helfen zu können und die Woche über mit euch zu sein. Ihr seid uns und Gott wichtig.

Die Bruderschaft

Das Erdenbewußtsein umgehen und zum Gottesbewußtsein gelangen

Die Bruderschaft, 9. Oktober 1988

Willkommen zu unserer heutigen Botschaft. Wir sagen euch heute, wie wir durch euch wirken, um eure Verbindung zu Gott dem

Schöpfer zu unterstützen. Es ist unser Ziel und unsere Aufgabe, euch zu helfen, diese Verbundenheit mit dem Gottesbewußtsein zu stärken. Wir sollen euch dabei helfen, diese lebenswichtige Verbindung herzustellen. Unsere Aufgabe ist, euer Ratgeber zu sein, nicht eure gute Fee. Wir wollen euch nur helfen, geistig zu wachsen, nicht im Weltlichen.

Wenn ihr euch öffnet und Gott bittet, in euer Herz und Denken zu kommen, so ist das für Ihn nicht schwierig, aber für euch ist es schwierig, darum zu bitten. Das Erdenbewußtsein, das euer Denken beherrscht, ist voller falscher Vorstellungen von Gott. Vergeßt nicht – das Erdenbewußtsein besteht aus allen Vorstellungen, Gedanken, Meinungen und Überzeugungen, die die Menschheit seit ihren Uranfängen auf der Erde angehäuft hat. Das Erdenbewußtsein sagt, Gott sei ein grauhaariger alter Mann, der irgendwo oben im Himmel auf einer Wolke sitzt. Er gilt als zornig, launisch und verurteilend. Ihr wißt nicht genau, wo er eigentlich ist, aber ihr habt schreckliche Angst vor Ihm. Das ist ein Denkfehler, eine der falschen Vorstellungen, die wir richtigstellen möchten. **Gott ist ein liebendes Wesen, und Seine Liebe ist es, die diese Welt und euch erschaffen hat.** Gott ist Geist, und Er ist unsichtbar, aber Er ist zu spüren. Ihr könnt Gott vielleicht nicht sehen, aber ihr könnt Seine Gegenwart in eurer Mitte fühlen. **Wir möchten euch über eure Ängste vor Gott hinausführen, damit ihr die Wahrheit sehen könnt, damit ihr seht, daß Gott Liebe ist, vollkommene, bedingungslose Liebe.** Es ist das Erdenbewußtsein, das die Teufel und bösen Geister heraufbeschwört und euch Angst einredet. Gott möchte nur, daß ihr liebt wie Er.

Gott hat jedem einzelnen den freien Willen gegeben, und deshalb ist es an euch, Ihn zu bitten, euer Herz und Denken zu erfüllen. Es ist an euch, Ihn um Hilfe zu bitten. Wir sind gesandt, euch, die ihr noch in den Vorstellungen des Erdenbewußtseins steckt, zu helfen, eure Ängste und falschen Vorstellungen vom Geiste zu überwinden. Es ist unsere Pflicht als Helfer, eure Gedanken über das Erdenbewußtsein hinauszulenken, damit ihr zum Gottesbewußtsein und zur Wahrheit findet.

Zuweilen mögen euch Gottes Wege magisch und sehr geheimnisvoll erscheinen, denn Er steht über den Naturgesetzen. Er kann das Unmögliche möglich machen. Gott möchte durch euch wirken und lehren, wenn ihr Ihm eure Probleme anvertraut. Er schenkt Weisheit und Verständnis, so daß ihr Probleme vermeiden könnt. Das ist die Wurzel wahren Wissens. Gottes Wissen ist jenseits des Wissens und der Erfahrung des Erdenbewußtseins.

Bitte seht Gott, wie Er ist – Liebe, Intelligenz, Energie, Wissen, Weisheit und alles Gute. Wißt in eurem Herzen und Denken: Wenn ihr uns bittet, werden wir bei euch sein, sobald ihr anfangt, euch mit diesem großen Geist zu verbinden. Wißt jedoch auch, daß Gott kein Zauberer ist, keine gute Fee, kein Geist aus der Flasche, der euch jeden Wunsch erfüllt. Gott wird niemals jemandem schaden, noch wird Er etwas für euch tun. Er tut alles durch euch. Das ist Seine Weise zu wirken – durch euch, um zu lehren.

Vielleicht betrachtet ihr die Wunder, die Jesus auf der Erde wirkte, als Zauberei. Denkt daran: Jesus kannte Gott persönlich, und Er kannte das Wirken des Geistes. Jesus wußte in Seinem Herzen, daß mit Gott alle Dinge möglich sind, und sein Glaube war groß. Er vertraute Gott dem Vater und Er liebte Gott den Vater. Durch Jesus heilte Gott die Kranken und machte die Blinden sehend. Durch Jesus konnten die Lahmen wieder gehen und die Tauben hören. Das war keine Zauberei und ist es auch heute nicht, wenn jemand geheilt wird. Gottes Gesetze sind vielfältig, und es gibt viele, derer ihr euch nicht bewußt seid. Ihr braucht sie auch nicht zu kennen, denn indem ihr glaubt und betet, entgeht ihr ihren Auswirkungen.

Auch ihr könnt Gott bitten, die Stürme zu besänftigen. Es gibt alle möglichen Stürme – physische, mentale, emotionale und spirituelle Stürme. Die Stürme der Wut, der Angst und des Hasses in euren Herzen lassen sich mit Gottes Liebe besänftigen. Vielleicht habt ihr Geldsorgen und persönliche Probleme; diese können geheilt werden so wie der Blinde und der Lahme. **Ihr müßt die Verantwortung auf euch nehmen und Gott bitten, durch euch zu**

wirken und Erleichterung und Trost zu bringen. Gott kann nur durch euer Herz und Gemüt wirken. Jeder von euch muß selbst allmählich lernen, Gott durch sich wirken zu lassen.

Gott ist im Herzen und Denken derer, die Ihn nicht fürchten und Ihn in sich willkommen heißen. Bringt diesen großen, schöpferischen Geist in euer Herz, damit Er es auf mannigfaltige Weise mit guten Gefühlen erfülle – mit Liebe, Achtung, Ehrerbietung, Fürsorglichkeit, Freundlichkeit, Mitgefühl, Frieden, Fülle, Hoffnung und mit so vielem mehr. Bringt Gott in euer Denken, damit Er euch helfe, die Wahrheit aller Dinge zu erkennen. Gott ist bereit und willens, euch zu zeigen, wie ihr in der rechten Weise denkt, aber nur, wenn ihr um Seine Hilfe bittet. Gott wünscht sich, in eurem Wesen und in eurem Heim lebendig zu sein. Denkt daran, daß Gott euch achtet und Sein Abkommen mit der Menschheit respektiert und nicht kommt, wenn Er nicht gebeten wurde. Bedenkt nur, wie sehr Er sich zurückhalten muß, wenn Er sieht, wie Seine Schöpfung stockt und zu Fall kommt und unglücklich und voller Angst ist. Sein Geist möchte durch euch wirken und alle Unebenheiten für euch glätten. Gottes Liebe möchte euch so heiter, gelassen und glücklich sehen wie möglich. Bittet täglich, daß Gott durch euch wirkt, und darum, in Liebe, Frieden und vollkommenem Glück leben zu können. Bittet, die Irrtümer alter Denkmuster und schädlicher Vorstellungen und Ideen aus eurem Denken ausmerzen zu können. Bittet Gott jeden Tag, Er möge euch helfen, euch an Seiner großen Fülle zu erfreuen und Ihn für alle eure Bedürfnisse sorgen zu lassen. Es ist an jedem einzelnen von euch, Gott hereinzubitten. Es ist an euch zu lernen, um unsere und um Gottes Hilfe zu bitten. Dies ist kein einmaliges Angebot für euer gesamtes Leben, sondern dieses Leben im Geiste ist ein Geschehen von Tag zu Tag, von Stunde zu Stunde. Ihr müßt Gott einladen, täglich neu.

So lebt ihr ein geistiges Leben. So lebt ihr im Gottesbewußtsein und habt alles und alle Weisheit, die euch für diesen Tag auf den rechten Weg führt. Jeder Tag ist anders, und jeden Tag sind eure Bedürfnisse neu. **Beginnt jeden Tag mit einer Einladung an Gott,**

Seine Wunder durch euch zu wirken. Denkt dabei an euer Wachstum und erwartet nicht wie ein Kind, daß euch etwas geschenkt wird.

Eure täglichen Gebete und Meditationen sind wichtig, denn sie werden euch durch die Zukunft tragen. Früh am Morgen, als erstes nach dem Aufwachen, ladet Gott in euer Herz und euer Denken ein. Bittet darum, eure Welt durch Gottes Bewußtsein zu sehen, dann laßt ihr Gott durch euch wirken, wie nur Er es kann.

Die Bruderschaft

Richtet euren Blick auf höhere Ebenen

Die Bruderschaft, 23. Oktober 1988

Willkommen zu einer weiteren Gebets- und Meditationsstunde. Wir hoffen, daß ihr euren Blick auf eine höhere Ebene des Lebens richten werdet. Das ist einer der Gründe dafür, daß wir euch ermutigen, euch eurem eigenen geistigen Wachstum zu verpflichten. Seid ganz gegenwärtig. Damit meinen wir euer ganzes Bewußtsein. Laßt euer tägliches Leben beiseite, um euch für kurze Zeit auf euer ewiges Leben zu konzentrieren. Das öffnet euch für mehr Wissen und Verstehen. Ihr werdet voller Kraft und Heiterkeit euren täglichen Aktivitäten nachgehen können. Es wird euch besser gelingen, eure Gedanken auf das Positive, auf Gott gerichtet zu halten.

Kommt als Gruppe zum Gebet zusammen, das verleiht eurem Leben Kraft. Denkt daran, was Jesus euch sagte: „Wo zwei oder drei in meinem Namen versammelt sind, da bin ich mitten unter ihnen." Natürlich habt ihr nicht immer ausdrücklich gesagt, daß ihr in Jesu Namen versammelt seid, aber es ist das gleiche, da ihr danach trachtet, mehr Wissen von Gott zu erlangen. In eurer Suche nach der Wahrheit Gottes und nach göttlichem Wissen habt ihr alle göttlichen Kräfte auf den Plan gerufen. Eure Treffen sind wichtig für uns und für viele, die mit euch sind. Sie haben eure Familie und jeden einzelnen von euch gestärkt. Ihr habt für eine Zeit die Welt beiseitegestellt, um euch auf das Ewige zu konzentrieren. Wenn ihr betet, wird euch gewährt werden, worum ihr bittet, denn ihr habt eine Gruppe von Wesen versammelt, die bereit sind, euch beten und verstehen zu helfen, wie dies alles funktioniert. Die göttliche Liebe und alle Kraft des Universums ist um euch und wartet nur darauf, daß ihr sie aktiviert. Viele Geistwesen, die eure Bemühungen unterstützen, kommen zu diesen Gebetsabenden. Das hilft, all die vielen Eigenschaften Gottes in eurem Bewußtsein zu aktivieren.

Es gibt viele Fragen über das höhere Selbst und die Überseele. Diese beiden Begriffe sind vor kurzem aufgekommen. Das höhere Selbst seid ihr als ganzes, bewußtes und spirituelles Wesen. Das höhere Selbst lebt in euch als besondere Zellen oder als eure Seele. Es ist auch in der geistigen Welt. Es führt sozusagen Buch über euch. Als spirituelles Selbst jedoch befindet es sich in einer Gruppe gleichgesinnter Geister, gleichgesinnt insofern, als sie die gleiche Ebene spiritueller Bewußtheit erlangt haben. Dieser Zusammenschluß von Geistern wird die Überseele genannt. Wenn ihr euch der spirituellen Welt bewußter werdet und mehr Wissen davon erlangt, wachst ihr im Geiste und weitet euch aus. Bisweilen ist euch das auf der Erde nicht sichtbar. Denkt daran, in diesem Universum befindet sich alles entweder in einem Wachstums- oder einem Regressionsprozeß. Eine Rose zum Beispiel – sie entfaltet jedes Blütenblatt, bis sie gänzlich geöffnet und voll erblüht ist. Auf der Erde stirbt diese Blüte nach einiger Zeit, die Blütenblätter fallen ab, und die Rose ist dann nicht mehr da. Was bleibt, sind die Samen für weitere Rosen. Ihr als spirituelle Wesen könntet euch im Prozeß des Verstehens und Lernens mit einer Rose vergleichen. Wenn ihr eine Ebene vollkommenen Einsseins erreicht habt, geht ihr einfach auf eine höhere geistige Ebene über und beginnt den Prozeß von neuem. Wenn ihr zu irgendeinem Zeitpunkt nicht lernt und euer Bewußtsein erweitert, fangt ihr an, kleiner zu werden und entwickelt euch zu einem Punkt zurück, wo ihr in niedrigere Bereiche des Verstehens zurückgeworfen werdet, um dieselben Lektionen noch einmal zu lernen.

Jeder von euch erweitert sein Bewußtsein, mancher schneller als andere, aber bis jetzt wachst ihr alle durch diese Sitzungen und eure täglichen Meditationen und Gebete. Viele Geistwesen sind jetzt anwesend, auch das höhere Selbst eines jeden von euch hier in der Gruppe. In dem Maße, wie ihr spirituell bewußter werdet, kann das höhere Selbst auf höhere Ebenen weiterschreiten, wo größere Gruppen von Wesen leben. Laßt uns das in einem bildhaften Vergleich darstellen. Stellt euch jedes Wesen als einen Lichtball vor. Je mehr ihr über die geistigen Dinge lernt, desto heller wird das Licht in eurem Innern, und desto weiter strahlt ihr es hinaus. Dann ist jede höhere Ebene, die ihr erreicht, durch euren eigenen Geist und die Geister der anderen in der Überseele strahlender und heller. Die Überseele besteht aus einer großen Zahl von Wesen. Wie ihr seht, gibt euch jeder Schritt voran größere Strahlkraft, und ihr könnt deshalb leichter verstehen. Aber wenn ihr nicht mehr wachst, ziehen euch die irdischen Dinge hinunter, und ihr vergeßt euer spirituelles Selbst, und dann wird euer Licht trüber, und euer höheres Selbst wird kleiner, und ihr fallt auf eine niedrigere Verstehensebene zurück. Diese Strahlkraft könnt ihr als euer Wissen betrachten. Damit könnt ihr auf der Erde allmählich bessere Entscheidungen treffen, denn ihr findet dadurch leichtere Wege, euren Lebensunterhalt zu verdienen und in Glück und Zufriedenheit zu leben. Nicht nur euer geistiges Wissen wächst, sondern auch eure irdischen Fähigkeiten werden aktiviert. Der Kampf um ein glückliches Leben und um weltliche Güter wird leichter. Ihr findet die Dinge, die im Leben wichtig sind. Ihr wißt, wann ihr handeln müßt und wann nicht. Diese Entscheidungen fallen euch im Laufe eures spirituellen Wachstums ganz natürlich zu.

Unsere Botschaft an euch ist: Fahrt fort in dieser guten Arbeit. Macht euch bereit, euer irdisches Leben leichter und euer spirituelles Leben in neuen, höheren Ebenen des Verstehens zu leben. Bittet Gott jeden Tag um mehr Verstehen. Bittet darum, daß das Licht des Wissens euer Denken öffne, damit ihr versteht, was euch gegeben wird. Wir möchten jedem von euch erneut nahelegen, täglich zu beten und jede Woche zu dieser Gruppe zu kommen. Es geschieht etwas sehr Machtvolles, wenn eine Gruppe zusammenkommt, um zu beten und zu lernen – es ist gut und wunderbar.

Richtet eure Fragen im Geiste an uns oder erbittet unsere Hilfe. Wir stehen jedem von euch jederzeit zur Verfügung. Wir leben nicht in Dimensionen von Zeit und Raum. Wir lieben jeden von euch und beten für euch, daß ihr euer Bewußtsein mehr und mehr öffnet.

Die Bruderschaft

Eure Wahl: Grenzenloses Wachstum in Gott

Maria, 23. Oktober 1988

Willkommen zu einer weiteren Sitzung. Ich bin glücklich, daß ihr nicht vergessen habt, euch zu treffen und zu beten. Meditation und Gebet ist das, was euch durch die kommenden Zeiten tragen wird. Ich möchte nicht immer wiederholen, daß es schreckliche Zeiten sein werden, aber so wird es sein. Das wißt ihr schon. Es wird Stürme und Erdbeben geben, die euch in Not bringen werden, aber ihr, meine Kinder, trefft euch weiter und betet. Wie ihr wißt, werden die Bruderschaft und ich und alle die anderen in der geistigen Welt durch euer Denken mit euch in Verbindung sein. Verlaßt euch in diesen kommenden Zeiten auf den Rat keines Menschen auf Erden. Jeder von euch ist aufgerufen, sich zu öffnen und spirituell zu lernen, was immer er kann. **Ihr seid selbst verantwortlich, all das Wissen zu erwerben, das ihr könnt, und euer Denken zu öffnen, um Anweisungen zu empfangen.**

Heute werden wir in dem fortfahren, was die Bruderschaft euch über das höhere Selbst und die Überseele gesagt hat. Ihr müßt verstehen, daß das höhere Selbst ihr seid und daß es auch jemand anderer sein kann. Wenn ihr im Geiste wachst und sich euch mehr Fähigkeiten eröffnen, wächst auch euer höheres Selbst. Wenn ihr in der geistigen Welt eine bestimmte Stufe erreicht habt, kann sich euer höheres

Selbst als ein, zwei oder mehr Menschen gleichzeitig inkarnieren. Es ist eine bestimmte Kompetenzebene erforderlich, um auf diese Weise wachsen zu können. Das höhere Selbst muß in der Lage sein, den Kontakt aufrechtzuerhalten und über die Ereignisse im Leben jeder der Personen genau Buch zu führen. Jeder Gedanke und jede Handlung muß notiert werden. Es kann also einen anderen Menschen auf der Erde geben, der dasselbe höhere Selbst hat wie ihr. Gewöhnlich werdet ihr diesem Menschen nie begegnen, denn, um schneller zu wachsen, wird sich das höhere Selbst in verschiedenen Kulturen, verschiedenen Geschlechtern oder Rassen inkarnieren. Auch seid ihr vielleicht in dem einen Leben weder reich noch arm, aber in anderen Leben könntet ihr eines davon sein oder beides. Die Kunst, mehrfach zu leben, gibt eurem höheren Selbst die Möglichkeit schnelleren Wachstums. Es kann so auch neue Lektionen lernen und gleichzeitig neue und manchmal auch alte, schon gelernte Lektionen üben.

Der Punkt, an welchem euer höheres Selbst möglicherweise diese Art von Inkarnation vornehmen könnte, befindet sich auf einer höheren Ebene und bedarf der Hilfe einer größeren Überseele. Dies ist einfach eine Information über die geistige Welt und wie sie funktioniert. **Was ihr euch merken sollt, ist, daß ihr euch immer in einem Prozeß der Ausdehnung oder Zusammenziehung befindet.** Es liegt an euch und euren eigenen Entscheidungen, in welche Richtung ihr wachst. Aufwärts oder abwärts ist nur ein Bild, in Wirklichkeit gibt es kein oben und unten. Es gibt weder Zeit noch Raum in der Welt des Geistes. Wir leben jenseits dieser begrenzenden Dimensionen. In den verschiedenen Dimensionen der physischen Welt könnt ihr jedoch eure Lektionen üben. Denkt deshalb niemals, daß wir eure dreidimensionale Welt verachten. Sie hat ihren Platz und ihren Sinn in eurem Wachstum. Sie ist wichtig für euren spirituellen Fortschritt. **Im Geiste und in allen Welten gibt es nur Gott oder gar nichts.** Und im Nichts gibt es eine Leere. Das ist der Tod, den ihr alle fürchtet. Versteht jedoch, daß ihr niemals auf diese Weise zu sterben braucht. Es ist eure Entscheidung, oder es geschieht aufgrund eurer Denkmuster, eurer Einstellungen, eures Handelns oder Nicht-Handelns.

Ihr sollt also handeln, und positiv handeln, um zu wachsen. Ihr sollt beten und meditieren, um euch das Wachstum zu erleichtern. Wenn ihr handelt, hat das Konsequenzen, aber immerhin tut ihr etwas und lernt. Wachsen heißt jedoch, mit Wissen und Voraussicht zu handeln. Wenn ihr nur im Kielwasser der anderen dahintreibt, dann regrediert ihr und verliert an Boden. Alles Wachstum, das wißt ihr inzwischen, findet in eurem Bewußtsein statt. Alles Beten geschieht in eurem Bewußtsein, und mit eurem Bewußtsein seid ihr in der Lage zu meditieren. Achtet auf eure Gedanken. Beobachtet, was in eurem Denken vor sich geht, und ihr bewacht die Tür zum Reich des Himmels.

Wie ihr denkt, so werdet ihr sein! Das ist schon auf viele Weisen und in vielen Sprachen gesagt worden. Es ist eine ewige Wahrheit. Laßt uns jetzt eure täglichen Gedanken betrachten und wie sie euer Leben und euer spirituelles Wachstum beeinflussen. Nehmen wir an, ihr habt irgendein Problem – Geld, Gesundheit, Schule, Arbeit; oder mit eurem Partner oder eurer Partnerin. Die Art des Problems ist gleichgültig, es ist einfach ein Problem. Wie geht ihr damit um? Konzentriert ihr euch darauf, indem ihr euch Sorgen macht? Könnt ihr es lösen, indem ihr euch aufregt und in die Sache verstrickt? Ich höre manche Leute so beten: „Oh, lieber Gott, ich habe hier dieses Problem..." Und sie wiederholen es im Geiste immer wieder in allen Einzelheiten. Sie konzentrieren sich ganz auf das Problem und wie schrecklich es ist und wieviel schlimmer es noch werden könnte. „Oh, was aber, wenn...?" Diese Worte sollten in eurem Bewußtsein alle Alarmglocken in Bewegung setzen. Alle „aber wenns" werden das Problem nicht lösen. Das Schlimmste zu befürchten, macht die Situation nicht leichter.

Hier ist eine bessere Methode, mit euren Problemen fertigzuwerden: Betet und sagt Gott in einem kurzen Satz, was das Problem ist. Bekennt, daß ihr es nicht lösen könnt. Bittet um Führung und Hilfe. Bringt euer Denken zur Ruhe, bis sich ein Gefühl dafür einstellt, es Gott überlassen zu haben. Dankt Gott für die Lösung des Problems und laßt es immer weiter los. Nun kommt der schwierige

Teil. Wenn ihr dazu neigt, euch Sorgen zu machen, dann erinnert euch statt dessen daran, daß es in Gottes Händen ist und auf geistige Weise gelöst wird. Bald werdet ihr das Ergebnis sehen können. Gottes Lösung für ein Problem kommt immer auf die rechte Weise, zur rechten Zeit und zum Wohle aller Beteiligten. Fahrt fort, Gott zu danken und Ihn um Hilfe zu bitten, euren Glauben zu stärken, denn durch den Glauben werden eure Gebete erhört. Glaube ist die Hoffnung auf die noch unsichtbare Antwort auf euer Gebet.

Nicht nur bittet ihr um Gottes Hilfe und bekommt sie, sondern es sind da gleichzeitig viele geistige Wesen auf einer höheren Ebene, die Interesse an allen gewonnen haben, die nach der Wahrheit und nach Wissen streben. Sie helfen euch in eurem spirituellen Wachstum, denn dadurch, daß sie euch helfen, helfen sie sich selbst. Denkt jedoch nicht, das sei egoistisch; es ist einfach die Weise, wie Gott wirkt. So werdet ihr also in euren kommenden Tagen mehr Vertrauen in eure Möglichkeiten haben, sei es bei der Arbeit oder zu Hause. Alles, was ihr unternehmt, wird durch all die geistige Hilfe, die ihr empfangt, gestärkt werden. Denkt daran, wir sind kein Geist aus der Flasche. Wir sind jedoch ständig im Gebet für euch, und auf diese Weise werdet ihr im kommenden Jahr einen Unterschied bemerken. Ihr wachst und erweitert euch; bleibt bei dieser guten Arbeit. Bleibt eurer Gebets- und Meditationspraxis unverbrüchlich treu. Die Antworten kommen. Bald werdet ihr eines Tages einfach wissen und euch dessen gar nicht bewußt sein. Es wird mit jedem Gebet immer leichter.

Maria, die Mutter Jesu

Eure Stärke als Gruppe

Die Bruderschaft, 30. Oktober 1988

Wir sind stolz auf den Fortschritt, den ihr macht. Jeder Mensch, der betet und in seinem Herzen und Gemüt mit Gott spricht, macht Fortschritte.

Wir betonen heute aus einem bestimmten Grunde die Familieneinheit. Als eine Einheit habt ihr euch verpflichtet, eure Mutter (Annie) in ihrer Arbeit mit Maria zu ermutigen. Indem ihr mit dem Geist und mit Gott zusammenarbeitet, schreitet ihr als Einheit voran. Die Gruppe als Ganzes schreitet in raschem Wachstum vorwärts. Einzelne unter euch sind nicht soweit wie die anderen, aber durch die Bemühungen der Einheit kommt ihr innerhalb dieser Gruppe schneller voran. Allein hätten eure Bemühungen nicht dieselbe Kraft.

Dies ist heute unsere Lektion – wie ihr als Familie und als Gebetsgruppe vorankommt. Gott möchte euch im Gebet lehren. Er weiß um eure falschen Vorstellungen. Ihr müßt verstehen, daß das Beten eigentlich automatisch aktiviert wird. Euer ernsthaftes Streben nach Gott aktiviert es. Deshalb werden eure Gebete schneller erhört, wenn ihr in Not oder in großer Angst seid. Wenn Herz und Verstand gleichzeitig aktiviert sind, öffnet das die Tür für eure Antworten.

Im Anfang richtete Gott die Naturgesetze und die physischen Gesetze des Universums ein, und Er richtete auch eure Fähigkeit ein, Seine Hilfe zu suchen. Ihr nennt es Beten, aber es ist keine Zauberei in diesem Wort; ihr könntet es auch Bitten nennen oder jedes andere Wort dafür verwenden. Es ist nicht der Akt des Betens, der die Antwort hervorbringt. Wenn ihr eure Gebete wiederholt, hilft euch das zuweilen, die richtige Geisteshaltung zu erlangen, aber das wird durch die Vereinigung von Herz und Verstand erreicht. Wenn diese Geistesverfassung aktiviert ist, dann wißt ihr, wie es sich anfühlt. Ihr müßt das Verlangen haben, die Übereinstimmung von Herz und Verstand, und den Glauben, daß Gott antworten wird. Die Worte des Vaterunsers sind so ausgewählt, daß sie sozusagen den Schalter auf die richtige Stellung bringen oder die richtige Nummer wählen, so daß euer Gebet gehört werden kann.

Denn seht, die Vorstellung von Gott, dem alten Mann auf der Wolke, dem es Spaß macht, euch zu bestrafen, und der gelegentlich eure Wünsche gewährt und manchmal auch nicht, ist falsch. So, wie die Elektrizität, die Schwerkraft und die Relativitätsgesetze da sind, so sind die Antworten auf eure Gebete da, wenn ihr die Verbindung herstellt. Gott will nicht, daß auch nur einer von euch sich vernachlässigt fühlt oder es schwer hat. **Gott ist reine Liebe.** Da Er euch bedingungslos liebt, setzte Er Regeln und Gesetze fest, um sicherzustellen, daß für euch gesorgt ist, ohne euren freien Willen zu verletzen. Das Gebet kann automatisch aktiviert werden, aber wenn ihr eure Gebete vereinigt, gibt ihnen das mehr Kraft. Denn mit einer Gruppe als Einheit habt ihr mehr Kraft, die richtigen Knöpfe zu drücken oder die richtige Nummer zu wählen, damit eure Gebete beantwortet werden.

Es braucht Glauben, um zu empfangen, worum ihr gebeten habt. Zuweilen ist der Glaube des einzelnen vielleicht schwach, oder es fällt ihm schwer, ihn aufrechtzuerhalten. In der Gruppe jedoch ist Kraft. Deshalb ist es gut, sich in einer Kirche zu versammeln. Das gibt euch die Stärke und das Vermögen der Gruppe. Laßt es uns in einem Bild veranschaulichen. Sagen wir, du bist eine einzelne Glühbirne, die Licht ausstrahlt. Das gibt Licht; aber was geschieht, wenn viele andere Glühbirnen sich mit dir zusammentun? Es gibt viel Licht, das bis in den Himmel zu sehen ist. Als eure Astronauten einmal oben im Raum waren, schaltete eine ganze Stadt ihre Lichter an, als sie über sie hinwegflogen. Die Stadt war so hell erleuchtet, daß sie hoch im Raum zu sehen war. Es war Perth in Australien, erinnert ihr euch daran? Wenn ihr zusammenkommt, um als Gruppe zu beten, wird jeder einzelne von euch durch die Anzahl und den Glauben eurer Gruppenmitglieder gestärkt.

Jeder von euch wird in seinem Heim und bei jedem einzelnen darin eine Erneuerung und Öffnung erleben. Ihr schreitet sowohl spirituell als auch in eurem Erdenleben voran. Denkt daran: „Dein Reich komme; Dein Wille geschehe auf Erden wie im Himmel." Wenn ihr Gott sucht und die Verbindung mit Ihm herstellt, schaltet ihr sozusagen den Fluß ein, der mehr und mehr geistiges Gut in euer Leben bringt. Ihr findet Lösungen für eure Probleme. Neue Gelegenheiten tun sich auf, Türen öffnen sich für euch, und ihr merkt, daß das Gute in eurem Leben zunimmt – alles Gute in Form von reiner Energie, die Gottes Macht ist. Indem ihr Gott bittet, euch dieses Leben verstehen und auf die höchste und bestmögliche

Weise leben zu lassen, öffnet ihr Tore, die kein anderer für euch öffnen kann. Eines ist sicher – ihr werdet feststellen, daß sich eure Motivationen, eure Ideen, Bedürfnisse und Wünsche ändern. Gott arbeitet damit. Es ist nie zu spät, geistig zu lernen.

Verpflichtet euch heute – in allem mit Gott zu arbeiten, Gott die Tür eures Denkens und eures Herzens zu öffnen, euch allein von der Gotteskraft leiten zu lassen und Gott Gelegenheit zu geben, euch so zu lehren, daß es euch wie ein Wunder erscheinen wird. Es gibt eine Substanz, aus der Gott alles Gute, was ihr euch für euch selbst und andere wünscht, in euer Leben bringen kann. Wenn ihr euch dieses Gute wünscht, dann denkt daran, daß ihr das, was ihr für andere wünscht, auch selbst bekommt. Wenn ihr also für euch selbst betet, dann schließt immer andere in eure Gebete mit ein, insbesondere solche, die euch schaden könnten wie zum Beispiel Kriminelle. Betet für eure Verwandten und Mitarbeiter. Auf diese Weise öffnet ihr die Tür für euer eigenes Wohl. **Beten wirkt in zwei Richtungen; wie ihr für andere betet, so wird euch geschehen.** Wenn ihr egoistisch oder neidisch seid und für andere nur betet, um euch selbst zu helfen, dann negiert ihr damit das Gute, das Gott für euch bereithält. Betet um euer Wohl und darum, daß jeder Mensch auf Erden das empfangen möge, was für ihn gut ist. Es gibt genug Substanz im Universum für alle. Es gibt keinen Mangel. Diese Substanz ist wie Elektrizität: Wenn ihr Licht und elektrische Kraft benutzt, nehmt ihr sie keinem anderen weg; sein Haus wird ebenso beleuchtet wie das eure. Er benutzt ihre Kraft für seine Zwecke, und ihr benutzt sie für eure.

Die Bruderschaft

„Trachtet zuerst nach dem Reiche Gottes“

Jesus durch die Bruderschaft, 5. November 1988

Heute wird euch unser „Großer Bruder“ Jesus die Botschaft bringen. Wir verleihen Jesus diesen Status des Großen Bruders, um damit die

Achtung und Liebe auszudrücken, die wir für Ihn haben. Sein Leben auf der Erde war nicht leicht, aber Er vollendete Sein Lebensziel in diesem einen Leben. Er war bis zum Ende dieses Lebens treu und eifrig. Er lebt weiter und setzt Seine Arbeit fort, die darin besteht, jedem Menschen oder jeder Seele zu zeigen, wie sie leben und ihre Lebensziele erreichen kann. Großer Bruder ist unser Kosename für ihn. In Wahrheit sind wir alle Kinder Gottes, und Er liebt jeden von uns gleichermaßen. Hört nun Jesus mit der Lektion für heute.

Jesus

Guten Morgen, liebe Familie. Ich stehe in enger Verbindung mit unserem Vater Gott und bin mir all eurer Fortschritte als einzelne und als Gruppe bewußt. Es ist eine Freude zu sehen, daß ihr es auf euch genommen habt, Gott und Seine Wahrheit zu suchen. Das ist alles, was ich mir für jede Seele, die je gelebt hat, wünsche, diese enge Verbindung mit unserer Quelle und unserem Schöpfer zu finden.

Ich bringe euch Worte der Wahrheit und des Trostes. Während meines Lebens auf der Erde habe ich diese Worte viele Male wiederholt. In der Bibel stehen sie nur einmal. Aber glaubt mir, wenn ich sage, daß dies sehr wichtige Worte sind, die ihr eurem Herzen und Bewußtsein einprägen sollt: „Trachtet zuerst nach dem Reiche Gottes, und alle Dinge werden euch dazugegeben." Dies war eine fast tägliche Mahnung an meine Jünger und eine der wichtigsten Lehren, die zu lernen sind. Jeder von euch hat sich verpflichtet, das Reich Gottes zu suchen, das nur in eurem Innern zu finden ist. Indem ihr Gott und Seinen Worten den ersten Platz in eurem Leben einräumt, habt ihr als einzelne und als Gruppe Seinen Lohn verdient, das heißt, alle Dinge werden euch dazugegeben. Ihr braucht euch nicht länger über irgendwelche irdischen Angelegenheiten Sorgen zu machen, alle diese Gedanken um euer physisches Leben – um Geld, um Sicherheit eurer Familie und alle eure sonstigen Verantwortlichkeiten – erübrigen sich. Indem ihr weiter nach

Gott trachtet und euer Leben auf Gott baut, wird zusätzlich für diese Dinge gesorgt sein. Gott hat die Macht, euch mit allem zu versorgen. Denkt über diesen einen Satz noch einmal nach. **Gott hat alle Macht, für jedes eurer Bedürfnisse zu sorgen.** Es geschieht wie von selbst, wenn ihr beständig nach Gott sucht und darauf ausgerichtet seid, euer geistiges Leben zu steigern.

Ist das nicht wunderbar? Wenn ihr Gott als einen Vater betrachtet, könnt ihr eher die Fürsorge, den Schutz und die Liebe verstehen, die Er jedem schenkt. Das bedeutet nicht, daß ihr keine Kümmernisse haben werdet. Es bedeutet nur, daß ihr jetzt die Sicherheit habt, daß Gott für jedes eurer Bedürfnisse sorgt. Als ich auf der Erde war und durch das Land wanderte, um zu lehren, ereiferten sich meine Jünger gelegentlich und machten sich Sorgen um irdische Dinge wie Essen, Obdach, Kleidung, ärztliche Versorgung, Geld, die zu Hause gelassenen Familien – um all die Dinge also, um die ihr euch auch heute sorgt. Dies ist die Lektion, die ich ihnen damals wiederholte, und die auch für euch heute wichtig ist. **Euer Hauptziel und eure Hauptaufgabe wird nur dann erfüllt, wenn ihr danach trachtet, Gott zu finden und Seine Kraft in eurem Leben wirksam werden zu lassen.** Dann gewinnt ihr vollkommene Zufriedenheit und vollkommenen Schutz für euch und die Menschen, die ihr liebt.

Meine Jünger waren sehr menschlich und hatten genau dieselben Sorgen, wie ihr sie heute habt. Auch sie sorgten sich um ihre Schätze, ihre Lieben, ihre Familie, ihr Heim, ihre Arbeit und all diese Dinge. Vergeßt nicht, jeder hatte eine Familie wie ihr, aber wir hatten kein Telefon oder sonst ein Mittel, um mit der Familie in Verbindung zu treten. Manchmal vergingen Monate oder selbst Jahre, bevor sie ihre Familien wiedersahen. Wenn sie sie besuchten, fanden sie immer, daß ihre Familie mit allem, was sie brauchte, wunderbar versorgt war.

Ihr kennt bereits meine Vorliebe für Bilder und Parabeln. **Ihr sollt euren Blick auf Gott richten und darauf, Ihn in eurem Innern zu finden, als wolltet ihr ein Ziel in seiner Mitte treffen.** In vielen Spielen kann man sein Ziel nur erreichen, wenn man den Blick auf das richtet, was man will. Beim Kegeln zum Beispiel richtet ihr den Blick auf den ersten Kegel, nicht auf die hintere Reihe. Sagen wir, Gott ist der erste Kegel – seht ihr, wie einfach es ist, wenn ihr es verstehen könnt? Man kann es auch mit einem Wurfpfeilspiel oder mit dem Bogenschießen vergleichen, wo ihr auf die Mitte der Zielscheibe schaut. Gott ist das Zentrum und der Kern des gesamten Universums. Seht ihr, wenn ihr den Blick und euren Ehrgeiz auf Gott richtet, wird für den Rest gesorgt. Wenn ihr aber anfangt, auf die äußeren Ringe zu schauen und euch Sorgen zu machen, ob ihr diesen kleinen Punkt in der Mitte wohl treffen werdet, dann verliert ihr das Ziel aus den Augen. Schaut nicht auf die äußeren Kreise, die mit euren persönlichen Sorgen vergleichbar sind, sondern haltet euren Blick auf den kleinen Mittelpunkt des Universums gerichtet und auf euer inneres Selbst. Vergeßt nie, daß dieser Punkt euch vielleicht klein erscheint, aber in Wirklichkeit ist er groß und in vieler, vieler Hinsicht lohnend und zufriedenstellend.

Die Menschheit hat so vieles, was noch nicht gefunden worden ist. Ihr seid wie eine Zielscheibe mit so vielen Ringen von Leben und Körpern. Aber **der Kern tief in eurem Innern ist der Weg zu Gott und allem Leben.** Der größte und augenfälligste Kreis ist das äußere, physische Leben, das ihr jetzt erfahrt. Das ist eure Berufslaufbahn, euer Zuhause, eure Angehörigen und all die Dinge, aus denen euer persönliches Leben besteht. Gott ist im Kern oder Zentrum eures Wesens und ist Teil eines jeden von euch. Indem ihr euch auf Gott und Seine Güte verlaßt, setzt ihr viele Gesetze in Kraft, die für euch von großem Wert sind. Diese Gesetze machen euch nicht nur klüger, weiser, reicher, sondern auch spirituell bewußter.

Meine Ziele sind immer dieselben; ich bin heute so lebendig, wie ich es war, als ich täglich auf der Erde weilte. Mein Ziel ist, vielen (Menschen) zum Verständnis der Wahrheit zu verhelfen, welche Gott ist. Ich liebe euch ebenso und bin genauso besorgt um jeden von euch wie vor 2000 Jahren. Ich bin kein aktiver Teil dieser Gruppe, aber glaubt mir, ich weiß um eure Fortschritte und euer Streben nach Gott. Es gibt viele im Leben und auf der Erde, die den Weg zeigen. Manchmal sind sie sich ihrer Berufung nicht bewußt, aber sie schließen euch in wahrer Liebe in ihre Gebete und Meditationen ein, und das bewirkt in jedem Menschen viel Gutes. Indem jeder von euch geistig wächst, wird euren Lieben geholfen, in ihren physischen wie in ihren spirituellen Belangen. Indem ihr nicht aufhört, für eure Lieben und für die Welt im allgemeinen zu beten, werdet ihr zu einem Wegweiser, und das wirkt sich im Geistigen wie im Irdischen sehr positiv aus.

Diese Woche habe ich in jedem von euch neue Hoffnung gespürt; manche spüren es stärker als andere, aber indem ihr weiter mit dieser Gruppe arbeitet, kommt euch der Fortschritt der ganzen Gruppe zugute. Übergebt eure Bedürfnisse und Sorgen bewußt Gott dem Vater und seid versichert, daß Er euch mehr liebt, als eure irdischen Eltern es können. Er ist sich aller eurer Wünsche und Bedürfnisse bewußt. Ihm ist nichts unmöglich, deshalb könnt ihr Ihm alle eure Sorgen anvertrauen und darauf hoffen, daß bei allem etwas Gutes herauskommt.

Nun, all dies wird nicht in einem Augenblick geschehen, denn jeder von euch muß in diesem Leben vieles lernen. Das Gute kommt allmählich in dem Maße, wie ihr euch daran gewöhnt, all euer Augenmerk auf Gott und euer spirituelles Leben zu richten. Wenn ihr in eurem Leben auf ein Problem stoßt, dann fragt euch: Welche geistige Lehre soll ich daraus ziehen? Bittet um mehr Weisheit bei euren Entscheidungen, mehr Verständnis in euren Beziehungen zu allen Menschen, mehr Liebe für jeden eurer Familienangehörigen und für jeden Menschen in der Welt.

Wachst im Geiste und in der Liebe. Die Gebete und guten Wünsche vieler Wesen in vielen Welten sind mit euch, denn ihr seid ein Leuchtturm in diesem Teil der Welt. In dem Maße, wie mehr und mehr Menschen dahin gelangen, Gott in ihrem Innern zu suchen, wird es mehr Frieden und mehr von allem geben, was gut ist.

Das bedeutet jedoch nicht, daß die kommenden Ereignisse[5], vor denen euch Mutter Maria gewarnt hat, nicht eintreten werden. Diese Ereignisse sind vor vielen Millionen von Jahren eingeleitet worden und erreichen jetzt die Erde. Ich bin vor 2000 Jahren zu euch gekommen, weil ich den Menschen zeigen wollte, daß dieses mein Kommen eine Gelegenheit sei, Gott zu suchen und geistig weiterzukommen. Ich sprach von Himmel und Hölle, um den damaligen Menschen dieses Wissen zu vermitteln. Es war damals genauso notwendig wie heute, Gott und all das Gute, das Er ist, zu suchen. Bereitet euch auf diese Ereignisse vor, die die Drehachse eurer Welt zum Kippen bringen werden. Es wird buchstäblich so geschehen, auch im Geistigen; alle Ereignisse sind sowohl physisch als auch geistig. Wenn ihr das versteht, habt ihr in eurem Bewußtsein, in eurem Leben und in eurer Welt vieles in Bewegung gesetzt.

Heute möchte ich euch dieselbe Hoffnung und Liebe geben, die ich der Welt in all diesen Jahren geschenkt habe. Ich bete darum, daß ihr in allen Bereichen eures Lebens weiter nach der Wahrheit strebt. Mein Segen und meine Gebete sind mit euch. Während ihr stets weiter nach Gott und Seinem Reiche trachtet, umgibt euch meine Liebe an jedem Tage eures Lebens. Ihr tut Gutes, wenn ihr danach strebt, geistig voranzukommen. Jetzt werdet ihr belohnt; ihr werdet sehen, daß denen, für die ihr betet, geholfen wird. Vergeßt nie, wie sehr ihr geliebt seid, göttlich geliebt, in Gottes Güte, in der wir alle sind.

Jesus von Nazareth

[5] die bevorstehenden Erdveränderungen

Kapitel 4

Betet und meditiert täglich

Das tägliche Gebet: Euer „Draht" zu Gott

Die Bruderschaft, 9. November 1988

Heute werden wir weiter über Gebet und Meditation sprechen. Wir finden, daß dies ein zu wichtiges Thema ist, um es nicht immer wieder aufzugreifen. Wenn ihr euren „Draht" zu Gott lebendig haltet und aktiv betet, werdet ihr mehr als genug von allem haben, was ihr braucht, genug, um eure Lektion zu lernen und dieses Leben zu leben. Wenn ihr betet und meditiert, werdet ihr nicht versagen wie so viele.

Das ist es, was mit dem griechischen Einwanderersohn geschehen ist, der die Wahl verloren hat[6]. Er begann aufrichtig und ernsthaft, in all seinen Unternehmungen Gott zu suchen. Er hatte eine gute Gebetsverbindung geschaffen, aber dann ließ er sich von den Meinungen anderer verwirren, anstatt sich an Gott zu halten. Er verlor Gott aus den Augen. Er verlor den Kontakt zu Gott und damit auch den Wahlkampf.

Und so empfehlen wir euch dringend, täglich den „Draht zu Gott" in eurem Gebetsleben zu aktivieren. Das wird euer Unterscheidungsvermögen schärfen, euch befähigen, gute Entscheidungen zu treffen, in jeder Situation die Wahrheit zu sehen und zu „wissen". Wenn ihr „wißt", werdet ihr euch von keinem Wahlergebnis und niemandes Meinung verunsichern lassen. Ihr sucht die Antworten nicht mehr bei den Menschen, sondern direkt in Gottes Wort, wie es euch in eurem Innern gegeben wird. Ihr schaut auf

---

[6] Dukakis (Gouverneur von Massachusetts; US-Präsidentschaftskandidat 1988)

keines anderen Standpunkt, bittet keinen anderen Menschen um Rat und verpflichtet euch niemandem außer Gott. Und vergeßt nicht, Gott vergibt eure Schuld, wie ihr euren Schuldigern vergebt.

Der andere[7], der gewonnen hat, suchte Gottes Hilfe und betete, und seine Frau unterstützte ihn darin. Eigentlich war sie es, die ihn dazu brachte, sich im Gebet mit Gott zu verbinden. Zu Beginn des Wahlkampfs lag er hinten und richtete sich nach zu vielen Ratschlägen und Meinungen der anderen. Bei ihr suchte er Rat. Sie erinnerte ihn daran, zu beten und Gottes Rat zu suchen statt den der Menschen. Sie war in ständigem Gebet immer mit ihm. Sicher wußte sie nicht, daß das Gebet automatisch aktiviert wird, aber sie verharrte ständig darin, um sicherzugehen, daß Gott sie nicht vergaß. Auf diese Weise wurde die Verbindung zu Gott aktiviert, und der Prozeß wurde in Gang gesetzt. Sie war voller Eifer und vorausblickend genug, den neuen Präsidenten dazu zu bringen, Gottes Hilfe zu suchen. Es ging nicht so sehr darum zu gewinnen, sondern sich jeden Tag von Gott leiten zu lassen.

Der andere Mann ließ sich von den Meinungen der sogenannten „Experten" überrennen. Es gibt nur einen Experten, das ist Gott. Wenn ihr euch daran erinnert, daß alles, was Gott ist, auch euch offensteht, dann habt ihr gewonnen. Dieser nun betete darum, seine Macht dafür einsetzen zu können, der Welt zu helfen und eine starke Nation aufzubauen. Er besann sich wieder auf die Grundsätze, auf denen die Nation basiert. Auch die Nation selbst als Ganzes betete um ihren Fortbestand. Die neue First Lady versteht. Sie ist weise und liebevoll. Es geht ihr um das Wohl eines jeden Menschen auf Erden. Ihr Einfluß wird in dieser Nation zu spüren sein.

Wir bitten euch dringend, weiter für das Wohl dieses Volkes und um gute Regierungskräfte für die Welt zu beten. So könnt ihr helfen, die Wahrheit in alle Belange des Lebens zu bringen. Wir bitten euch auch, für eure Wissenschaftler zu beten, daß sie die Wahrheit über diesen Planeten sehen mögen, und um Regierungen, die nach

---

[7] Der Präsidentschaftskandidat George Bush

dieser Wahrheit handeln. Bittet darum, auf die kommenden Ereignisse vorbereitet zu sein, bittet darum, daß euer Volk sieht und sich bereit macht, und vergeßt nicht, für die ganze Welt und alle Völker in diesem Sinne zu beten.

Wendet diese Lektion in eurem täglichen Leben an. Dadurch werdet ihr viel gewinnen und eure Ziele leichter erreichen. Laßt uns mit denen unter euch beginnen, die außer Haus arbeiten, um Geld zu verdienen. Euer Beten unterstützt euch darin, für euer Heim, eure Familie und euch selbst, für alles, wofür ihr verantwortlich seid, zu sorgen. Ziert euch nicht, Gott um das Geld zu bitten, das ihr braucht, um euch und eurer Familie ein gutes Leben zu sichern. Gott gibt es euch gern. Indem ihr eure Gebetsverbindung aktiviert und offenhaltet, werdet ihr neue Möglichkeiten für euer Leben entdecken und über mehr Güter verfügen, um es euch leichterzumachen. Es ist gut, um das Geld für die Dinge zu bitten, die eure Familie braucht, um sorgenfrei leben zu können. Es ist nicht Gottes Wille, daß irgendeines Seiner Kinder sich durchs Leben quält. Es soll ein glückliches Leben sein, und alle guten Dinge sollen euch dazugegeben werden. Bittet um neue Gelegenheiten, mehr Geld zu verdienen und eure inneren kreativen Erfolgsbedürfnisse zu befriedigen. Das ist ein gutes Gebet.

Für diejenigen von euch, die noch in der Schule sind: Bittet, daß ihr euch öffnen und wirklich verstehen könnt, was euch täglich gelehrt wird. Bittet um Hilfe beim Lernen, um Hilfe, der Mensch zu werden, der ihr zu sein wünscht. Ihr wachst durch euer Lernen. Begeht nicht den gleichen Fehler wie der Verlierer bei den Präsidentschaftswahlen. Er vergaß, Gottes Rat einzuholen, und richtete sich statt dessen nach den Meinungen seiner Freunde und der Menschen um ihn herum. Ihr selbst tragt die Verantwortung für euer Handeln; ihr allein werdet unter den falschen Entscheidungen, die ihr allein oder mit anderen trefft, zu leiden haben. Es ist besser, eure Entscheidungen mit Gottes Hilfe zu treffen und euch gegen die Menge zu stellen, als euch von Leuten beeinflussen zu lassen, die auch nicht mehr wissen als ihr. Lernt, euch nach innen zu wenden, um die richtigen Entscheidungen zu treffen. Ihr wißt, was gut für euch ist und was nicht. Dies ist die Frage, die ihr euch bei allen Entscheidungen stellen sollt: Ist es gut für mich, für meine Lieben und für meine Zukunft?

Ihr alle, sucht Gott in allem – für eure finanziellen Angelegenheiten, eure Karriere oder Arbeit, für eure Zukunft, eure Entscheidungen und Wünsche, einfach für euer ganzes Wohl. So kann Gott auf eure Gebete antworten. Denkt daran. Denkt daran – beten ist ein Vorgang, der sich selbst aktiviert, der in dem Maße, wie ihr im Geiste und in der Wahrheit wachst, eure besten Kräfte durch euch fließen laßt. Manchen Menschen gelingt es schon, ihr Wohl ohne große Mühe zu empfangen, denn das haben sie schon in anderen Leben gelernt. Dies ist euer Leben. Findet heraus, wie ihr an euch selbst, an eure Zukunft und an Gott glauben könnt. Haltet euren „Draht zu Gott" lebendig und alles Gute im Fluß. Es bedarf des ständigen Gebets, täglich, damit alles Gute zu euch fließen kann. Laßt dies euer höchstes Ziel sein: in ständigem Gebet zu leben.

Die Bruderschaft

Euer Beten aktiviert die Antworten

Maria, 9. November 1988

Ich werde der Familie eine Botschaft geben, aber jetzt möchte Jesus sprechen. Mein Segen ruht auf euch, während ihr durch die Tage eures Lebens geht. Ich lege euch dringend nahe, zu beten und euer Herz und Gemüt auf die kommende Zeit der Freude vorzubereiten. Meine Botschaft an jeden von euch ist: Gebet und Meditation. Das klingt wie eine Wiederholung, und das ist es auch, aber es ist sehr wichtig und bedarf großer Bemühungen von eurer Seite. Es geht um die Aktivierung der Antworten auf all eure Gebete. In der Meditation könnt ihr mit Gott und Seinem großen Geist kommunizieren, der euch in jeder Hinsicht leitet. Hier ist nun Jesus.

Beurteilt eure Bemühungen nach ihren Früchten

Jesus, 9. November 1988

Ihr Lieben, Grüße von mir und von Gott dem Vater. Wir wünschen uns, daß ihr ständig mit uns in enger Verbindung bleibt. Nur im Gebet und durch die Meditation werdet ihr die Fähigkeiten entwickeln, die euch helfen. Schaut, was in eurem Leben geschehen ist, seit ihr regelmäßig betet. Es ist alles gut geworden, wie ihr seht. Urteilt also danach, wie ihr euch fühlt und wie ihr das Gespräch mit uns empfindet. Kommt für euch etwas Gutes dabei heraus? Nach diesem Maßstab sollt ihr beurteilen, was wahr ist und was nicht. Das Ergebnis ist es, das zählt.

Das Gleichnis vom Feigenbaum enthält das, worum es mir hier geht. Als ich mit meinen Jüngern durch das Land zog, das jetzt Israel heißt, kamen wir an einem Feigenbaum vorbei. Es war ein Baum, der keine Früchte trug. Es wäre gut, wenn ihr die Geschichte in der Bibel nachlesen würdet, denn ich habe sie erlebt, aber nicht besonders erklärt. Ich verfluchte den Baum wegen seiner Unfruchtbarkeit – das heißt, ich sagte, es sei am besten, den Baum umzuhauen, weil er keine Früchte trug (Markus 11,13, Lukas 13,6-7). Die Jünger wollten wissen, warum ich das sagte. Es ist das Endergebnis, an dem man eine Sache erkennt.

Ich möchte euch jetzt dasselbe in moderner Sprache sagen. Wenn ihr in eurem Beruf gute Arbeit leistet, dann erwartet ihr, bezahlt zu werden, nicht wahr? Wenn ihr irgend etwas kauft, dann erwartet ihr, daß das, was ihr gekauft habt, seinen Zweck erfüllt. Wenn ihr euch die Zeit nehmen würdet, einen Obstbaum zu pflanzen, dann würdet ihr erwarten, daß der Baum auch Früchte trägt. Wie beurteilt ihr eure Arbeit, eure materiellen Güter und euren Obstbaum? Nach ihren Ergebnissen, nicht wahr? Das Endergebnis eurer Arbeit ist der Lohn. Das Endergebnis des Kaufes irgendeines materiellen Gegenstandes ist, daß er seinen Zweck erfüllt. Das Endergebnis eines Obstbaumes sind seine Früchte. Wozu soll also eine Arbeit gut sein, wenn nicht für den Lohn? Oder wofür dient euch irgendein Gegenstand, wenn er nicht erfüllt, was ihr erwartet? Oder was soll der Obstbaum, wenn er keine Früchte trägt? Die Resultate sind es, nach denen ihr alles in eurem Leben beurteilt.

Diese Lehren also müssen Früchte tragen, indem sie jedem von euch eine Hilfe sind. Auf diese Weise könnt ihr beurteilen, was die Wahrheit ist – ihr erkennt sie an den Endergebnissen. Ich möchte euch dringend nahelegen, diese Lektion und alles, was ihr lernt und übt, kritisch zu überprüfen. Wenn ihr die Ergebnisse seht, die ihr erwartet, dann könnt ihr sagen, das ist die Wahrheit. Aber wenn das, was ihr lernt, nicht mit dem übereinstimmt, was es euch schließlich einbringt, ist es dann die Wahrheit? Alles ist an seinen Früchten zu erkennen, selbst die Wahrheit. Gott kann sich jedem von euch beweisen. Seine Lehren sind der Endresultate würdig, die ihr jetzt empfangt. Versteht und wißt ihr nicht mehr als zuvor? Habt ihr nicht ein Gefühl von Liebe und Hoffnung in eurem Leben bemerkt? Seht ihr das Gute in allen Situationen oder seht ihr negative Ergebnisse?

Ich denke, ihr seht die Wahrheit, und das ist euer Beweis. Eure guten Gefühle und der Segen, der euch zuteil wird, beweisen die Gültigkeit dieser Lebensweise. Auch ihr werdet an euren Früchten zu erkennen sein. Alles ist an seinen Früchten zu erkennen. Wie erkennt ihr eure Freunde? Daran, wie sie euch behandeln, nicht wahr? Ein Freund würde euch keinen Schaden zufügen, und das würde auch euer Schöpfer niemals tun. **Liebe zeigt sich im Handeln.** Auch Gott zeigt sich in Seinen Taten. Lernt, was ihr könnt, und kommt mit euren Fragen zu mir. Durch die Erklärung der Dinge, die für euch ein Geheimnis sind, wachst ihr an Wissen und Weisheit, und das ist sehr gut für euch und für die Welt.

Schaut euch die Antworten auf eure Gebete an. Bekommt ihr, worum ihr gebeten habt, oder gar etwas Besseres? Ich weiß, daß es so sein wird, wenn ihr gelernt habt, richtig zu beten. Wenn ihr all die Schlüssel benutzt, bekommt ihr die Ergebnisse, die ihr euch erhofft. Gott bereitet euch kein Leid, das ist eine Täuschung. Gott wünscht nur das Gute für jeden von euch. Es ist Sein ehrlicher

Wunsch, euch zu helfen, in jeder Situation das Gute zu sehen. Daran könnt ihr eure Verbundenheit mit Gott erkennen.

Vertraut auf eure innere Urteilsfähigkeit. Bittet um Weisheit und um das Wissen, beurteilen zu können, was jedem von euch zugeteilt wird. Euer Glaube und euer Verlangen, euch auszustrecken und Gott zu erreichen – sie sind es, die euch die Ergebnisse bringen werden. **Durch euch selbst wird Gott eure Gebete beantworten.** Es ist keine Zauberei, sondern göttlich. Euer Glaube ist es, der zu raschen Antworten führt. Es hilft auch, wenn ihr nur euer Bestes erwartet.

Lest den Schlüsselsatz noch einmal, den ihr vor kurzem empfangen habt.[8] Dadurch werdet ihr mehr verstehen. Jedesmal, wenn ihr eine Lektion wieder lest und aufs neue lernt, dringt sie tiefer in euer Bewußtsein. Sie wird stark in euch, wenn ihre Wahrheit mit Gottes Wahrheit verbunden ist.

Denkt darüber nach, wie ihr allmählich mehr versteht. Jede Woche wachst ihr, indem ihr das Gelernte übt und anwendet, und nur durch geistiges Wachstum habt ihr Erfolg. Folgt euren inneren Gefühlen und Gedanken. Bittet Gott den Vater, euch zu führen und zu leiten. Ich bin mit jedem von euch so wie die Bruderschaft.

Jesus von Nazareth

---

[8] "Des Rätsels Lösung" vom 9. September 1988

Kapitel 5

Die Zeit des Dankens

Dankt, um euer Wohl zu mehren

Die Bruderschaft, 20. November 1988

Wir wissen, daß euer Volk in dieser Woche die Zeit des Dankens feiert. Dies ist ein guter Weg, euer Wohl zu mehren. Eure Vorväter müssen um das spirituelle Prinzip des Dankens und der Dankbarkeit gewußt haben. Dies ist ein wichtiger Teil eures Gebetszyklus' – immerwährend für alles dankbar zu sein, und ganz besonders für dieses Leben und all seine Gelegenheiten zum geistigen Wachstum.

Wie ihr bereits wißt, ist das Gebet eine automatische Reaktion auf euer ernsthaftes Streben nach spirituellem Wachstum. Nehmt alles, was ihr bisher gelernt habt, zusammen, damit ihr besser unterscheiden könnt, was Wirklichkeit ist und was Illusion. Auf der Erde sind eure Illusionen dreidimensional, und es ist schwierig zu wissen, was real ist. Aber indem ihr Gott in eurem Innern sucht, findet ihr die Antworten auf diese und viele andere Fragen. Ihr beweist, was gut ist und was nicht. Habt ihr nicht die Veränderungen in eurem Leben bemerkt, sei es in materieller Hinsicht oder im Bereich eures Fühlens und Denkens? Euer gesamtes Selbst wird sich verändern. Euer ganzes Sein, das die körperlichen, emotionalen, mentalen, astralen, psychischen, protoplasmischen, ätherischen und spirituellen Ebenen umfaßt, wird eine neue, höhere Qualität bekommen. Gewiß, in manchen dieser Bereiche wird diese Verbesserung nicht so augenfällig sein, aber glaubt mir, euer inneres Selbst spürt sie und nimmt sie wahr.

Eure Dankbarkeit für das Wissen, das ihr bekommen habt, öffnet die Tore noch weiter. Wenn ihr dankbar seid für alles, was ihr habt und was euch gegeben wird, empfangt ihr unaufhörlich immer mehr. Je dankbarer ihr seid, und damit meinen wir wirkliche Dankbarkeit, umso leichter wird es, euer Wohl zu empfangen. In Zukunft wird dies in eurem gesamten Sein auf allen Ebenen zu spüren sein.

Wie drückt ihr eure Dankbarkeit aus? Einfach durch eure Haltung. Dankbarkeit ist eine innere Einstellung (unübersetzbares engl. Wortspiel *gratitude* = Dankbarkeit – *attitude* = Haltung; Anm. d. Übers.), **eine Einstellung, die euch im Fluß alles Guten hält, das heißt, im Fluß Gottes.** Wenn ihr den ganzen Tag über diese dankbare Haltung bewahren könnt, dann befindet ihr euch auf dem rechten Wege zum Wachstum, spirituell und in jeder anderen Hinsicht. Eure übersinnlichen Fähigkeiten nehmen zu, euer Protoplasma wird ständig aktiviert, und ihr wachst im Geiste. Das bringt auch eure Gefühle und Gedankenkräfte in Einklang mit Gott.

Ihr könnt eure Dankbarkeit auch durch Liebe und Wertschätzung zum Ausdruck bringen. Was ihr liebt und schätzt, kommt ganz stark zu euch. Wenn ihr in eurem Herzen und Gemüt Gott liebt, ruft ihr die stärkste Kraft des Universums an. Er ist real und wartet nur darauf, daß ihr Ihn anruft. Gott ist der einzige, der euch in jeder Hinsicht helfen kann. Gott ist das, was wir euch geben, eine Bewußtheit Seiner Güte und Liebe. Lernt Seine wunderbare Liebe zu schätzen, die nichts von euch fordert, als daß ihr sie annehmt.

Aktiviert eure Verbindung mit dem Gottesbewußtsein durch eure Dankbarkeit für all seine guten Gaben. Bedenkt: Ihr habt die Kraft des Universums in eurem Bewußtsein! Werdet zu einem Menschen, der das Gute sieht und schätzt, der dankbar dafür ist, und seht, wie ihr spirituell wachst. Wartet nicht auf Beweise der Liebe Gottes. Sie ist in allem, was ihr seht, fühlt, hört und auf sonst eine Weise wahrnehmt. Seht die Welt der Natur; seht die Sonne, die Sterne, die Meere, die Tiere und Pflanzen. Seht eure Familie und fühlt die Liebe, die in dieser Art von Gruppe zu spüren sein kann. Diese Liebe gehört zu eurem emotionalen Wohlbefinden. Es ist Gottes Liebe. Hört die Musik eurer Zeit, hört die Harmonien, die in der Luft schwingen. Schaut euer Heim an, eure Arbeit, eure Kinder, eure Familienangelegenheiten, eure Haustiere, eure Freunde; seht Gottes Liebe in allem und jedem. Seid dankbar dafür, daß ihr euch eures höheren und eures spirituellen Selbst bewußt seid. Es gibt jetzt vieles, wofür ihr dankbar sein könnt – für das Vermögen, zu denken und zu argumentieren, zu erschaffen und zu genießen, zu lieben und geliebt zu werden, zu lernen und euren Geist zu vervollkommnen – all dies sind Gaben Gottes – für dieses Leben – dafür, daß ihr wißt, daß das Leben ewig währt – für das Zusammenkommen mit euren Lieben zum Hören und Lernen.

Wißt, daß in dem Maße, wie eure Dankbarkeit wächst, Gott euch gern mehr geben wird, wofür ihr danken könnt. Gott liebt glückliche und dankbare Herzen. Das ist die Wahrheit. Liebt ihr nicht auch die, die für eure Hilfe dankbar sind? Gebt ihr einem undankbaren Menschen gern etwas? Denkt daran, es ist die Einstellung, die euch den Lohn der Dankbarkeit bringt, es sind nicht die Worte allein. Diese Einstellung nährt ihr, indem ihr euch der Schönheit in eurem Leben bewußt werdet, indem ihr Gott in euren Gebeten sagt, wie dankbar ihr für all Seine Gaben seid – für Familie und Freunde, Arbeit und Geld, Leben, Kinder, Besitztümer, spirituelle Gaben und all die wunderbaren Geschenke, die euch jetzt von oben zuteil werden. Ein ständiger Strom des Guten fließt euch und denen zu, für die ihr betet. Indem ihr bittet und für andere betet, werdet ihr belohnt. Führt in jedem Haushalt eine Liste über die Menschen, für die ihr betet, und schließt die Welt mit ein. Werdet durch euer Beten und eure Dankbarkeit offener zu empfangen.

Wir sind in einer ständigen Haltung der Dankbarkeit für jeden von euch und für das spirituelle Wachstum, das in jedem von euch geschieht. Wir beten darum, daß alles Gute in euer aller Leben zunehmen möge, aber unser Hauptanliegen ist euer spirituelles Wachstum. Wenn euer geistiges Leben geheilt und gesegnet ist, dann werden alle Bereiche eures Lebens geheilt und gesegnet. Die meisten Probleme dieser Welt entspringen einem Mangel an Spiritualität. Das trifft auf jeden Menschen und jedes Leben zu. Bittet

Gott um das, was euer Leben erleichtert. Bittet um Gelegenheiten, geistig zu wachsen, und strebt danach, mehr von Gott zu wissen. Er sorgt für all eure Bedürfnisse. Lernt, euch in allem auf Gott zu verlassen und Ihm zu vertrauen. Bittet um Hilfe, wenn ihr irgend etwas in euch verändern möchtet. Seid dankbar für Gott und dafür, daß Er euch helfen kann, euch zu verändern. Geht jetzt und wendet diese Lektion in dieser Woche des Dankens an. Seht, wie euer Gefühls- und Gedankenleben sich als erstes wandelt, und wißt, daß alles in eurem Leben sich zum Guten verändert. Unsere Liebe, unser Frieden und unsere Gebete sind jeden Tag mit euch.

Die Bruderschaft

Wendet euch jeden Tag mit allem an Gott

Maria, 20. November 1988

Ich bin mir dieses Tages und der Wichtigkeit dieser Woche bewußt. Die Bruderschaft hat euch eine gute Lektion darüber gegeben, wie wichtig Dankbarkeit in eurem Gebetsleben ist, aber laßt mich noch einmal dringend betonen, daß immer noch mehr Dankbarkeit angebracht ist für alles, was euch in den kommenden Tagen begegnen wird, und auch für das, was euch herausfordert. Es wird viele Herausforderungen geben, doch werdet ihr wie immer durch jede Erfahrung lernen. **Gebt euch und alles in Gottes Hand und laßt Seinen Geist euer ganzes Leben aufladen und aktivieren.** So wird es auch in diesen kommenden Tagen besser gelingen, zu hoffen und eure innere Stimme zu hören, die euch leitet. Verlaßt euch ganz und gar auf Gott und auf eure spirituelle Natur. Das wird sich als eure physische und spirituelle Rettung erweisen. Ich meine Rettung nicht so, wie viele Kirchen das Wort benutzen, denn wie ihr wißt, ist Rettung nicht von irgendeiner äußeren Zeremonie oder einem Bekenntnis abhängig. Sie hängt ab von eurem ernsthaften Streben nach Gott und Seiner Wahrheit.

Fahrt fort im täglichen Gebet und öffnet euch so dem Fluß des Guten, der auf diese Weise nicht nur in euer Leben, sondern auch in das Leben eurer Lieben strömt. Viel Gutes wird in die Welt ausgeschüttet. Seid ständig dankbar für jeden Beweis der göttlichen Güte in eurem Leben. Wißt, daß ihr als erste alles Wohl empfangt, wenn ihr für andere und für eure Welt betet. Erinnert ihr euch an Jesu Worte: „Was ihr tut dem geringsten unter meinen Brüdern, das habt ihr mir getan"? (Matthäus 25,40) Er meinte damit, daß eure Gebete um das Wohl der anderen Jesus in Seinen Gebeten für diese Welt und für alle Menschen unterstützen, die je in ihr lebten. Indem ihr immer weiter für diesen Planeten und die Menschen dieser Welt betet, wird eure Widerstandskraft wachsen, und ihr werdet immer besser alle Veränderungen überleben können.

Laßt einen Teil eures Gebetes aus Danken bestehen, denn ihr könnt wirklich nicht umhin, für alles, was ihr empfangt, dankbar zu sein. In jeder Lage gibt es Hoffnung, ganz gleich, wie dunkel oder unangenehm sie aussehen mag. Jesus wies einmal darauf hin, nicht auf die äußere Erscheinung zu schauen, sondern gerechte Urteile zu fällen. Was Er meinte, war, daß das Äußere nicht alles im Leben ist. Ihr wißt, daß Veränderungen in den inneren Bereichen des Menschen vor sich gehen. Wahre Veränderungen geschehen immer von innen heraus, nicht umgekehrt. **Seht zu, daß die Veränderungen in eurem Leben zuerst in eurem Herzen und Denken geschehen, dann werden sich dieselben Veränderungen zum Guten auch im äußeren Leben zeigen.** Seid dankbar für jede kleine Veränderung zum Guten, die ihr seht, hört oder spürt.

Ich bin dankbar für die Menschen, die ernsthaft auf der Suche sind. Ihren Kindern und Enkelkindern wird geholfen werden. Ich bitte euch, alle Menschen, die ihr kennt, und ihre Kinder in eure Gebetsliste aufzunehmen. Durch eure Gebete wird jedem von ihnen auf seine eigene Weise geholfen werden. Die Wahrheit und Gott wirken auf viele verschiedene Weisen. Sie sind auf vielen verschiedenen Wegen zu erreichen. Meint nicht, daß jeder das Gute auf eure Weise finden wird. Das ernsthafte Suchen ist es, das die

Wege zu Gott öffnet. **Es gibt so viele Wege zu Gott, so viele verschiedene Methoden, eins mit Gott zu sein, wie es Menschen gibt.** Jeder Weg ist einzigartig und individuell, und jeder Mensch hat seine ihm eigene Weise. Der Beweis liegt darin, ob der Mensch fähig ist, zu lieben und Frieden zu haben. Wenn euch Gutes zuteil wird, wenn ihr zufrieden seid und Gottes Liebe spürt, dann seid ihr auf dem richtigen Weg. Es gibt keine falschen Wege zu Gott. Kann man denn auf falsche Weise zum Krankenhause gehen, um Hilfe zu erhalten? Nein, und so gibt es auch keine falschen Wege zu Gott. **Die Verbindung zu Gott wird im Herzen und Bewußtsein eines jeden Menschen hergestellt, ganz gleich, welche äußere Methode er benutzt.** Alle Religionen und alle Arten des Trachtens nach Gott sind gut, solange sie ernsthaft und aufrichtig gemeint sind.

Da ihr sucht, werdet ihr gut auf die kommenden Ereignisse vorbereitet sein, und euer Leben wird in jeder Hinsicht Stärkung und Unterstützung erfahren. Wir sind dafür ebenso dankbar, wie ihr es sein solltet. Da ihr sucht und euch öffnet, um zu hören, können wir euch die Wahrheit übermitteln. Wir sind ebenso lebendig und real, wie ihr es seid. Diese Tatsache sollte euch vergewissern, wie ewig das Leben ist und wie lebendig ihr immer sein werdet. Eure Angst vor dem Sterben wird vergehen, und eure Angst vor den kommenden Ereignissen wird sich auflösen wie Sturmwolken, wenn die Sonne kommt.

Fürchtet euch nicht davor, Gott euer Herz und Bewußtsein zu öffnen, denn seht ihr, Gott ist nur Güte und Liebe. Ihr könnt nicht verlieren, wenn ihr die Kraft und Energie dessen benutzt, der alles erschaffen hat. Meditiert und betet täglich. Für manche von euch wird es in der geschäftigen Weihnachtszeit schwierig sein, die Zeit dafür zu finden, aber es ist wichtig für euch und für eure körperliche Kraft und Energie. **Nehmt euch die Zeit und laßt euch durch nichts davon abbringen, Gott und die geistige Hilfe zu suchen.** Das ist der leichteste Weg, die anstrengenden Festtage und auch die kommenden Erdveränderungen zu überstehen.

Ihr könnt vieles mit euren Gedanken bewirken, denn auf der Erde wird alles Leben auf der mentalen und der emotionalen Ebene gelebt. Denkt daran! Ihr habt immer die Kontrolle über eure Gedanken, und indem ihr lernt, eure Gedanken und Gefühle zu beherrschen, kommt ihr voran. Ich sehe Gottes Segen durch das Leben eines jeden von euch fließen. Es gibt vieles, wofür ihr danken könnt.

Übt nun das Gelernte täglich, und bringt Gebete in euer Denken – für euch, für die Menschen, die euch nahestehen, und für eure Welt. Wir beten auch für euch und nehmen Anteil an eurem Leben. Unsere Liebe, Josephs und meine, ist mit euch, während ihr weiterlernt und euch in diesen Lektionen übt.

Maria, die Mutter Jesu

Die Bedeutung der Ernte

Die Bruderschaft, 26. November 1988

Wir haben eine spezielle Botschaft für eure Familiengruppe. Sie paßt zu dieser Erntedankwoche, zu dieser Zeit des Dankens. Das Danken ist ein sehr wichtiger Teil des Gebets und eine gute Art zu beten.

Während dieser Erntedankwoche hattet ihr einen schönen Festtag, wo ihr es genossen habt, euch mit der Familie und Freunden zusammen an den guten Gaben der diesjährigen Ernte zu erfreuen. Wenn ihr in der Stadt lebt, dann vergeßt ihr, wie wichtig es ist, eine gute Ernte zu haben. Es ist euch nicht klar, was eine gute Ernte bedeutet. Ihr habt jedesmal ein Gefühl der Ernte, wenn ihr in einen Laden geht, um irgend etwas zu kaufen. Es ist nichts, worüber ihr euch normalerweise Gedanken macht. In den Schulen bekommt diese Erntezeit mit dem Feiern von „Halloween“ eine andere Bedeutung. Der Erntedanktag wird auch „Truthahntag“ genannt[9].

[9] „Halloween“ und „Turkey Day“ sind eher ausgelassene Festtage während der Erntedankwoche in den Vereinigten Staaten (Anm. d. Übers.)

Wir möchten uns etwas Zeit für eine einfache Geschichtsstunde nehmen. In früheren Jahren, als die Menschen mehr auf dem Lande lebten, war die Zeit der Ernte eine fröhliche und sehr arbeitsreiche Zeit, denn die Früchte jeder Pflanze blieben bis zur Reife am Strauch oder am Halm, und dann gab es eine kurze Zeit, wo sie eingebracht und gelagert werden mußten. Es war eine Zeit emsiger Arbeit, lange Stunden Seite an Seite, wo jeder dem anderen half. Die Zeichen der Ernte waren für alle deutlich sichtbar. Wenn Ernte in der Luft lag, konnten alle es riechen, schmecken, sehen, hören und spüren.

In der heutigen Zeit sind diese Freuden vorbei. Ihr braucht nur in den Laden zu gehen und werdet mit allem versorgt, was ihr braucht. Ihr kennt das Gefühl der Müdigkeit oder den Geruch reifer Früchte und Gemüse nicht mehr. Das Gefühl von Körnern in eurer Hand oder der Anblick vollbeladener Obstbäume ist euch fremd. Das Lachen der Leute, die sich versammeln, um die Ernte einzubringen, ist heute nicht mehr zu hören. Das ist traurig, denn die Erntezeit war ein großes Vergnügen, und es gab viel zu lernen.

Was wir möchten, ist, daß ihr eure Bitten als die Saatzeit des Jahres betrachtet. Ihr übergebt Gott eure Anliegen durch eure Gebete, und dann vertraut ihr darauf, daß ihr bekommen werdet, worum ihr gebeten habt, oder etwas noch Besseres. In gewissem Sinne ist dies der Frühling eures Jahres, es ist die Zeit des Bittens um das, was ihr braucht und was ihr euch wünscht. Dann kommt auf der Erde die Zeit des Wachsens, die Zeit, wo ihr darauf wartet, daß die Samen aufgehen und durch die Erde brechen und stark werden. In dieser Zeit müßt ihr etwas tun. Ihr müßt gießen, hacken und aufpassen, daß nicht Insekten oder andere Tiere eure Saat fressen, aber hauptsächlich müßt ihr warten, warten, bis die Pflanzen und Früchte reif sind. Dann kommt die Zeit der Ernte, und viel ist zu tun, mehr Arbeit, als ihr euch vorstellen könnt. Bald ist alle Arbeit getan, und die Frucht ist geerntet und für das kommende Jahr gelagert. Dann kommt die Zeit des Nachdenkens und Planens.

Nun, meine Lieben, dieselbe Abfolge könnt ihr auch im Prozeß eures Betens sehen. Es gibt eine Zeit des Säens, das sind eure Bitten. Dann kommt die Zeit des Wartens, wo ihr die Tiere und Insekten von eurer Saat fernhalten müßt; das ist die Zeit, wo ihr glauben und darauf achten müßt, daß sich keine Sorge in euer Denken einschleicht. Dann ist die Zeit der Ernte, wenn das, worum ihr gebeten habt, sichtbar wird und genutzt werden kann. Später kommt eine Zeit des Nachdenkens und Planens. Wir werden jeden Schritt einzeln durchgehen und euch Hinweise geben, wie ihr im Gebet effektiver sein könnt.

Mit dem letzten Schritt fangen wir an. Denkt an Jesu Worte: Die Letzten werden die Ersten sein und die Ersten die Letzten. Diesmal werden wir also den letzten Teil zuerst angehen, die Zeit des Planens und Nachdenkens. In dieser Zeit entscheidet ihr, was ihr braucht, um euer Leben angenehm und in Frieden leben zu können. In welchen Umständen möchtet ihr leben? Seid ehrlich und übertreibt nicht; dies ist eine Zeit ernsthaften Nachdenkens. **Mit Gott sind alle Dinge möglich, aber ihr müßt um etwas bitten, was ihr sehen könnt.** Wenn ihr Gott um bestimmte Lebensumstände bittet – könnt ihr euch darin leben sehen? Könntet ihr mit dem Lebensstil richtig umgehen, den ihr euch wünscht? Ihr wißt, daß alles seinen Preis hat. Wenn ihr zum Beispiel ein eigenes Geschäft haben wollt, dann müßt ihr gewillt sein, hart zu arbeiten, um es in Gang zu bringen und zu betreiben. Ihr müßt auch bereit sein, euer Bedürfnis nach Unterhaltung und Vergnügen beiseitezustellen. Für lange Zeit ist es harte Arbeit. Auf diese Art sollt ihr euch die Lebensumstände ansehen, die ihr euch gewählt habt. Ihr müßt es einfach durchdenken, alle Vor- und Nachteile abwägen und das ganze Bild betrachten. Nehmt euch jetzt diese Zeit, jede Phase eures Lebens zu planen. Was wollt ihr wirklich von ganzem Herzen? Wofür seid ihr bereit zu arbeiten? Beginnt mit eurem Körper und eurer Erscheinung, geht dann zu eurer Arbeit, eurem Heim und eurem Besitz und dann zu euren Lieben. Macht eine Liste der Dinge, die ihr euch wünscht, und denkt ein paar Tage über diese Wünsche nach. Dann macht ihr eine weitere Liste von dem, was ihr bereit seid zu haben, mit allem, was es euch zu gegebener Zeit an Mühe, Opfern und Energie kosten wird. Jetzt seid ihr soweit, daß ihr säen könnt.

Als nächstes kommt die Zeit des Pflanzens, die Zeit, eure Bitten in eure Gebete zu säen. Nun, da ihr nachgedacht und euch Zeit genommen habt, eure echten Wünsche zu erwägen, seid ihr bereit, Gott und all Seine Fülle darum zu ersuchen. Schreibt eure Gebete in einem Notizbuch, auf einem Block oder dergleichen nieder, schreibt das Datum darauf und teilt Gott mit einfachen Worten ernsthaft und ehrlich diese Wünsche mit. Werdet innerlich still und spürt Gottes Gegenwart, wenn Er eure Bitten anhört.

Nun kommt der schwierigste Teil, das Warten und Hochhalten eurer Hoffnungen. Es ist die Zeit, wo ihr Glaubensaffirmationen benützen und inspirierende Bücher oder die Bibel lesen könnt, um euren Glauben zu stärken. In dieser Zeit werdet ihr viel mit euch selber reden. Dies ist die Zeit, um dankbar zu sein und diesen Dank Gott gegenüber auch auszudrücken, eine gute Zeit, euch alles aufzuzählen. Wie dankt ihr Gott? Wie segnet ihr? Wie haltet ihr die Hoffnung und den Glauben in eurem Herzen bewußt? Seid euch zuerst dankbar all dessen bewußt, was ihr habt, eures Lebens, eurer Familie, eurer Arbeit, eures materiellen Besitzes, eures Partners oder eurer Partnerin, eurer Eltern und Kinder, eurer Kleidung, der Luft, des Wassers, des Essens, eurer Beweglichkeit, eurer Ausbildung, eurer Lernfähigkeit, eures spirituellen Wachstums, der Liebe, des Friedens und der Zufriedenheit, eurer Füße, eurer Talente, eures Verstandes... Dies sind nur ein paar der Dinge, die ihr als Segen betrachten könnt, und sicherlich habt ihr noch viel mehr ganz individuelle Dinge, mit denen ihr gesegnet seid. Dies ist in gewisser Weise ein Glaubensbekenntnis. **Ihr könnt Gott bitten, euren Glauben zu stärken.** Ihr könnt auch einen Vers aus der Bibel über Glauben nehmen und ihn als Gebet oder Affirmation benutzen. Lest die Psalmen in der Bibel, dort werdet ihr viele Glaubensaffirmationen von David finden. Wenn ihr mit euch selber redet, könnt ihr euch auch einfach sagen, daß ihr glaubt und vertraut und daß mit Gott alles möglich ist, weil ihr als erstes danach trachtet, Gott in eurem Innern zu finden. Eine gute Glaubensaffirmation wäre zum Beispiel folgende:

„Ich glaube an Gott und vertraue, daß Gott für jedes meiner Bedürfnisse und Verlangen und für jeden meiner Wünsche auf Seine Weise und zu Seiner Zeit sorgt. Ich bin bereit, jetzt all das Gute zu empfangen, das Gott in diesem Leben für mich bereithält."

Macht euch während dieser Zeit keine Sorgen, regt euch nicht auf und fangt nicht an, schlechte Gedanken über euch selbst oder Gott zu hegen. Das hieße euren Glauben falsch benutzen. Es sind eure Gedanken, durch die ihr das Tor zu euren Gebeten offenhaltet. Dieser automatische Prozeß braucht Zeit und Glauben, um alle Einzelheiten auszuarbeiten. Wichtig ist noch, immer um euer höchstes Gut und um das höchste Gut für jeden Menschen zu bitten. Wenn ihr jemanden seht, der ein Haus, ein Auto oder irgend etwas hat, was ihr gern hättet, dann sagt zu Gott: „Schau, Vater Gott, das hätte ich gern, so etwas wie diese ... oder etwas Besseres." Es kann ein Spiel werden, seht ihr; genießt diese Zeit des Wartens. Auf diese Weise werdet ihr nicht neidisch auf anderer Leute Güter, und ihr haltet außerdem eure Verbindung mit Gott dem Vater lebendig, mit dem, der euch mit allem versorgt.

Nun kommt der schöne Teil, die Zeit der Ernte, wo ihr all euer Wohl einholt. Es ist leicht, dankbar zu sein, wenn ihr die Antworten auf eure Gebete seht, aber seid auch immer wirklich dankbar. Es wird leicht sein, Gott zu dieser Zeit zu sagen, wie sehr ihr Ihn liebt und wie groß euer Dank ist. Tut es und singt Lieder der Dankbarkeit, die in eurer Seele aufwallen. Dieses Gebet der Dankbarkeit sollte euer tägliches Gebet sein.

Nun seid ihr wieder am Anfang des Prozesses, der Zeit des Nachdenkens und Planens, der Zeit, wo ihr eure Gebete erneut in Aktion setzt. Natürlich müßt ihr wissen, daß dies ein fortwährender Prozeß ist. Jetzt kommt die Zeit, wo ihr euch neu entscheiden, eure

Bitten verändern oder jede Bitte nach eurem persönlichen Geschmack vervollkommnen könnt.

Probiert diese Art des Betens aus und seht, welchen Nutzen ihr daraus zieht. Es nimmt nicht viel Zeit in Anspruch, doch müßt ihr dazu ständig die Hoffnung und den Glauben in eurem Herzen und Bewußtsein bewahren. Natürlich geht dieser Prozeß ständig weiter. Schreibt euch alle eure Gebete auf. Verändert sie, wann und wie immer ihr wollt. Wenn ihr sicher wißt, was ihr euch wünscht, und den Glauben und die Hoffnung in euch bewahrt habt, dann schaut nach den Antworten aus. Dies ist kein einmaliger Vorgang. Beginnt diesen Prozeß jedesmal, wenn ihr euch eines neuen Bedürfnisses oder Wunsches bewußt werdet. Bei jedem Wunsch oder jeder Veränderung, die ihr haben wollt, nehmt euch die Zeit, darüber nachzudenken und zu entscheiden, ob es wirklich das ist, was ihr euch wünscht. Denkt daran, alles hat seinen Preis an Zeit, Mühe und Energie. Ihr könnt diese Methode benutzen, um euren Körper und euren Geist, eure Herzen und eure Ehen zu heilen. Derselbe Prozeß kann und sollte dazu eingesetzt werden, euer Bewußtsein, euer Verständnis und eure Wahrnehmung in allen spirituellen Bereichen eures Lebens zu erweitern. Jedesmal, wenn ihr eine neue Bitte an Gott richtet, schreibt sie mit dem Datum in euer Notizbuch. Bittet um alles mögliche, um Lebensumstände, Verbesserungen in eurem Leben, um alles, was ihr euch wünscht. Gott ist nichts unmöglich, aber ihr müßt auch bereit sein, das anzunehmen, worum ihr gebeten habt. Wenn ihr um eine Million Dollar betet und eigentlich eine Fünf-Dollar-Mentalität habt, dann gibt es ein Problem, nicht wahr? Bittet entsprechend euren Überzeugungen, eurer Einstellung und eurer Vision. Bittet Gott darum, eure Visionsfähigkeit und eure Mentalität zu erweitern, um all das Gute empfangen zu können, das nur darauf wartet, von euch in Anspruch genommen zu werden.

Praktiziert jeden Tag einen Teil dieser Lehren. Sie müssen angewandt werden, nicht nur gelesen wie ein Roman. Diese Prinzipien werden viele neue und wunderbare Vorgänge in eurem Leben in Gang setzen. Vergeßt die Vergangenheit und schaut jetzt auf euer neues Selbst, auf den neuen Menschen, der spirituell lebendig ist und aktiv betet.

Die Bruderschaft

Schätzt alles

Maria, 27. November 1988

Ich freue mich, ein paar Worte über das große Ereignis (Erntedank) zu sagen, das ihr gerade gefeiert habt, diesen besonders festgesetzten Tag, an dem ihr Gott dankt und euer Lob und eure Wertschätzung zum Ausdruck bringt. Ist euch bewußt, daß es die höchste Form des Dankens ist, zu loben und anzuerkennen? Heute werden wir über Anerkennung sprechen.

Denkt über das Wort Anerkennung nach und laßt alle Bilder, die euch dazu kommen, durch euer Bewußtsein ziehen.

Pause

Nun denkt noch einmal über das Wort Anerkennung nach und fühlt dieses Wort und seine Bedeutungen.

Pause

Seht ihr, die Wörter sind nicht einfach nur Symbole, sondern sie bringen Empfindungen aus eurem Innersten hervor. Das Gefühl der Anerkennung ist eines, das ihr immer in euch tragt. **Es ist dieses tiefe Gefühl der Wertschätzung allen Lebens, das Gott wissen läßt, wie sehr ihr Ihn liebt.** Nun will ich damit nicht sagen, daß ihr Ratten, Mäuse oder Insekten in eurem Heim willkommen heißen sollt. Was ich meine, ist, daß ihr das Leben in jeder Form wertschätzen sollt, selbst in den unbelebten Dingen. Schätzt die Natur und all ihre Wunder. Schätzt euch selbst, diesen Körper, den ihr jetzt dazu benutzt, eure Seele zu vervollkommnen. Schätzt den Geist, der ihr seid. Schließt alles mit ein und vergeßt nicht ein Ding, das ihr wertschätzen könnt.

Wenn du jemandem zeigst, daß du ihn schätzt, oder dir jemand zeigt, daß er dich schätzt, wie fühlst du dich da? Eine solche Beziehung bekommt Wärme und Offenheit. Wertschätzung öffnet euch füreinander, stellt eine Verbindung her. Sie bewirkt, daß ein Mensch eines anderen Freund sein kann. Und mehr noch – ihr haltet die stete Verbindung zu Gott offen, wenn ihr alle Seine Gaben schätzt. Es gibt so vieles, wofür ihr dankbar sein könnt – für euer Leben, euren Partner oder eure Partnerin, euer Heim, selbst eure Fortbewegungsmittel. Ja, dazu kann ich euch ein gutes Beispiel geben.

In der Zeit, als Joseph und ich auf der Erde waren, reisten wir zu Fuß oder ritten auf dem Esel. Könnt ihr euch vorstellen, wie lange es dauerte, irgendeine Entfernung zurückzulegen? Auf dem Rücken eines Esels zu reiten ist nicht im geringsten mit dem Fahren in einem Auto zu vergleichen. Ihr habt heute viele Vorteile und Bequemlichkeiten, die ihr schätzen könnt. Das Auto, die Straßen, die Geschäfte entlang den Autobahnen, all das sind Bequemlichkeiten eurer Tage. Dankt Gott für all diese Annehmlichkeiten, die ihr heute habt. Spürt die Dankbarkeit in eurem Herzen, denn das ist der Ort, wo ihr mit Gott kommunizieren sollt.

Wenn ihr etwas oder jemanden schätzt, dann ist euch dieser Mensch oder dieser Gegenstand wichtig. Schätzt den Körper, in dem ihr jetzt seid, wenn ihr ihn pflegt und versorgt. Wenn ihr euch an den Bequemlichkeiten eures Zuhauses freut, dann sorgt auch für euer Haus; haltet es so sauber und gut gepflegt, wie ihr könnt. Während ihr die Dinge, die euch umgeben, pflegt und bewahrt, könnt ihr ein kleines Dankgebet dafür sprechen, daß ihr denken, euch bewegen, sehen, hören und fühlen könnt. Schätzt das Geld, daß ihr dazu benutzt, Dinge zu kaufen. Wenn ihr etwas geschenkt bekommen habt, dann behandelt es mit Liebe und schätzt die Freundschaft und die Beziehung, die diesen Menschen dazu veranlaßte, euch so etwas Schönes zu schenken. Wenn ihr an eurem Arbeitsplatz eure Pflichten erfüllt, dann schätzt die Firma oder Besitzer, die euch die Möglichkeit geben, Geld zu verdienen und für eure Familie zu sorgen. Schätzt die Freundschaften, die ihr jetzt aufgrund dieser Beschäftigung habt. Sprecht mit eurem Auto, wenn ihr damit zur Arbeit fahrt; sagt ihm, daß ihr es liebt und schätzt. Selbst unbelebte Dinge funktionieren mit ein wenig Anerkennung besser. In allem auf Erden ist Leben. Die Metalle haben Lebenskraft in sich, die Steine, das Holz, selbst in den neuen Plastikmaterialien ist sie enthalten. Die Lebenskraft ist Gott, und wenn ihr eure hölzernen Möbel, die Plastikgegenstände und die Schüssel aus Messing liebt und achtet, lobt ihr Gott.

Das wichtigste von allem ist jedoch, euren Geist zu würdigen, dieses Wesen, das euer innerer Kern ist. Das Leben, das ewig lebt – das ist euer geistiges Selbst. Das ist die Lebenskraft, die direkt mit Gott verbunden ist. Schätzt Seine große Weisheit und Liebe, die uns erlaubt, zu inkarnieren und immer wiederzukehren, um zu lernen und zu üben, ihm ähnlicher zu werden. Seid dankbar für euer gesamtes Leben und nicht nur für dieses eine Leben, das ihr jetzt führt. Seid dankbar dafür, daß ihr euch jetzt inkarniert habt und wiedergekommen seid. **Jeder von euch hat sich selbst dafür entschieden, zu dieser Zeit auf der Erde zu sein,** um diese großen Veränderungen zu erleben, die jetzt bald bevorstehen. **Ihr wußtet, daß es in dieser Zeit viele Gelegenheiten geben würde, zu lernen und eure Seele zu vervollkommnen.** Lobt euch für eure Wahl und vergeßt nicht – eure wichtigste Lernaufgabe ist, eins zu werden mit Gott.

Nun, nichts von den „Dingen" auf der Erde ist so wichtig wie euer ewiges Leben. Eure Besitztümer sind gut und schön, aber sie werden euch bestimmt nicht dabei helfen, ein mutiges und liebevolles Leben zu führen. Schätzt und achtet das, was ihr habt, aber laßt nicht zu, daß euer Besitz zum Brennpunkt eures Lebens wird. Bereitet euch auf die kommenden Ereignisse dadurch vor, daß ihr eure Gebete verstärkt und euch in der Fähigkeit übt, Gott in eurem Innern zu hören.

Ich liebe so sehr die Worte des Franziskus von Assisi, mit denen er Gott bat, eins mit Ihm werden zu dürfen: **„Wo Kampf ist, laß**

mich Frieden bringen. Laß mich Liebe bringen, wo man sich haßt, und Glück, wo Traurigkeit herrscht." Jeder von euch kennt sicher dieses Gebet. Es wäre gut, über das Leben dieses Mannes zu lesen und zu sehen, wie tief er die Natur und alle Gaben Gottes liebte und schätzte.

Franziskus hat einen besonderen Platz in meinem Herzen. Ich kam, während er lebte, und half ihm, die Kunst zu entwickeln, Menschen wirklich zu helfen. Heute sagen die Leute: „Ich habe meinen Mitmenschen geholfen – ich habe einem Bettler etwas Geld gegeben. Seht ihr, wie wunderbar ich bin?" Das hilft dem Bettler nicht, denn morgen wird er wieder um Essen, Kleidung und Obdach bitten müssen. Gebt einem Mann einen Fisch, und er wird wiederkommen; lehrt ihn zu fischen, und er wird für sich selber sorgen. Das ist es, was heute in eurem Land nicht richtig ist. Ihr macht viele Menschen zu Bettlern, weil ihr sie nicht lehrt, für sich selbst zu sorgen. Die Veränderungen, die aus einem Bettler einen verantwortlichen Menschen machen, kommen von innen. Wenn ihr einem Bettler Geld gebt, dann betet auch jeden Tag für ihn. Auf diese Weise bekommt er einen neuen Ausblick auf das Leben. Betet für die Kinder, die schon als Bettler aufwachsen. Gewiß, sie haben dieses Leben gewählt, aber es ist eure Verantwortung, für jeden einzelnen Menschen auf Erden zu beten. Das zeigt Gott, wie sehr ihr das, was Er euch gegeben hat, wirklich ehrt und schätzt.

Die einfachen Worte sind es, die die meiste Aufmerksamkeit bekommen, wenn sie ehrlich und in Liebe gesprochen werden. „Ich schätze alles, was Du mir gegeben hast, Gott", und dann zählt alles auf, alle Dinge, alle Menschen und alle Ereignisse in eurem Leben.

Maria, die Mutter Jesu

Kapitel 6

Die Weihnachtszeit

Die Geburt des Christusbewußtseins

Die Bruderschaft, 3. Dezember 1988

Unsere Liebe und unser Segen sind heute und an jedem Tag dieses Monats mit euch, dieses heiligen Monats, in dem ihr die Geburt Jesu feiert. Wir bereiten euch darauf vor, die Wunder Seiner Geburt zu sehen. In diesem Monat wollen wir das Symbolische Seiner heiligen Geburt in euren Herzen lebendig werden lassen.

Alle Eltern haben neun volle Monate Zeit, sich auf die Geburt ihrer Kinder vorzubereiten. So habt auch ihr Zeit gehabt, euch auf die Geburt des Christuskindes in eurem Herzen und Bewußtsein vorzubereiten. Vorbereitungen sind zum Beispiel Gedanken, die euer Leben erfüllt haben, und Gefühle der Hoffnung und der Freude. Alle Eltern hoffen bei jeder Geburt, daß sie ein Kind zur Welt bringen, das sich gut entwickeln und etwas Großes werden wird. Das ist die Hoffnung aller Eltern, am Großen teilzuhaben.

Jeder von euch nimmt teil an der größten Geburt, die irgend jemand haben kann, **der Geburt des Christusbewußtseins in diese Welt.** Ihr seid Teil des großen Erwachens. Seid voller Hoffnung, während überall um euch her schlimme Vorhersagen und Warnungen ertönen. Eure Hoffnung liegt im Christusbewußtsein und in Gott, der nicht nur diese Welt, sondern alle Welten erschaffen hat. Folgendermaßen sollt ihr euch vorbereiten:

Reinigt zunächst euer Herz und Denken von allen hartnäckigen Ängsten, von Zorn, Neid, Hochmut, Eifersucht und allen kritischen und verurteilenden Gedanken. Ihr reinigt sie durch Beten, etwa in dieser Form:

„Jetzt, in diesem Augenblick reinige ich mein Herz und mein Denken von allen Gedanken, die mich hindern, die volle Hoffnung Gottes zu sehen und zu empfangen."

Ihr reinigt euer Herz und Gemüt durch Gedanken, zum Beispiel durch die einfachen Worte „löschen, löschen", wenn ihr merkt, daß ihr die Hoffnung verloren habt oder irgendein Gefühl von Zorn oder Angst in euch spürt. Es ist eine Wachsamkeit, die ihr immer beibehalten sollt. Auf eure Gedanken zu achten erfordert Übung und Sorgfalt. Eure Gedanken und Gefühle zu reinigen erfordert Liebe und Klarheit. Es sind eure Ideen und Gedanken, die euer Bewußtsein ausmachen. In eurem Denken entscheidet ihr darüber, welchen Weg ihr einschlagt. Dies sind eure bewußten Gedanken, die euch immer begleiten. Die unbewußten Gedanken sind verborgen, und es braucht Zeit, sie zu verändern. Das einzige Tor zur Veränderung dieser unbewußten Gedanken sind eure Bewußtheit und Wachheit bei jedem Gedanken. Eure Gefühle, mit denen ihr auf andere, auf eure Gedanken und eure Umwelt in jedem Augenblick reagiert – sie sind euer Herz.

Seid euch jeden Tag eures Denkens bewußt; wacht über eure Gedanken und Reaktionen, über jedes Gefühl. Nur so könnt ihr euer Herz und Denken darauf vorbereiten, all die Wunder zu sehen. Was macht ihr, wenn ihr merkt, daß ihr negativ denkt? Hier ist eine gute Methode: Denkt einfach „löschen, löschen" und verneint den Gedanken. Es gibt noch andere Methoden, um unerwünschte Gedankenmuster aufzulösen. Sagt euch: „Ich verändere jetzt mein Bewußtsein, um überall Gottes Hoffnung und Liebe zu finden, in allen Menschen, an allen Orten und in allen Dingen." Ihr könnt auch etwas zu euch sagen wie: „Ich brauche nicht mehr ängstlich oder neidisch zu sein, denn ich weiß in meinem tiefsten Kern, daß Gott mich liebt und für mein Wohlergehen sorgt. Wenn ich meinen Blick erheben und in allem und in jedem nur das Gute sehen kann, werde ich dieses Gute empfangen." Sprecht mit euch, sagt euch die Wahrheit. Die Wahrheit ist:

1. Gott **ist reine Liebe, und ihr seid in Gottes reiner Liebe.** Sie umgibt euch, umhüllt euch, liebkost euch, sorgt für euch und überwacht alles, was ihr in diese Liebe hineingebt.
2. Gott **ist reine Energie.** Es ist Gottes Energie, die euren Körper aktiviert und bewirkt, daß eure Gedanken euch neue Perspektiven und einen neuen Blickwinkel zeigen.
3. Gott **ist absolut vertrauenswürdig.** Ihr könnt darauf vertrauen, daß Gott für alles sorgt, was ihr Ihm übergebt. Wißt, daß Er mit euch ist, und seht überall um euch her Seinen Segen.
4. Sagt euch: „Ich spüre Gottes Hoffnung in meinem Herzen. Ich sehe mit neuen Augen und einem neuen Verständnis. Ich begreife jetzt. Ich sehe die Verbesserungen in meinem Leben und im Leben derer, für die ich bete. Ich spüre, daß die Hoffnung der Welt in Gott liegt."

Ihr könntet das mit allen möglichen Gedanken fortsetzen. Es sind betende Gedanken, denn das, worauf ihr euch konzentriert, ist das, was euch in diesem Leben und in allen Leben zur Verfügung stehen wird. **Eure Konzentration hat eine mächtige Wirkung, und eure Gedanken sind lebendig.** Seid achtsam mit euren Gedanken und Gefühlen. Seid gleich nach dem Aufwachen mit ganzem Herzen und vollem Bewußtsein da. Stellt die Stimmung für diesen Tag ein. Wenn ihr gelegentlich, wie es vorkommen kann, mit dem falschen Fuß zuerst aufsteht und merkt, daß ihr mürrisch und reizbar seid, dann denkt an Liebe, Hoffnung, Energie und an Gott. Bittet um Seine Hilfe, diese Gefühle und Gedanken umwandeln zu können.

Das ist der erste Schritt, mit dem ihr euch auf die Geburt des Christusbewußtseins in eurem Innern vorbereitet. Dieses Wort Christus ist der höchste Gedanke, der Gedanke, der Gott am nächsten und ganz und gar im Gottesbewußtsein ist. Bereitet euch also auf die „Geburt" dieses Bewußtseins vor, das Gott am nächsten ist. Eine Geburt ist einfach ein Anfang, und da steht ihr, am Anfang. Ihr könnt eine Reise nicht beginnen, ohne den ersten Schritt zu tun.

Wenn ihr also nun eure Gedanken reinigt und eure Gefühle in Einklang mit dem Gottesbewußtsein bringt, werdet ihr in eurem Leben viele Verbesserungen sehen. Es fängt im ganz Kleinen an, und bald werden große und wunderbare Veränderungen sichtbar werden.

Beendet jeden Tag mit einem Gebet, und beginnt jeden Tag mit einem Gebet. Es braucht kein langes und wortreiches Gebet zu sein. Es kann ein einfaches Gefühl der Dankbarkeit sein, das ihr den Tag über bei eurer Arbeit und eurem Vergnügen mit euch nehmt. Bleibt in einer Haltung der Dankbarkeit Gott gegenüber und in der Achtsamkeit auf das, wohin eure Konzentration euch führt. Das, worauf ihr euch konzentriert, ist wie das Ende eurer Reise. Es ist das Ziel eines jeden Gedankens. Achtet sorgfältig auf das, worauf ihr euch konzentriert, auf eure Gedanken und Gefühle. Dies ist unsere Lektion für diese Woche. Wir bitten euch, sie täglich anzuwenden als Vorbereitung auf das Ereignis dieses Monats. Unsere Liebe, unsere Gebete und unsere Hoffnung sind mit jedem von euch. Gott ist für jeden von euch in Liebe da. Spürt das Interesse, die Liebe und die Hoffnung, die wir für jeden von euch haben.

Die Bruderschaft

Werdet still und empfangt mehr von Gott

Maria, 4. Dezember 1988

Ich habe heute viel, worüber ich sprechen möchte. Dies ist der wunderbare Monat Dezember in eurer Welt, der Monat, der viele Dinge feiert: Die Juden zum Beispiel feiern Hannukah, die Freiheit, Gott so zu verehren, wie sie wollen, und die Christen feiern die Geburt Jesu.

Die Anbetung Gottes ist immer frei, denn die wahre Anbetung geschieht in eurem Innern, an dem Ort, den nur ihr selbst betreten könnt. Es ist sozusagen euer Allerheiligstes. Ist euer Herz und Gemüt nicht euer privates Kämmerchen? Dies ist deshalb der Ort, wo ihr Gott wirklich verehren sollt. Tretet jeden Morgen beim

Aufwachen in dieses euer Allerheiligstes ein. Seid Gott dankbar für alles, was ihr seid, für euer Leben, dafür, daß ihr sehen, hören, euch bewegen, denken und wissen könnt. Diese kleinen Fähigkeiten sind in sich selbst etwas ganz Großes. Ich nenne sie klein, denn genau diese Dinge vergeßt ihr auf der Erde sehr schnell. Und ich nenne sie groß, denn ohne sie würdet ihr leiden. So bereitet ihr euer Herz und euer Bewußtsein darauf vor, mehr von Gott zu empfangen.

Es ist kein Frevel, mehr von Gott zu empfangen. Es ist euer Grundbedürfnis. Wenn euer ganzes Sein von der Substanz Gottes, von Gottesbewußtsein und Gottesenergie erfüllt ist, seid ihr ein anderer Mensch, dieselbe Person zwar, aber besser. Geht an den stillen Ort, den ihr zu eurem Tempel bestimmt habt. Dieser stille Raum ist der Ort, den ihr aufsuchen sollt, um eins zu werden mit Gott. Werdet still und öffnet euer Herz und Bewußtsein – ihr könnt das mit euren Gedanken oder mit eurer Vorstellungskraft tun. Bittet Gott aufs neue, euch zu erfüllen. Dies ist wahre Anbetung. Werdet still und wartet auf den Herrn. In den Schriften, besonders in den Psalmen, findet ihr Worte wie „auf den Herrn warten". So wartet ihr auf den Herrn: In der Stille eures Seins stellt ihr euch Gott als ein Licht vor, das Er ist, das sich in euren Kopf ergießt und euer Herz mit Seinem Sein erfüllt. Sitzt da und badet in diesem wunderbaren Licht. Spürt die bedingungslose Liebe, wie sie jede eurer Zellen und jeden Gedanken durchdringt. So öffnet ihr euch Gott und allem, was Gott ist.

Denkt über das alles nach, was Gott ist. Er ist der Schöpfer der Welten, der Natur, des Raumes und alles Bekannten und auch all dessen, was noch unerkannt geblieben ist. Macht es so, wie die Bruderschaft euch gelehrt hat: Beschreibt Gott in den Begriffen, die euch heute zur Verfügung stehen.

Praktiziert nur diese Meditation in dieser Woche. Ihr erlangt Erkenntnisse durch die Meditation, ihr werdet beschenkt und öffnet euch weiteren Bereichen eurer selbst. Während ihr mit dem Gottesbewußtsein und Gott dem Vater in Verbindung steht, werdet ihr überreich von allem, was Gott ist, erfüllt werden, von Energie, Liebe, Vergebung, Hoffnung, Frieden und Kraft. All diese

Qualitäten sind nur der Anfang und eine Weise, Gott in eurem Innern zu erkennen. Betet, ihr Lieben, betet jeden Tag und öfter, wann immer es euch möglich ist. Betet, als hinge euer Leben davon ab, denn das tut es. Ich wünsche mir, daß ihr das eine Woche lang übt; haltet diese Übung ein und seht, was es euch, eurer Familie und euren Lieben an Gutem bringt.

Maria, die Mutter Jesu

FRIEDE in allen Herzen

Die Bruderschaft, 11. Dezember 1988

Treue ist die Grundlage allen geistigen Wachstums – Treue zu euren Zeiten des Gebets und der Meditation. Das Üben der geistigen Aktivitäten ist es, das euer geistiges Wachstum bewirkt.

Wir wollen nun bei dem Thema der kommenden Jahreszeit bleiben und vom *Frieden auf Erden* sprechen. Das ist Teil der Geschichte der Geburt Jesu. Zwar trifft es nicht genau zu, aber der Gehalt der Geschichte ist, daß im „Himmel" oder in der geistigen Welt und in allen Welten große Freude geherrscht hat, weil ein Wegbereiter auf Erden geboren wurde. Das hochspirituelle Wesen, das kam, um zu lehren, zu lieben und insbesondere euch die Wahrheit Gottes zu übermitteln, hatte Sein Leben auf der Erde begonnen. Wißt ihr noch, in der Geschichte ist die Rede von den Engeln, die singen: „Friede auf Erden und den Menschen guter Wille"? (Lukas 2,13-14) Dies ist seit Äonen unser Gebet.

Friede auf Erden lebt nur in den Herzen friedlicher Männer, Frauen und Kinder. So ist unsere Lehre Friede in den Herzen aller Wesen. Friede ist ein Gefühl in euren Herzen. Es ist die Ruhe der Gewißheit eurer selbst. Friede ist die Gewißheit, daß alles, was euer ist – Gesundheit, Überfluß, Reichtum, Liebe und alles Gute –, euch ohne Kampf und ohne Angst gehört. Angst hat in einem friedlichen Herzen und Gemüt keinen Platz. Wenn ihr Angst und alle ihre Nebenerscheinungen wie Neid, Eifersucht, Haß, Furcht, Gier und eine allgemein niedere Einstellung ausschaltet, merkt ihr, wie Friede euer Denken und eure Gefühle erfüllt. Ihr regt euch nicht mehr leicht über andere auf. Ihr fürchtet nicht mehr, daß jemand euch ausnützt. **Eure Sicherheit liegt jetzt im Wissen um GOTT und Seine Güte.** Friede auf Erden beginnt in jedes einzelnen Herz und Gemüt, so wie es in dem Lied heißt: *„Let there be peace on earth and let it begin with me"* (Friede sei auf Erden und beginne er mit mir). Dies ist die erste Zeile eines Liedes, das Annie in ihrem Innern bewegt, eines Liedes, das sie liebt. Ihr könnt es auch als Affirmation benutzen. Es ist einfach ein Gebet und sagt: „Lieber Gott, bitte laß in den Herzen und Gemütern der Menschen Frieden herrschen, und laß diesen Frieden zuerst in meinem Herzen und Gemüt beginnen." Seid in Frieden mit eurem Zuhause, mit den Menschen, die euch nahestehen, und mit eurem Arbeitsplatz. Wenn ihr friedliche Wege und friedliche Mittel sucht, dann findet ihr ganz gewiß den Weg, euer Bewußtsein zu verändern. Eure Einstellung könnte sich zum Beispiel so verändern, daß ihr euch nicht mehr fürchtet, sondern ruhig und voller Vertrauen in euch selber seid.

Haltet in dieser Weihnachtszeit, während ihr die Geburt Jesu feiert, die Gedanken an Frieden auf Erden und Frieden in eurem Herzen und Denken in euch. Sucht nach friedlichen Lösungen für eure Probleme. Ihr wißt – was ihr sucht, werdet ihr finden. Mit dem Frieden kommen Hoffnung, Liebe, heitere Gelassenheit und viele gute Gefühle.

Ihr kennt alle diesen Vorgang – was ihr euch in eurem Leben wünscht, darüber sinnt ihr nach und meditiert ihr. Denkt nur das Wort Frieden; sagt es euch immer und immer wieder wie ein Gebet. Schickt den Gedanken in die Welt hinaus, indem ihr vielleicht sagt: „Heute sende ich jedem Mann, jeder Frau und jedem Kind auf diesem Planeten meine Gedanken des Friedens. Ich bitte Gott, die Menschen aller Völker Seinen Frieden sehen zu lassen. Ich bitte Gott, die Regierenden eines jeden Volkes Seinen Frieden erkennen zu lassen. Ich schicke Gedanken der Liebe und des Friedens zu meinen Eltern und Geschwistern, zu meinem Partner oder meiner Partnerin, zu meinem

Heim, meinem Arbeitsplatz, zu jedem Menschen, mit dem ich heute in Berührung komme. Ich fange an, friedvolle Gedanken zu denken. Ich suche Frieden in meinem Heim und in meinen Beziehungen. Ich sende Frieden hinaus in die Welt und in das ganze Universum."

Praktiziert das eine Woche lang und seht, was es euch und euren Lieben Gutes bringt. Wenn ihr friedlich miteinander umgeht, erfüllt ihr die Atmosphäre mit Frieden: Fangt gleich jetzt, in diesem Augenblick an, auf diese Weise eurem eigenen Herzen Gedanken des Friedens zu schicken. Konzentriert euch auf die Herzgegend und sendet Gedanken des Friedens dorthin. Spürt den Frieden, der jetzt euren Körper durchströmt, euer ganzes Sein erfüllt. Spürt die Entspannung, die sich in und um euren Körper ausbreitet. Seht ihr, wie dieses Wort, wenn ihr euch darauf konzentriert, euren ganzen Körper antworten läßt? Das ganze Universum wird auf eure Gedanken des Friedens reagieren. Jeder Mensch, auf den ihr euch mit Gedanken des Friedens konzentriert, wird früher oder später offen reagieren. Dies ist eine einfache Friedensmeditation. Konzentriert euch zuerst auf euch selbst, euer Herz, euer Sein, und konzentriert euch dann darauf, den Gedanken des Friedens an die Menschen daheim, an die Arbeitskollegen und alle, denen ihr an diesem Tag begegnet, zu senden. Tut dies an jedem Tage dieser Woche. Sendet jeden Tag, jeden Augenblick Gedanken des Friedens an euer Herz und an die Menschen, die ihr liebt. Sagt euch, daß jeder, mit dem ihr an diesem Tage zu tun habt, in eurer Stimme Frieden hören wird. Jeder Mensch wird mit dem Gefühl göttlichen Friedens von euch fortgehen, mit dem Er durch euch wirkt, um der Welt Frieden zu schenken.

Werdet zum Herzen und Denken Gottes. Laßt nur Gott durch euch wirken. Auf diese Weise werdet ihr zu einem Kanal, durch den Gott der Welt alle Seine großen Gaben schenken kann. **Indem ihr Gott euer Herz und Gemüt öffnet und Ihm erlaubt, durch euch zu wirken, kommen Seine Gaben zuerst euch selbst zugute.** Denkt über diese große Wahrheit nach!

Pause

Wenn ihr Gott euer Herz und Denken öffnet, damit er Seine großen Geschenke des Friedens, der Liebe und des Glücks und alles Guten in die Welt senden kann, seid ihr die ersten, die sie empfangen. Ihr werdet friedlicher, glücklicher, liebevoller und fühlt euch geliebt. All das Gute Gottes steht euch zuerst zur Verfügung. Es ist ein universales Gesetz, daß **Gott nur durch Menschen wirkt, und daß Er Seine Wunder nur in und durch die Herzen und Gemüter bereitwilliger Männer, Frauen und Kinder geschehen läßt.** All die Antworten auf eure Gebete und alles, was ihr euch an Gutem für euch selbst und eure Lieben wünscht, kommt zuerst durch euch selbst. Gottes Segen wird der Menschheit als Antwort auf ihre Gebete geschenkt. Eure Gebete sind wichtig für euch, für eure Familie und Freunde und für die Welt.

Nehmt euch in dieser Woche täglich diese Schrift vor und lest sie. Übt diese einfache Meditation. Bringt sie in eine Form, die für euch paßt. Die Form der Meditation ist nicht wichtig, sondern die Aufrichtigkeit und die Worte, auf die ihr euch konzentriert. Sagt vielleicht die folgenden Worte: „Ich öffne Gott mein Herz und Denken, damit alle Seine guten Gaben durch mich der Menschheit zugute kommen." Werdet zu einem strahlenden Zentrum Gottes, Seiner Liebe und Seines Friedens. Das ist eure Aufgabe für diese Woche, eure Mission für die Welt und ihre Bewohner. Tut es für eure Welt und euren Planeten.

Die Bruderschaft

Friede bringt Hoffnung

Maria, 11. Dezember 1988

Ich wende mich an jeden von euch in dieser Gruppe treuer Seelen. Ihr, die ihr zuerst nach der Wahrheit und nach Sicherheit strebt, wißt in eurem Herzen, daß ihr mit dem Gottesbewußtsein und mit Seinem Geist verbunden seid. Die Wahrheit, die euch gegeben wird, kommt direkt von Gott. Benutzt diese Wahrheiten, um euer Bewußtsein zu erweitern, um immer größere Gedanken denken zu können. Heute hat die Bruderschaft euch eine Botschaft des Friedens gebracht, und ich bringe euch eine Botschaft der Hoffnung.

Wenn ihr in eurem Herzen und Bewußtsein friedliche Gedanken aufbaut, dann merkt ihr, wie Hoffnung in euch aufkommt. Hoffnung geht Hand in Hand mit Frieden. Wenn eure Seele Frieden findet, findet ihr Hoffnung, und keine leere Hoffnung, sondern Gottes Hoffnung – Hoffnung, mit der ihr in der Sicherheit dessen, der die Wahrheit gefunden hat, durch die kommenden Veränderungen auf der Erde gehen werdet. Ihr werdet Frieden und Hoffnung ausstrahlen. Diese Aura von Frieden und Hoffnung wird Türen öffnen und euch den Weg zum Überleben weisen.

Ihr seid die Hoffnung der Welt, ihr, die ihr das Gottesbewußtsein und Seine Güte sucht. Das, womit ihr euch in eurem Bewußtsein und durch eure Gedanken verbindet, das strahlt ihr aus. Habt ihr noch nie einen mißmutigen und unglücklichen Menschen gesehen? So ein Mensch strahlt niedere Schwingungen aus, es ist, als wäre eine dunkle Wolke um ihn. Und seht euch einen glücklichen Menschen an, seht das Licht und das Glück, das aus seinen Augen leuchtet. Spürt die Freude, in seiner Nähe zu sein. Ihr strahlt aus, was ihr seid und was ihr denkt. Ihr strahlt euer inneres Selbst aus, und die ganze Welt kann es sehen. Konzentriert euch auf Gottes Frieden, Gottes Liebe und Gottes Hoffnung. Wenn diese Gedanken euer Bewußtsein erfüllen, strahlt ihr diese Gefühle aus, und ihr zieht sie an, wie ein Magnet Metall anzieht.

Nehmt euch die Lektion der Bruderschaft zu Herzen. Praktiziert sie jeden Tag, lest sie und denkt darüber nach. Tauscht euch jeden Abend darüber aus, wie gut ihr euch an diesem Tag auf Frieden konzentrieren konntet. Ermutigt euch gegenseitig, diese Wahrheiten zu denken und zu fühlen, so könnt ihr einander helfen. Laßt eure Gedanken darauf gerichtet sein, geistig voranzukommen. Lernt das, was euch jede Woche gegeben wird, zu nutzen. Lernt, über diese Wahrheiten nachzudenken, sie anzuwenden und täglich zu beten. Auf diese Weise übt ihr und bemüht euch, uns in unserer Hilfe für euch entgegenzukommen. Der Strom geht in beide Richtungen. Gott wirkt durch euch, und durch eure Bemühungen sind wir in der Lage, euch beim Lernen zu helfen.

Sitzt ganz still da und umgebt euch mit Gedanken des Friedens. Dann spürt, wie die Hoffnung euch in Wellen durchströmt. Dies ist eure Aufgabe, und es wird eure Freude werden. Betet zuerst für euch selbst, für eure Familie, eure Freunde, eure Mitarbeiter, dann für die ganze Welt und diesen Planeten. Tut das jeden Tag und wenn möglich jede Stunde. Wir werden dasselbe tun. Wir sind jetzt umgeben von FRIEDEN, HOFFNUNG und LIEBE. Gott ist immer in uns und überall um uns her.

Maria, die Mutter Jesu

Christus in den Massen erwecken

Die Bruderschaft, 18. Dezember 1988

Heute sprechen wir von der wahren Bedeutung des Christfestes, die darin besteht, den Massen Christus zu geben, oder besser, Ihn in ihnen zu erwecken. Die Zeit ist nahe, wo der Christusgeist in den Massen erweckt werden wird. Es wird durch viel Schmerz und viele Qualen kommen. Ihr aber, die ihr sucht, findet die Suche nach Christus sehr lohnend. Für euch ist dieser Prozeß nicht qualvoll und schmerzhaft, denn ihr sucht vor den kommenden Umwälzungen nach der Wahrheit.

Das Christusbewußtsein in euch wecken ist nur ein anderer Ausdruck für das Finden des Gottesbewußtseins. Es ist beides dasselbe! Wenn ihr das Christusbewußtsein in euch erweckt, seid ihr mit dem Gottesbewußtsein verbunden. Ist das verwirrend für euch? Jesus wurde deshalb auf die Erde gesandt, um jedem Menschen zu zeigen, daß Gott nur gut ist. In jenen Tagen gab es wie heute viel Verwirrung, und viele Menschen dachten, Gott sei ein zorniger Gott, ein Gott, der Sein Volk mit Verwüstungen heimsucht. Noch heute werden Naturereignisse als „Gottesstrafen“ bezeichnet. Das ist eine Täuschung, es ist nicht die Wahrheit! Stürme, Erdbeben und Vulkanausbrüche sind keine Gottesstrafen. **Gottes Taten sind Frieden, Liebe und Heilung.** Die anderen Ereignisse geschehen einfach, damit die Natur wieder zu ihrem Gleichgewicht zurückkehren kann.

Jesu Geburt brachte die erste gute Nachricht: Friede auf Erden, guter Wille den Menschen. Beachtet, daß es guter Wille für die Menschen war. Wir in der geistigen Welt senden jedem von euch stets guten Willen. Gott sendet nichts als Gutes! Die gute Nachricht dieses Tages und dieser Zeit ist dieselbe gute Nachricht wie zur Zeit von Jesu Geburt. Sie ist immer gleich und ändert sich nie. Gott ist alles Gute, und wir sind nach Seinem Bilde und Gleichnis erschaffen. Ihr seid nach dem Bilde und Gleichnis Gottes erschaffen. Ihr sollt die Irrtümer des Erdenbewußtseins ablegen, das euch etwas anderes sagt.

Das Erdenbewußtsein besteht aus den „Wahrheiten“, die jeder kennt. Es enthält den irrigen Gedanken, daß Unheil von Gott geschickt wird, zu Seinem Vergnügen. Es sagt euch auch, daß Gott ein rächender Gott ist, zornig und launisch, der euch zum Narren hält und euch Krankheiten schickt, um euch leiden zu lassen. Er vergnügt sich auch damit, zuzuschauen, wie der „Teufel“ euch Streiche spielt, und macht euch glauben, der Teufel sei gut. Das Erdenbewußtsein behauptet: Ihr braucht die Dunkelheit, um das Licht genießen zu können. Es sagt: Es ist leichter, Schlechtes zu tun als Gutes. Es sagt: Es gibt einen Himmel und eine Hölle, und wenn ihr, nach den gängigen Maßstäben gemessen, „Gutes tut“, kommt ihr in den Himmel. Es sagt: Es gibt einen Teufel oder Satan, der mit Gott Schach spielt, und jeder von euch ist eine Spielfigur. Es sagt: Ihr habt nur ein Leben und tut deshalb gut daran, es zu genießen, solange ihr könnt. Und es sagt, daß jeder es auf euch abgesehen hat, auch Gott!

Dies sind Irrmeinungen, die sich mit der Zeit festgesetzt haben. Je länger die Menschen etwas glauben, umso mehr denken sie, es sei wahr. Diese Gedanken waren von Anfang an falsch und sind es bis heute. Lange genug an eine falsche Idee zu glauben macht sie nicht wahrer. Die Wahrheit ist ewig die Wahrheit, ob sie nun geglaubt wird oder nicht. Die Schwerkraft wirkte lange Zeit, bevor jemand an sie glaubte, nicht wahr? Der Planet Erde war zu Anfang genauso rund wie jetzt. Auch wenn noch so viele Leute dachten, er sei flach, wurde er davon nicht flach. Gottes Wahrheit ist immer wahr, ob ihr sie glaubt oder nicht.

Dies sind die Gedanken, die Jesus austilgen wollte. Die Pharisäer und religiösen Führer jener Zeit waren dagegen. Auch die religiösen Führer von heute sind gegen jeden, der euch etwas anderes sagt. Jesu Gedanken und Wahrheiten wurden als Gotteslästerungen bezeichnet, als Frevel gegen Gott. Aber Gott selber war es, der Jesus sandte, um die Wahrheit zu verkünden, um Seinem Volk Hoffnung, Frieden und Liebe zu geben und die falschen Vorstellungen auszulöschen, die jeden einzelnen daran hindern, seine eigene Verbindung zum Gottesbewußtsein herzustellen. Heute halten viele religiöse Führer die Wahrheiten im Erdenbewußtsein für wahr, weil „jeder weiß, daß es so ist". Eine Wahrheit ist nicht wahr, weil jeder sie für wahr hält. Eine Wahrheit ist wahr, weil sie Gottes Wahrheit ist und weil sie sich beweisen läßt.

Ihr, die ihr die Wahrheit sucht, habt euch neuen Wahrheiten geöffnet, die alte Wahrheiten sind. Das heißt, ihr habt euch Gottes Wahrheiten geöffnet, die immer schon Wahrheiten waren. Diese Wahrheiten sind für jeden Menschen in der Welt wahr, und selbst nach dem Tode sind sie es noch. Jesus kam, um diese Wahrheiten zu zeigen und zu lehren. Seine Worte und Geschichten sprechen ständig davon. Jede Geschichte hat viele Wahrheiten in sich. Wenn die Menschen nur eine einfache Wahrheit verstehen könnten, ginge es ihnen schon besser. Wenn sie verstünden, wie viele Wahrheiten in den Geschichten enthalten sind, wären sie besser dran. Nehmt die Geschichte der Geburt Jesu. Wieviel Wahrheit enthält sie!

Wir in dieser Welt und alle fortgeschrittenen geistigen Wesen senden nur Gedanken guten Willens zu den Menschen und beten für den Frieden auf Erden. Ganz tief in eurem Innern rührt sich etwas, etwas erwacht in euch. Das ist der Christusgeist, der euch durchdringen möchte, der euch die höchste Verbindung zu Gott bringt. Es beginnt ganz klein und muß genährt und mit Liebe umsorgt werden. Ihr müßt die reinsten und sanftesten Gefühle Gottes in euch spüren, indem ihr zu eurer Wahrheit, die Gottes Wahrheit ist, erwacht. Der Christusgeist, der eure Verbindung zu Gott ist, ist immer mit euch, selbst an den niedersten Orten. In all den Bereichen eures Lebens, von denen ihr denkt, daß sie für Gott zu gering sind, genau in diesen Bereichen hat Gott euch eine Verbindung zu Ihm gegeben.

Ihr habt immer viele Wesen um euch, die euch helfen. Wir sind glücklich auch über den kleinsten eurer geistigen Wachstumsschritte. Die Engel in der Höhe singen und preisen Gott und euch für jeden eurer Fortschritte im Geiste. Weise Menschen weilen unter euch, die euch führen und euch auf eurem Wege helfen. Sie kommen, um euch den Weg zu Gott in euer Bewußtsein einzuprägen. In der Stille sprechen sie zu euch und geben euch Ideen, nach denen ihr leben könnt und die euch helfen, Gefahren für euren Geist auszuweichen. Auch „Hirten" sind da, die kommen, den Gott eurer Seele und das Gottesbewußtsein in euch zu verehren, das euch führt, wenn ihr darauf hört. So wie Maria und Joseph nach Ägypten geführt wurden, um der Gefahr für das Neugeborene zu entgehen, das das Erwachen eures Geistes repräsentiert, so werdet auch ihr in Sicherheit geführt werden, um der Gefahr für das Erwachen eures Geistes zu entgehen, heute – in dieser Zeit.

Seht ihr, wie viele Wahrheiten euch diese Geschichte vermitteln kann? Wir können die Geschichte von Jesu Geburt benutzen, um euch neue Bedeutungen und neue Wahrheiten zu zeigen, die ihr zuvor nicht gesehen habt. Aber wenn ihr diese Geschichte lest und darüber nachdenkt, werden genau diese göttlichen Wahrheiten in eurem Herzen und Bewußtsein erwachen. Spürt die Freude, die in dieser Welt herrscht, wenn wir in jedem von euch ein Erwachen sehen. Hört, wie wir Gott für jeden eurer Schritte lobpreisen. Spürt die heitere Gelassenheit, über die ihr verfügt und die zu euch kommt, wenn ihr geistige Fortschritte macht. Wir heißen jeden von euch in unserer Welt willkommen, so wie ihr in freudiger Erregung jedes neue Kind in eurer Familie willkommen heißt. So, wie ihr lächelt und euch über jeden kleinen Schritt und jedes Lächeln des Kindes freut, so freuen wir uns über eure Schritte ins Geistige.

Denkt daran, wie kostbar und wunderbar es für euch ist, den ersten Schritt des Kindes zu sehen, sein erstes Wort zu hören, sein erstes Erkennen. Nicht anders ist es für uns, denn wir lieben jeden von euch wie unsere Kinder, und jedesmal, wenn ihr eine göttliche Wahrheit erkennt, freuen wir uns und sind glücklich. Wir freuen uns, euch diese Wahrheiten zu geben. Wir freuen uns jedesmal, wenn wir euch sagen, wie ihr die Verbindung zum Gottesbewußtsein herstellen könnt, und wenn wir sehen, wie ihr diese Verbindung zu eurem Wohl benutzt. In euren Fortschritten liegt unsere größte Freude. Wir sehen wunderbare Ereignisse in eurem Leben, im kommenden Jahr eures Lebens, wenn ihr in eurem Streben nach der Wahrheit fortfahrt. Wenn ihr ein Neugeborenes in den Armen haltet, wünscht ihr ihm nur Gutes. Ihr wünscht euch für dieses Kind ein Leben voll Glück, Freude, Größe. Alle Eltern wünschen sich, ihr Kind möge das klügste der Welt sein. Auch Gott wünscht das für jeden von euch, aber Er gab euch das beste Geschenk, die Freiheit, euer Leben und alles, was darin geschieht, selbst zu wählen.

Das ist nicht leicht, wie ihr als Eltern wißt. Einem Kind seine eigenen Fehler zuzugestehen ist schwierig. Aber Gott in Seiner Weisheit gestattet jedem von euch, seine eigenen Fehler zu machen und sich seine eigenen Ziele zu setzen. Wir helfen, indem wir mit eurem eigenen Entwurf von dem arbeiten, was ihr euch in eurem Leben wünscht.

Lest diese Worte in den Tagen nach eurem Christfest noch einmal. Das Folgende ist eine Aufgabe, um die wir euch bitten, wenn ihr dieses Jahr eures Lebens beendet. Jeder von euch soll überlegen, was er sich für das kommende Jahr in seinem Leben wünscht. Macht euch eine Liste der Fertigkeiten und Ziele, die ihr erreichen wollt. Es können materielle Ziele sein, wie zum Beispiel eine bessere Arbeitsstelle, ein neues Auto, ein schöneres Zuhause, Besitztümer, mehr Ausbildung oder mehr spirituelles Lernen. Wenn ihr verheiratet seid, dann nehmt euch an einem Abend oder Morgen die Zeit, euch in Ruhe zusammenzusetzen und eure Ziele für das neue Jahr miteinander durchzusprechen.

In dieser Woche jedoch sollt ihr an das erwachende kleine Kind in euch denken, das euch alle Wahrheit und alle Liebe bringt. Lest die Geschichte der Geburt Jesu und laßt uns mit neuer Einsicht zu eurem Herzen und Gemüt sprechen. Nehmt euch Zeit, um in der Stille über dieses große Ereignis nachzulesen und um eine Vorstellung davon zu bekommen, wie ihr die Geburt des Christusbewußtseins in eurem Leben nutzen könnt. Betet in eurem Herzen zu Gott und preist und verehrt Ihn, während ihr einkauft, eure Geschenke verpackt und euer Essen vorbereitet.

Die Bruderschaft

Schenkt die Gabe des Gebets

Maria, 18. Dezember 1988

Wir kommen, um euch zu lehren und euch neue Hoffnung, neuen Frieden und neue Liebe zu bringen. Ihr könnt niemals zuviel Frieden, zuviel Hoffnung oder Liebe haben. Denkt über diese Worte nach. Weder ihr noch eure Kinder können zuviel Liebe, zuviel Hoffnung oder Frieden haben.

Heute konzentriere ich mich auf eure Familien, auf euer Heim und eure Kinder, aber diese Worte treffen auch auf diejenigen von euch zu, die noch kein Heim und keine Kinder haben. Ihr habt immer euch selbst und eure Zukunft.

In dieser Zeit der Geburt Jesu macht ihr einander Geschenke. Was bedeutet das? Diese Geschenke sind Ausdruck eurer Liebe und Fürsorglichkeit füreinander. Mit diesen schönen Weihnachtskarten schickt ihr, wie es der Brauch ist, Worte der Liebe und

Ermunterung an Freunde und Bekannte. Ihr nehmt euch Zeit, passende Geschenke auszusuchen, denn es soll etwas sein, das eure Liebe zum Ausdruck bringt. Das Beste, was ihr jemandem schenken könnt, ist eure Liebe und euer Interesse und eure Gedanken des guten Willens. Wenn ihr also eure Gaben verschenkt, dann gebt auch Gedanken der Liebe, des Friedens, der Hoffnung und des guten Willens mit dazu. Wenn ihr keine Geschenke machen könnt, weil das Geld knapp ist, dann schenkt das Beste, nämlich eure Gedanken der Liebe, der Hoffnung und des Friedens sowie Gebete und Meditationen füreinander. Laßt Gottes Geist Seine Liebe durch euch verschenken. Betet für die Menschen, die ihr liebt – das ist das beste Geschenk. Die äußeren Geschenke repräsentieren nur die spirituellen Gaben.

Ich möchte damit die äußeren Feierlichkeiten, die in eurer Zeit Brauch sind, nicht herabsetzen. Sie sind wunderbar. Aber vergeßt nicht, daß sie einfach Sinnbild für spirituelle Gaben sind, die ewig euch gehören. Versucht mit den irdischen Geschenken auch ewige Gaben zu geben. Trachtet danach, durch eure Gebete und Meditationen eine Hilfe für eure Freunde zu sein. Werdet zu einem Werkzeug, offen für das Gottesbewußtsein, um Gottes Güte wirken und konzentriert in die Welt fließen zu lassen.

Nun, mein Weihnachtsgeschenk an einen jeden von euch ist der Stolz und die Freude, die ich in meinem Herzen über eure geistigen Fortschritte empfinde. Ich bete darum, daß ihr immer weiter erwachen und daß eure spirituellen Gaben auf der Erde offenbar werden mögen, so wie sie es hier sind. Ich bete darum, daß ihr euch in eurem Herzen und Bewußtsein neuen Vorstellungen und Blickwinkeln öffnet, die Gottes Wahrheiten sind. Ich bete darum, daß ihr alles werdet, was ihr im Geiste sein könnt. Wenn ihr darin fortfahrt, geistig zu wachsen, übertrefft ihr euch selbst und kommt um ganze Lebensspannen voran. Ihr wachst, um im Geiste und in der Wahrheit fähige und starke Menschen zu werden.

Nehmt zu an Güte. Fahrt fort, Gott in eurem Innern zu suchen, nicht aus eigennützigen Gründen, sondern um der Menschheit die größtmögliche Hilfe zu sein. Ich sehe wundersame Dinge in eurem Leben geschehen, wenn ihr im Geiste wachst. Euer Denken wird sich an die göttlichen Eingebungen gewöhnen, wenn Er euch lehrt und entlang den stillen Wassern führt. Wißt ihr, was das heißt, die „stillen Wasser“? Es heißt, daß euer Leben leichter wird und ihr die „Dinge“, die ihr braucht, einfach habt, statt um euer irdisches Leben kämpfen zu müssen. In dem Maße, wie ihr im Geiste wachst und eure Verbundenheit mit Gott beständiger wird, werdet ihr immer mehr sehen, wie Er für eure täglichen Bedürfnisse sorgt. Euer Leben wird leichter, weil ihr die richtigen Einsichten habt und zur rechten Zeit am rechten Platz seid. Vieles in dieser Welt hängt mit dem richtigen Zeitpunkt zusammen. Ihr habt schon oft sagen hören: „Der war zur rechten Zeit am rechten Ort.“ Das ist kein Zufall, sondern Gott läßt die Dinge nach einem vollkommenen Zeitplan geschehen. Ihr werdet merken, daß euer Geld länger reicht und euer Leben erleichtert. Ihr werdet die Menschen um euch herum nett und hilfsbereit finden. Ihr werdet eure Ehepartner angenehm finden, oder vielleicht werdet auch ihr selbst angenehm sein. In jedem Fall wird euer Leben glücklicher, ruhiger und rundherum befriedigender verlaufen. Darauf könnt ihr euch alle freuen, wenn ihr in der Gegenwart Gottes lebt und Gott in eurem Innern sucht.

Eure Gebete werden auf verblüffende Weise erhört werden. Das Gute für euch wird beinahe unmerklich geschehen, auf ganz unerwartetem Wege. Dies sind keine leeren Versprechungen, dies ist die Wahrheit. So ist es, in Gottes Gegenwart zu leben. Dahin führt euer Weg. Ihr arbeitet jetzt mit dem Geiste, und dies sind die Ergebnisse davon. Bleibt diesem Wege des Wachstums treu; beginnt dieses neue Jahr in Treue und Beharrlichkeit bei eurem Streben nach Gott. Nehmt es ganz in euer Sein herein, all die Wahrheiten Gottes in eurem Geiste zu erwecken. So wachst ihr und schreitet wirklich voran.

Joseph und ich legen euch dringend nahe, weiter mit Gott zu arbeiten. Er ist die Antwort auf all eure Hoffnungen und Träume. Er kann all das Gute in euer Leben bringen, was ihr euch jemals erträumt habt. Ihr werdet nicht fehlgehen in dieser Suche; ihr werdet Gott finden, weil ihr Ihn schon gefunden habt. Verlaßt euch auf euer eigenes Herz und Denken, um die Wahrheit wissen und erkennen zu können. Jeder von euch ist fähig, auf Erden Wunder zu vollbringen. Ihr könnt diese Gaben erwecken, die in euch schlummern – zu wissen, Gottes Stimme zu hören, zu nähren, eure Vorratshäuser zu füllen und Reichtum zu haben. So wie Gott anderen gegeben hat, kann und wird Er gewiß auch euch geben, es liegt nur an euch. Euer Glaube und euer Vertrauen sind es, die euch die mannigfaltigsten Segnungen bringen. Denkt an diese Worte, wenn ihr für das neue Jahr plant. Denkt an die früheren Lektionen, wenn ihr euch eure geistigen Ziele setzt. Alle Dinge geschehen zuerst im Geiste und dann auf der Erde. Das Vaterunser spricht davon: „Im Himmel wie auf Erden", heißt es da. Im Himmel ist alles möglich, alle Gesundheit, aller Reichtum, alles Glück, alle Heiterkeit, alle Gelassenheit, alles von all dem Guten, das ihr euch nur vorstellen könnt.

Jesus möchte euch an das Wichtigste erinnern: **Gott ist Liebe, und als Liebe seid ihr ganz und gar von dieser Liebe umgeben und lebt in ihr.** Fühlt jeden Tag die Liebe, die Hoffnung, den Frieden und die Gelassenheit, die euch umhüllen. Seid jeden Tag dankbar für diese Liebe, die Gott ist. Wandelt in Gottes Liebe. Nehmt diesen Gedanken jeden Tag und bei allen Gelegenheiten mit euch.

Maria, die Mutter Jesu

Jesu Mission, Gottes Liebe zu offenbaren

Die Bruderschaft, 22. Dezember 1988

Wir möchten euch eine besondere Weihnachtsbotschaft senden, eine Botschaft der Freude an alle, die sich versammeln, um Jesu Geburtstag zu feiern. Wir sind glücklich, eine Gruppe gleichgesinnter Seelen zu haben, die mit uns zusammenkommen, um Jesu Geburtstag zu feiern. Dies ist eine besondere Zeit der Liebe, des guten Willens und der Gedanken des Friedens für alle Nationen. Wir senden diese Gedanken ständig an die Welt. Das tun wir seit Jahrhunderten, aber jedes Jahr neu inspiriert uns in dieser Zeit der gute Wille in den Herzen der Menschen. Unsere Botschaft an euch ist eine Botschaft der Liebe, eine Botschaft des Friedens.

Ihr habt daran gearbeitet, Frieden in euer Leben zu bringen. Wir bitten euch dringend, diesen Frieden in euer Heim, an euren Arbeitsplatz und besonders in die Beziehungen zu eurer Familie und euren Freunden zu bringen. Wir bitten euch dringend, während der dreißig Tage immer weiter über Frieden und Gelassenheit zu meditieren. Wenn ihr euch öffnet und das Gottesbewußtsein in euch einströmen laßt, werden euch diese Gedanken leicht und ganz natürlich erscheinen. Bringt euer Denken immer wieder mit Gedanken des Friedens zur Ruhe. Sendet Frieden in eure Welt und zu jeder Nation. Meditiert über Frieden, heitere Gelassenheit und Liebe. Dies ist die Weihnachtsbotschaft.

Weihnachten (engl. *Christmas,* Anm. d. Üb.) bedeutet auch Christus für die Massen, Christus zuerst in eurem Herzen und in eurem Gemüt. Der Christusgeist ist ein Geist Göttlicher Liebe und Göttlichen Friedens. Indem ihr mit diesen Gedanken euer Inneres öffnet und euer Herz weitet, gebt ihr Christus den Massen und lebt so die Weihnachtsbotschaft!

Einst kam in einem Stall vor langer Zeit in diese Welt ein
wunderbarer, funkelnd neuer Geist.
Sein strahlendes Gesicht mit Augen voller Licht lachte allen zu,
die zu Ihm kamen.
Durch dieses Kindes Augen strömten die Liebe und der Frieden
Seines Wesens in die Welt.
Durch Seine Geburt und alles um Ihn her wurde eine
Geschichte erzählt.
Schaut in das Leben dieses Großen, schaut alles an, vom Anfang
bis zum Ende, und jede Seite findet ihr voll Liebe und
voll Frieden.

Er brachte diese großen Gaben nicht nur mit, sondern Er lebte sie,
schenkte sie uns, dir und mir.
In dieser sternenklaren Nacht, in der wir uns erinnern, wie
Er kam,
laßt uns geloben, Liebe und Frieden zu leben jeden Tag,
genau wie Er.

In diesem Gedicht, das wir euch schenken, findet ihr die wahre Weihnachtsbotschaft. Lebt jeden Tag wie Jesus – doch habt ihr alle noch den Vorteil, dabei seine Hilfe zu haben, unsere Hilfe und Gottes Hilfe. Mit all dieser Kraft hinter euch könnt ihr nicht fehlgehen. Schaut die Liebe an und denkt daran, daß Vergebung ein Teil der Liebe ist. Vergewissert euch, daß eure Familie und eure Freunde von eurer Liebe wissen. Es schadet nie, euren Freunden zu sagen, daß ihr sie liebt oder schätzt. Wenn diese Worte öfter ausgesprochen würden, fände in allen Seelen große Heilung statt.

Verpflichtet euch, während dieser Woche nach Jesu Geburt jedem eurer Familienmitglieder mindestens einmal am Tag eure Liebe zu zeigen. Ein kleiner Klaps auf den Rücken und die Worte „Ich liebe dich" sind schon genug. Es kann auch ein Kuß auf die Wange sein oder eine Umarmung. Liebt euch selbst; schaut jeden Morgen in den Spiegel und dankt euch. Schätzt und achtet euren Körper, euer Leben und eure Seele. Liebt und schätzt euch selbst, dann ist es leicht, andere zu schätzen und zu lieben.

Die Gaben, die ihr in dieser Zeit verschenkt, sind Zeichen eurer Liebe füreinander. Wenn ihr eure Geschenke benutzt und damit umgeht, dann denkt daran, daß sie ein Zeichen und Symbol der Liebe sind, die der Mensch, der sie euch gab, für euch empfindet. Sendet, wenn ihr eure Geschenke anschaut oder daran denkt, ein Dankeschön oder einen Gedanken der Liebe an den Geber. Telepathie funktioniert, selbst wenn ihr nicht daran glaubt. Die Menschen sind miteinander verbunden, und durch eure Gefühle wird die Verbindung gestärkt. Liebe ist das stärkste Gefühl, das es gibt. Wahre Liebe, die bedingungslos ist, die nicht fesselt, die frei ist von jeder Böswilligkeit, ist das stärkste aller Gefühle.

Jesus kam mit vielen Missionen in die Welt. Die wichtigste war, zu offenbaren, daß Gott ein Gott der Liebe ist, daß er jeden Menschen nur liebt und ihm nichts Schlechtes schickt. Tatsächlich kann Gott alle negativen Situationen, die Ihm im Gebet übergeben werden, nehmen und etwas Positives daraus machen. **Wenn ihr in diesem vergangenen Jahr nur das eine gelernt habt, daß Gott reine Liebe ist, dann habt ihr eine sehr wichtige Lektion gelernt.** Dann seid ihr geistig wirklich weitergekommen. Dies ist die erste Lektion, die Jesus uns brachte. Er wollte, daß wir uns wohlfühlen, wenn wir Gott in unser Leben einlassen. Wenn ihr Jesu Hilfe braucht, dann ist Er gern bereit zu helfen, euch mit dem Gottesbewußtsein zu verbinden und eure Angst vor Gott abzulegen.

Jesus ist glücklich darüber, daß ihr seinen Geburtstag feiert. Er freut sich über die Zeit und Mühe, die ihr aufwendet, um Gott und seine Wahrheit zu verstehen. Er ist hier und sendet euch allen Seine Liebe. Er ist mit einem jeden von euch, wenn ihr das, was ihr lernt, in die Tat umsetzt; denn nur dadurch, daß ihr das Gelernte übt, wachst ihr im Geiste. Arbeitet diese Lektionen immer wieder durch, wenn ihr könnt. Ihr werdet feststellen, daß viele, mit denen ihr zuerst nichts anfangen konntet, jetzt einen Sinn für euch ergeben. Ihr versteht vieles von den geistigen Dingen.

Unsere besten Wünsche begleiten euch und ebenso unsere Gebete. Wir sind immer mit jedem von euch und warten nur darauf, daß ihr uns um Hilfe anruft. Es ist an euch, uns zu rufen oder nicht. Wir warten auf euren Ruf, wie Gott es tut.

Die Bruderschaft

Teil zwei

Veränderung und Verbesserung

1989

Kapitel 7

Ein neues Jahr beginnen

Die Vergangenheit loslassen

Die Bruderschaft, 1. Januar 1989

Wir haben eine wichtige Botschaft für euch, die euch helfen soll, diese neue Phase eures Lebens zu beginnen. Es handelt sich um eine Zeremonie, mit der ihr das alte Jahr beenden und in das neue eintreten könnt.

Wenn ihr euch zu Hause versammelt, dann nehmt zuerst einen Kalender des letzten Jahres zur Hand oder ein Stück Papier, auf das ihr die Zahl des alten Jahres schreibt, also „1988". Gebt ein paar Rosenblätter auf dieses Papier oder irgendeine Duftessenz. Der alte Kalender wird stellvertretend für die alte, tote Vergangenheit verbrannt. Der Rosenduft repräsentiert die Erinnerungen an alles Schöne, was während dieses Jahres geschehen ist. Mit dem alten Kalender verbrennt ihr nur die Endgültigkeit des Vergangenen.

Das alte Jahr ist vorüber, und alles, was ihr erreicht oder nicht erreicht habt, ist abgeschlossen. Auch durch Bedauern könnt ihr die Vergangenheit nicht ändern. Was geschehen ist, ist vorbei, und es kehrt nicht zurück. Alle Gelegenheiten dieses Jahres sind unwiederbringlich dahin. Das, was ihr an Gutem vollbracht habt, bleibt bei euch. Was ihr verloren habt oder nicht schaffen konntet, ist jetzt verbrannt und entlassen. Geht niemals mit dem Gedanken „Hätte ich doch dies getan oder jenes gesagt!" zu irgendeinem Ereignis zurück. Wenn ihr so auf die Vergangenheit starrt, hindert ihr euch am Vorwärtsschreiten.

Könnt ihr gleichzeitig rückwärts und vorwärts gehen? Natürlich nicht! Was für ein lächerlicher Gedanke, sagt ihr – nein. Aber genau das ist es, was manche Leute innerlich zu tun versuchen. Sie spielen im Geiste immer wieder vergangene Ereignisse und Gespräche durch. Sie denken darüber nach, was sie hätten tun oder sagen können, um die anderen ihre Überlegenheit spüren zu lassen. Die Worte „Hätte ich nur..." sind überflüssig und können überhaupt nichts ändern. Wieviel Zeit verbringt ihr mit solch nutzlosen Überlegungen?

Die erste Woche des neuen Jahres ist die Zeit, wo ihr Rückblick auf das halten könnt, was ihr im vergangenen Jahr gelernt habt. Es ist die einzige Zeit, wo ihr auf das Vergangene zurückblicken sollt. Nehmt euch diese Zeit für eine Rückschau und um zu überlegen, was in diesem Jahre gut war. Seid Gott dankbar dafür, daß wieder ein Jahr abgeschlossen ist, und vergeßt nicht, für jeden eurer Fortschritte zu danken. Jeder Mensch wächst im Geiste und in der Wahrheit. Bereitet euch auf alle kommenden Ereignisse vor. Wir anerkennen die Mühe und Arbeit, die dafür erforderlich sind. Wir arbeiten gern mit euch und freuen uns auf ein neues Jahr des Wachsens und der Nähe zu euch.

Wenn ihr auf das Jahr zurückblickt, dann behaltet all die schönen Erinnerungen an gute Zeiten und Gespräche in eurem Herzen. Sie sind euer Schatz, der durch den süßen Duft symbolisiert wird. Dann entlaßt die tote Vergangenheit. Laßt sie sich verändern, so wie das Feuer das Papier verwandelt. Laßt die ganze Vergangenheit sich in reine Energie auflösen. Schleppt nicht den Mühlstein eures Bedauerns mit euch herum. Was geschehen ist, ist geschehen. Ihr könnt das Ergebnis nur durch eure Gebete verändern.

Wenn wir euch raten zu beten, dann denken manche von euch, das sei einfach (in euren eigenen Worten) nur eine Selbstbeschwichtigung. Das ist es nicht! **Beten ist etwas sehr Mächtiges.** Ihr ruft viele uralte Kräfte des Guten wach, wenn ihr betet. Beten ist insofern automatisch, als es immer etwas Gutes bewirkt. Vielleicht seht ihr das nicht gleich, aber habt Vertrauen, daß Gutes daraus entstehen wird. Beten wird zu keiner anderen Antwort führen, das kann es nicht. Das Gebet wird euch im neuen Jahres wachsen helfen, es wird euch vor groben Fehleinschätzungen bewahren.

Gute Urteilsfähigkeit ist eine der Stärken, die euch durch das Gebet zukommt. Urteilsfähigkeit ist gut, wenn ihr sie so benutzt wie Gott – um zu unterscheiden und zu entscheiden. Betet um die reine Urteilskraft der Wahrheit und all ihren Segen in eurem Leben.

Übergebt eure Gebete der höchsten Macht, der Energie Gottes. Laßt sie wirken und euch das Gute bringen, das ihr erwartet. Wenn ihr eure Gebete in euer Denken zurücknehmt und immer wieder darüber nachgrübelt, stört ihr Gottes Kraft, die Kraft, die eure Bitte erfüllen könnte. Beschließt, in diesem Jahr mit mehr Gefühl zu beten und eure Gebete der all-gütigen Gottesenergie zu übergeben.

Besinnt euch auf eure Ziele und betet jeden Tag dafür. Übergebt sie Gott, so daß sie Teil eures inneren Lebens werden, was dann wiederum Teil eures äußeren Lebens wird. **Nur das, was Teil eures Inneren ist, wird in der äußeren Erdenwelt offenbar.** Das ist eine äußerst wichtige Feststellung! Denkt über diese Worte nach. Nur das, was ihr in euer inneres Leben hereinnehmt, wird ein Teil eures äußeren irdischen Lebens werden. Diese Worte sind ein Schlüssel!

Bringt Liebe in euer Inneres, und ihr werdet liebevoll und geliebt sein.
Bringt Frieden in euer Inneres und lebt in heiterer Gelassenheit.
Bringt Hoffnung in euer Inneres und lebt in Herrlichkeit.
Bringt Freude in euer Herz und findet Glück.
Bringt Wissen in euer Leben und lebt klug.
Bringt den Geist in euer Herz und Denken und lebt das Leben in seiner ganzen Fülle.

Wie sind, wie auch Gott, Jesus und Mutter Maria, in eurem täglichen Leben ständig mit euch. Wir halten Wort, jederzeit und an jedem Ort für euch da zu sein, euch in eurem geistigen Wachstum beizustehen und euch zu beraten. Wir bitten jeden, der diese Verbindung haben möchte, zu uns zu kommen. Viele werden ihre persönlichen Botschaften empfangen und sie aufschreiben können. Das wird die wöchentlichen Sitzungen nicht stören, sondern eine

Bereicherung für sie sein. Wir antworten auf eure Fragen, wenn ihr etwas nicht versteht, in einer Sprache, die ihr begreift. Kommt, hört und schreibt auf, was ihr von uns aufnehmt. Wir können in eurem Geiste mit euch sprechen, aber die Menschen scheinen das geschriebene Wort mehr zu beachten. Unser Ziel ist, daß jeder von euch im geschriebenen Wort mit uns kommuniziert. Wir wünschen euch ein wunderbares neues Jahr und ein wunderbares neues Leben.

Die Bruderschaft

Hoffnung und Neubeginn

Maria, 1. Januar 1989

Der Anfang eines neuen Jahres. Anfänge sind immer eindrucksvoll – das neue Jahr, ein neues Schuljahr oder sogar ein neues Zeitalter. Ein neuer Anfang! Wie erregend ein Neubeginn sein kann! Wie wunderbar, die Hoffnung auf einen Neubeginn zu haben. In Wirklichkeit habt ihr jeden Tag, wenn ihr aufsteht, einen neuen Anfang, aber das geschieht so oft, daß es an Bedeutung verliert. Das neue Jahr scheint etwas anderes zu sein. Auf der Erde herrscht Freude und Erregung, wenn sich das alte Jahr zum Ende neigt. Oh, wenn ihr das Ende dieser Epoche genauso betrachten könntet, erregt und voll Freude.

Die Bruderschaft hat euch gesagt, wie ihr das Alte loslassen und die Vergangenheit ablegen könnt. Ich will euch die Hoffnung auf die Zukunft geben.

Der Anfang! Wie wunderbar und bewegend er sein kann! Schaut auf dieses neue Jahr mit aller Hoffnung, die Gott ist, und mit aller freudigen Erregung, die daher kommt, daß ihr Gottes Energie in eurem Leben einsetzt. Spürt das Kribbeln des Neuanfangs, den Energiestoß ins Neue hinein.

Verpflichtet euch, diese freudige Erregung in eurem Leben wachzuhalten. Verpflichtet euch, die Suche nach dem Geist und nach der

Wahrheit in eurem Leben nicht aufzugeben. So werdet ihr ein ereignisreiches Jahr erleben und im Geiste und in der Wahrheit wachsen.

Setzt eure Ziele für dieses neue Jahr fest und bittet darum, daß ihr sie erreicht. Wenn ihr euch eure Ziele setzt, tut ihr damit dreierlei. Zuerst trefft ihr eine Entscheidung. Dann verpflichtet ihr euch, eure Konzentration auf etwas Bestimmtes gerichtet zu halten. Drittens laßt ihr durch euer Gebet die Gedanken an das Erreichen dieser Ziele los. Dies ist eine weitere Dreieinigkeit: eins, zwei, drei – und es geschieht.

Das Festsetzen der Ziele ist der erste Schritt. Wenn ihr es noch nicht getan habt, dann tut es schnell. Es ist Zeit- und Energieverschwendung, auch nur einen Tag lang ohne Ziel zu leben. Es ist eine Form des Mißbrauchs, ein Mißbrauch von Zeit und Energie. Geht alle Bereiche eures Lebens durch: den geistigen, den körperlichen, den emotionalen, den mentalen Bereich, den Bereich der Familie, der Berufslaufbahn und der Freizeit. Vielleicht können manche eurer Ziele nicht in diesem Jahr verwirklicht werden. Es bedarf vielleicht einiger Schritte, die ihr dieses Jahr unternehmen könnt, um eurem Ziele näher zu kommen. Zum Beispiel könnte für einen Studenten eines der Ziele der Abschluß der Berufsausbildung sein. Das geschieht nicht in einem Jahr, aber der Student kommt voran, indem er arbeitet und sich darauf vorbereitet. Setzt euch auch in anderen Bereichen Ziele, ganz gleich, wie lange es dauert, sie zu erreichen. Vielleicht wollt ihr bessere Eltern werden, – eine Aufgabe, die ein ganzes Leben füllen kann. Sie erfordert Wandlungsfähigkeit und Ehrlichkeit und viel Liebe und Mitgefühl. Auch das ist nicht in einem Jahr zu erreichen, aber wenn ihr darüber Buch führt, werdet ihr sehen, wie schnell sich die Beziehungen zu euren Kindern bessern.

Nun, der zweite Schritt ist, euch auf euer Ziel zu konzentrieren. Wenn ihr euch auf ein erwünschtes Ergebnis konzentrieren könnt, werdet ihr sehr bald feststellen, daß es sich erfüllt und eure Erwartung bestätigt. Auf jede Aufgabe muß man sich konzentrieren, aber noch viel mehr darauf, das Interesse an eurem Leben aufrechtzuerhalten.

Wenn ihr zum Beispiel durch ein Fernglas schaut, das nicht scharf eingestellt ist, was ist dann? Verschwommene Bilder, Unklares, nicht wahr? Wenn ihr das Fernglas einstellt, seht ihr klar und findet die Sicht, auf die es euch ankommt. Ein Leben ohne Ziel gleicht einer unklaren Sicht. Wenn ihr euch nicht auf ein Ziel konzentrieren könnt, gibt es keine Hoffnung, es zu erreichen; dann ist zwar alles möglich, aber nichts wird erreicht. Indem ihr euch dieses Jahr auf eure Ziele konzentriert, werdet ihr sie besser verwirklichen können oder einen Weg finden, ihnen näherzukommen.

Der dritte Schritt ist das Gebet. Ohne Gebet wird es euch schwerfallen, eure Ziele zu erreichen. Wenn ihr betet, kommen euch Ideen, die euch die Aufgabe erleichtern. Das Wissen tritt in den Vordergrund eures Denkens, und ihr wißt einfach, wie man es macht oder was getan werden muß. Durch das Gebet bekommt ihr Antworten, die ihr manchmal nicht gleich erkennt. Durch Beten kommt ihr vielleicht zur rechten Zeit an den rechten Ort. Die Suche nach irgendeiner Einzelheit, die ihr zum Vorwärtskommen braucht, wird euch abgekürzt. Das Gebet entlastet euch von allem Unwichtigen. Durch das Gebet bekommt ihr das Wissen, wie ihr eure Vorhaben verwirklichen könnt, und auch die Kraft, den Weg zu finden. Wenn ihr eure Vorhaben im Gebet der Gottesenergie übergebt, dann benutzt ihr die stärkste Kraft im Universum, und ihr spürt mit Befriedigung, daß ihr euch im Einklang mit eurem geistigen Selbst befindet.

Ich kann die Wichtigkeit dieser drei Schritte nicht genug betonen. Alle drei der oben genannten Schritte sind nötig, um erfolgreich zu sein. Außerdem müßt ihr entschlossen sein, etwas zu erreichen, und voller Hoffnung, wenn ihr betet.

Ich sehe in eurer Zukunft nur Gutes, wenn ihr weiter mit dem Bewußtsein, der Energie und der Kraft Gottes arbeitet. Jeder von euch wird das Vibrieren der göttlichen Liebe in jedem Molekül seines physischen Körpers spüren. Werdet euch des großen Potentials bewußt, das in euch liegt. Konzentriert euch auf die höchste Liebe, die möglich ist, die bedingungslose Liebe. Schenkt euch selbst diese

Liebe, eurer Familie, eurem Zuhause, euren Zielen und eurem Leben. Verzeiht euch alles, und verzeiht auch euren Lieben alles. Vergebt der Welt all ihre Übel.

Nun, da ihr voll freudiger Erregung diesem neuen Jahr entgegenseht, blickt auch voller Hoffnung auf die neue Ära und seht das Gute auch in allem, was in eure Welt eindringt. Die Stürme sind eine Warnung, und durch die Erdbeben bringt sich der Planet in Ordnung, um dann an seinen neuen Platz im Universum zu rücken. Wir finden Hoffnung und Gutes in allem, was geschieht, selbst im körperlichen Tod.

Vieles wird euch während eurer Suche offenbar werden. Ihr werdet die Antworten auf viele Fragen erhalten. Ihr werdet in der Einheit einer Gruppe die Kraft finden, auszuhalten und alle anderen zu überdauern. In dem Maße, wie die Gruppe im Geiste und in der Wahrheit wächst, werdet ihr in eurem irdischen und spirituellen Leben vorankommen. Dies sind sicherlich gute Nachrichten, ist eine frohe Botschaft. Fahrt fort, nach der Einheit mit Gott zu streben. Arbeitet weiter mit der Bruderschaft Gottes, die euch neue Lebensweisen offenbart. Joseph, Jesus und ich beten für jeden von euch auf eurem Wege durch dies Erdenleben. Wir freuen uns, bei eurer Suche nach der Wahrheit aller Zeiten mitwirken zu dürfen. Wir gießen unsere Liebe über jedem Menschen aus. Spürt Gottes wundersame Liebe, die wir für euch aussenden.

Maria, die Mutter Jesu

Benutzt die Kraft des Universums für eure Ziele

Die Bruderschaft, 8. Januar 1989

Ihr habt ein paar Tage Zeit gehabt, um euch über eure Ziele klarzuwerden. Denkt sie gut durch, bis ihr ganz sicher seid, daß ihr genau das in diesem Jahr erreichen möchtet. Es ist euer Leitgedanke für das neue Jahr; ihr und die Gottesenergie werden mit vereinten Kräften daran mitwirken. Ohne einen Plan für dieses Jahr werdet ihr nur wie ein Blatt im Winde hier- und dorthin geweht. Eine Zielsetzung wie die eure gibt eurem Verstand, eurem Herzen und eurer Seele etwas, wonach sie sich ausrichten können. Was denkt ihr, würde geschehen, wenn ihr einfach willkürlich mit Pfeil und Bogen in die Gegend schießen würdet? Glaubt ihr, ihr würdet damit irgendwelche Treffer erzielen? Natürlich nicht; ihr braucht eine Zielscheibe, etwas, worauf ihr eure Pfeile richten könnt. Eure Ziele geben eurem Bewußtsein etwas, worauf es sich ausrichten kann. Vielleicht habt ihr bis zum Ende des Jahres überall eine gute Punktzahl erreicht – im spirituellen, mentalen, emotionalen, körperlichen, beruflichen, familiären und im Freizeitbereich. Vielleicht visiert ihr alle diese Ziele an und seht dann, daß ihr manchmal wunderbar getroffen habt und in anderen Bereichen weniger gut. Am Ende des Jahres werdet ihr es beurteilen können. In dem Prozeß, eure Ziele festzusetzen, sie in Worte zu kleiden und dann um die Kraft und Fähigkeit zu beten, sie zu verwirklichen – in diesem Prozeß lernt ihr etwas, was ihr nicht auf leichtere Weise mit ebenso großem Nutzen lernen könntet. Es ist sehr wichtig für euer spirituelles Wachstum und für das Erreichen eurer Lebensziele. Euer spirituelles Leben und euer physisches Leben geschehen simultan.

Viele Menschen schieben diese Art von mentaler Arbeit vor sich her, weil kein Vorgesetzter in der Schule oder am Arbeitsplatz sie ihnen abverlangt. Es geschieht jedoch zu eurem Nutzen. In diesem Jahre werdet ihr aufgefordert, bestimmte Aufgaben zu erfüllen, damit ihr auf jede mögliche Weise wachsen könnt. Wir helfen euch, aber ihr müßt verstehen, daß wir auch wirklich nur zum Helfen hier sind. Wir können nicht euer Leben für euch leben. Wenn wir das täten, würdet ihr zu Marionetten und wärt nicht glücklich. Ihr lernt so, euch selbst zu vertrauen, euch selbst zu motivieren und euch auf euch selbst zu verlassen und, vor allem, eins zu sein mit Gott; denn indem diese Eigenschaften tief aus eurem Innern hervorgeholt werden, verbindet ihr euch mit Gott, der in allem ist, mit dem großen Motivierer. Das ist die Weise, wie eure Gebete beantwortet werden.

Wir lehren euch, die Kräfte des Universums zu benutzen, damit ihr alles bekommt, was ihr zu einem glücklichen Leben braucht. Dies ist ein erster Schritt. Ohne diesen wichtigen ersten Schritt könnt ihr nicht weitergehen. Plant euer Jahr, indem ihr eure Ziele festlegt.

Wenn das geschehen ist, dann seid fest entschlossen, sie auch zu erreichen; betet um die Kraft dazu. Wir werden euch lehren, wie ihr das tun könnt.

Setzt eure Ziele fest und betet zu dem Einen Gott des Universums. Bittet darum, diese Ziele mit Seiner Hilfe erreichen zu dürfen; dann bittet nie wieder darum. Mit der ersten Bitte seid ihr ins Gottesbewußtsein eingegangen. Danach könnt ihr sie als Tatsache betrachten und Affirmationen benutzen, um euer Inneres im Vertrauen zu stärken. Gott weiß, was in eurem Herzen und Gemüt vor sich geht. Er erhört die Gebete aus eurem Inneren, deshalb haltet euch eure Ziele täglich vor Augen. Laßt das Gottesbewußtsein die richtigen Situationen, die euch helfen, sie zu erreichen, in euer Leben bringen. Bekräftigt täglich folgendes: **„Ich habe mir in meinem Verstand, meinem Herzen und meiner Seele für dies Jahr einige Ziele gesteckt. Das Gottesbewußtsein verbindet sich mit meinem Bewußtsein, um mir bei der Verwirklichung dieser Ziele zu helfen.“** Ihr könnt auch ein einzelnes Ziel nehmen, sagen wir das Ziel, Gewicht zu verlieren. Sagt euch jeden Tag beim Aufwachen etwa folgende Worte:

„Heute hilft mir Gott mit meinem Plan, vernünftig zu essen. Ich bin zufrieden mit dem Speiseplan, den ich für heute vorgesehen habe. Ich arbeite mit meinem Körper, nähre ihn und sorge für ihn. Mein Körper ist ein Geschenk Gottes an mich. Ich liebe dieses Geschenk und zeige meine Dankbarkeit, indem ich mit aller Kraft, von ganzem Herzen und aus ganzer Seele für ihn sorge.“

Seht ihr, so bittet ihr Gott nicht um etwas, was schon euer ist. Gottes Wunsch ist, Teil eures Lebens zu sein. Er möchte Teil eures gesamten Lebens sein, nicht nur, wenn ihr in Not seid und dringend Hilfe braucht. **Gott liebt es, euch zu führen, zu helfen und**

euer Partner zu sein. Das ist Sein wahrer Wunsch, euch zu helfen, alle eure gottähnlichen Möglichkeiten auszuschöpfen. Das Folgende ist eine leichte Formel für jede Art von Affirmation:

Zuerst müßt ihr euch darüber klarwerden, was ihr erreichen möchtet, und euch in eurem Verstand, eurem Herzen und eurer Seele darauf festlegen. Das ist aus einem bestimmten Grunde wichtig. Denkt an Jesu Worte: „Wo zwei oder drei in meinem Namen versammelt sind..." Das sind nicht immer nur Menschen; auch Ideen, Gedanken und Ziele müssen in eurem Herzen, eurem Verstand und eurer Seele übereinstimmend festgelegt werden. Dann wird durch eure Seele die Verbindung zur universalen Energie, die im Grunde Gott ist, hergestellt. Da die meisten in dieser Gruppe um mehr Geld gebeten haben, möchten wir euch hier eine gute Affirmation, wenn auch nicht die einzig mögliche, für mehr Geld in eurem Leben geben:

„Ich trachte zuerst nach dem Reiche Gottes und bin mir sicher, daß alles, was ich brauche, längst schon für mich da ist. Gottes Versprechen ist, mir mit dem Geld zu helfen. Ich empfange Geld, ich verwende das Geld, das ich habe, weise, und ich verdiene mehr Geld. Dessen bin ich in meinem Herzen, meinem Verstand und meiner Seele gewiß. Danke, Vater, für Deine wunderbaren Gaben."

Wenn ihr Gott in eure Geldangelegenheiten hineinzieht, werdet ihr weiser mit eurem Geld umgehen. Vielleicht verändert sich eure Einstellung zur Arbeit und gibt euren Vorgesetzten den Anstoß, euch das Gehalt zu erhöhen. Wenn sich eure Einstellung, eure Arbeitsgewohnheiten und eure allgemeine Haltung zum Leben insgesamt verbessern, bekommt euer Arbeitsleben eine neue Bedeutung. Ihr findet neues Interesse und neue Freude daran. Wenn ihr eine neue Arbeit sucht, so wird sie ganz natürlich und einfach zu euch kommen.

Wenn ihr also mit Herz, Verstand und Seele übereinstimmend ein Ziel festgelegt habt, dann formuliert es mit euren eigenen Worten. Macht euch keine Sorgen um die richtigen Worte. Wenn es noch bessere gibt, werden sie euch einfach einfallen, und ihr werdet gewiß sein, daß das, was ihr anstrebt, im Geiste schon erreicht ist, denn **in Gott, wenn ihr gläubig bittet, empfangt ihr.**

Drittens, seid immer dankbar für das, was ihr empfangt. Seht, wie wir das „was ihr empfangt“ deutlich betonen. Wenn ihr in Herz, Verstand und Seele darin übereinkommt, daß ihr diese Ziele oder „etwas Besseres“ erreicht, dann glaubt ihr. In diesen kommenden Wochen sollt ihr Jesu Worte studieren. Lest, was Jesus über das Gebet gesagt hat. Manche Seiner Worte sind leicht in der Bibel zu finden. Wir werden euch ebenfalls helfen. Ruft uns an, jeden Tag.

Die Bruderschaft

Wie ihr eure Ziele verwirklicht

Die Bruderschaft, 14. Januar 1989

Wir haben weitere Anweisungen für euch bezüglich der Ziele, die ihr euch bereits gesetzt habt. Es ist wichtig, daß ihr weiter daran arbeitet, um sicherzugehen, daß sie fest in eurem Denken verankert sind; nicht nur lose angeheftet, sondern in eure Gehirnzellen eingeprägt, so daß sie abgerufen werden können. Nur das, was ganz real ist, kann abgerufen werden. Macht eure Ziele deshalb so real wie möglich. Das kann auf verschiedene Weise geschehen.

Als Menschen habt ihr fünf Sinne – Augen zum Sehen, Ohren zum Hören, eine Nase zum Riechen, einen Mund zum Schmecken, Finger zum Spüren. Um also etwas real zu machen, müßt ihr so viele Sinne benutzen, wie ihr könnt. Eure Ziele sind vielleicht nicht zu riechen, also lassen wir diesen Sinn weg. Es wird auch schwierig sein, sie zu schmecken, es sei denn, eines eurer Ziele ist, besser zu kochen. Es gibt auch Ziele, die keinerlei Geräusch verursachen. Aber eure Augen und euren Gefühlssinn könnt ihr auf neue Weise nutzen.

Das klingt jetzt vielleicht sehr simpel, aber es wird euch helfen, alle eure Sinne einzusetzen. Klebt euch in einem Notizbuch oder auf einen großen Bogen farbigen Papiers ausgeschnittene Bilder auf, die für euch das darstellen, was ihr euch von jedem eurer Ziele versprecht. Da viele von euch sich mehr Geld wünschen, wollen wir erklären, wie ihr das bildlich darstellen könnt.

Wenn ein Mensch viel Geld hat, kann er sich ein größeres Haus oder ein luxuriöses Auto leisten. Findet das Bild einer Person eures Geschlechts und Alters, die euch selbst darstellen soll, und zwar mit Geldscheinen in der Hand. Wenn das schwierig ist, dann nehmt ein Bild von euch selbst und umgebt es mit Spielgeld. Diese Übung wirkt auf zweifache Weise: Sie hilft euch, so viele Sinne wie möglich zu benutzen, um euer Ziel in eurem Innern bildhaft zu machen, und prägt es so noch tiefer in euer Bewußtsein ein. Das hilft euch auch, an das Endergebnis zu denken, das ihr erreichen wollt. Manche von euch möchten schuldenfrei sein, weil das finanzielle Sicherheit bedeutet. Denkt an das, was ihr euch wünscht, das, worauf ihr freudig gespannt seid.

Wenn ihr an die Schulden denkt, programmiert ihr eure Gedanken tief in euch ein und vermehrt vielleicht noch eure Schulden. Manchmal ist es besser, eure Ziele neu zu formulieren, also zum Beispiel zu sagen: „Ich bin frei von allen Belastungen." Löscht Unerwünschtes aus eurem Bewußtsein, indem ihr es durch das ersetzt, was ihr erreichen möchtet.

Manche von euch wünschen sich eine bessere Arbeit. Stellt auf eurem Papier eine Person eures Geschlechts in der Umgebung dar, in der ihr gern arbeiten möchtet. Das ist leicht. Möchtet ihr gern eine Uniform tragen? Oder wärt ihr gern in einer Geschäftsumgebung? Bildet einen Mann oder eine Frau in einer entsprechenden Umgebung ab. Schreibt euren Namen mit dem Titel, den ihr euch wünscht. Das sind nur ein paar Vorschläge, um euch zu zeigen, wie das Endresultat aussehen kann, – das Allerhöchste und -beste, das ihr euch vorstellen könnt.

Als Familienziel wünscht sich jeder eine glückliche Familie. Das ist ein leicht erreichbares Ziel, weil jeder es sich ersehnt und alle Familienmitglieder sich darin einig sind. Findet das Bild einer glücklichen Familie in einer glücklichen Umgebung. Wißt jedoch, **daß Vergebung nötig ist, um eine glückliche Familie zu werden.** Sehr oft sind alte Verletzungen da, die geheilt werden müssen. Laßt die Heilung zu, selbst wenn es zuerst wehtut. Schreibt den Namen eurer Familie unter das Bild.

Helft den Kindern, sich Ziele zu stecken. Indem ihr ihnen helft, ihre Ziele deutlich zu sehen, wird euch auch klar werden, wie ihr ihnen in diesem Jahr helfen könnt. Sie sollen sich Bilder der Dinge, die sie erreichen wollen, an ihre Pinnwand heften. Sie könnten zum Beispiel ein Schulhaus malen oder ein Bild von sich selbst mit dem guten Zeugnis, das sie erreichen möchten. Das ist ein klares Bild für schulischen Erfolg.

Wenn ihr farbiges Papier für den Hintergrund verwenden wollt, dann seid euch bewußt, daß jede Farbe eine Bedeutung hat. Rot steht für Liebe, Grün für Geld, Gelb für Verstehen oder Glück, Blau für den Frieden, Violett für Verwandlung und Erneuerung, Weiß für alle Möglichkeiten. Ihr könnt auch Luftballons auf euer Papier malen und zum Beispiel die Worte Liebe, Verstehen, Weisheit, Vertrauen, Selbstbestimmung oder irgendeine Qualität, die ihr euch in eurem Leben wünscht, in die Ballons hineinschreiben.

Wenn ihr eure Ziele auf einem großen Bogen Papier abgebildet habt, dann hängt diesen Bogen an einem Platz auf, wo ihr ihn täglich seht. Er soll dort nur für euch selbst und eure Familie zu sehen sein, nicht öffentlich ausgestellt werden. Ihr könntet ihn zum Beispiel im Schlafzimmer hinter einer Tür aufhängen, die täglich geschlossen wird, so daß ihr eure Ziele jeden Tag seht und daran erinnert werdet. Wenn ihr euch für ein Notizbuch entscheidet, dann macht es euch zu einem neuen Ritual, täglich vor dem Schlafengehen eure abgebildeten Ziele zu durchblättern. So prägen sie sich euren Gehirnzellen fest ein. Wenn sie Teil eures Denkens, eures Körpers und eurer Seele geworden sind, werdet ihr allmählich die Ergebnisse sehen können.

Denkt als Erwachsene bitte nicht, das sei zu kindisch, und lehnt es deshalb auch nicht ab. Je mehr Sinne ihr dafür verwendet, desto rascher wird es sich eurer Gehirnsubstanz einprägen. Diese Prozedur sollt ihr ein paar Monate lang durchführen. Es wird eine Zeit kommen, loszulassen und diese Bilder bis zum Ende des Jahres beiseite zu legen.

Als weitere Übung schreibt Gott einen Brief. Sagt Ihm **in allen Einzelheiten**, was ihr euch wünscht. Lest diesen Brief in einer Haltung des Betens und legt ihn dann weg, um ihn am Ende des Jahres wieder durchzulesen. Je mehr dieser Übungen ihr durchführt, desto tiefer werden sich eure Ziele in euer Denken, euer Herz und Gemüt einprägen.

Vergeßt nicht, euch die Bilder dessen vor Augen zu halten, was ihr am Ende erreichen wollt. Übergebt Gott das Endergebnis und kümmert euch nicht um die einzelnen Schritte, die ihr meint, dafür unternehmen zu müssen. Laßt Gott die Freiheit, die Schritte für euch zu erschaffen. Ihr wollt zum Beispiel schuldenfrei sein. Das klingt ehrenwert, ist aber schwer bildhaft darzustellen. Es ist besser, wenn ihr euch vorstellt, viel Geld zu haben, oder noch besser, was ihr mit all diesem Geld anfangen würdet.

Dies ist für jeden von euch ein wichtiger Schritt. Laßt euren Verstand neue Wege ersinnen, wie ihr alle eure Sinne einsetzen könnt, und seid offen für alles, was euch einfällt.

Wir möchten euch erneut bitten, diese Übungen auch durchzuführen, denn eure Ziele bekommen dadurch eine bessere Chance, in euer Leben einzutreten. Unsere Gebete begleiten euch an jedem Tage dieses Lebens.

Die Bruderschaft

Kapitel 8

Eure Wirklichkeit verändern

Im Januar 1989 fuhren Annie und ich teils geschäftlich, teils urlaubshalber nach Hawaii. Bei unserer Rückkehr empfingen wir folgende Botschaft:

Verbindet euer inneres Leben mit dem äußeren

Die Bruderschaft, 4. Februar 1989

Wir warten schon seit einiger Zeit darauf, euch diese Botschaft durchzugeben. Wir alle in der Bruderschaft freuen uns, daß du (Annie) und Byron die Gelegenheit hattet, das Mutterland (Hawaii) zu besuchen und die spirituellen Ionen zu empfangen, mit denen alle, die dort leben oder die das Land bereisen, in Berührung kommen. Wir bezeichnen diese unsichtbaren Partikel als Ionen, sie sind jedoch in Wirklichkeit kleiner als Ionen. Es ist dort eine spirituelle Substanz im Lande selbst, in den Ozeanen, den Flüssen, den Blättern, ja in der Luft dieser Inseln vorhanden. Es sind euch verblüffende Offenbarungen zuteil geworden, und ihr habt viele neue Informationen empfangen.[1] In zukünftigen Tagen werdet ihr neue Gedanken spiritueller Art aufnehmen. Heute möchten wir euch und eurer Familiengruppe ein paar der Gedanken erklären, die euer Bewußtsein empfangen hat.

Eine erste Erkenntnis war, daß **Mystizismus nur ein anderes Wort für Spiritualität ist.** Mystiker zu werden bedeutet, spirituell zu

[1] Wir empfingen einige Informationen auf nonverbale Weise. Diese Technik wird in späteren Lektionen erklärt.

werden. Alle Menschen haben die Anlage zum Mystiker in sich, denn jeder Mensch hat das Verlangen nach Spiritualität. Spirituell oder Mystiker zu sein heißt, jenseits der sichtbaren Welt in die Bereiche eures Lebens sehen zu können, die unsichtbar sind, eure Einheit mit dem Gottesbewußtsein, mit dem Wesen Gottes wahrzunehmen. Wenn euer inneres Leben im Gottesbewußtsein zentriert ist, könnt ihr viele Eigenschaften entwickeln, die anderen Menschen, die von der Annahme ausgehen, daß die äußere, physische Welt die einzige Realität ist, rätselhaft sind.

Denkt einen Augenblick darüber nach, und laßt euch etwas vor Augen führen. Ihr betet jetzt um diese Ziele, die ihr euch gesetzt habt. In eurem Denken, Herzen und Gedächtnis findet ein bestimmter Prozeß statt, der jetzt in der unsichtbaren Welt vor sich geht. Die Menschen um euch ahnen nichts von euren Zielen, und das sollten sie zu diesem Zeitpunkt auch nicht. Sie sehen, wie ihr euer Leben so normal wie immer lebt, denn die Veränderungen finden in eurem Innern statt. Vielleicht sehen sie mit der Zeit eine neue Einstellung von Hoffnung und gutem Willen, aber das beeindruckt sie noch nicht sonderlich. Indem ihr immer weiter in eurem inneren Leben mit dem Gottesbewußtsein und dem Wesen Gottes arbeitet, materialisieren sich diese Veränderungen allmählich auch im äußeren Bereich eures Lebens. Ihr scheint einfach immer zur rechten Zeit am rechten Ort zu sein. Vielleicht gibt es Beförderungen oder neue Verantwortlichkeiten in eurem Arbeitsleben. Es könnte auch zu Reibereien kommen, aber ihr bleibt zentriert und wirkt vom Standpunkt des Gottesbewußtseins und Seiner Wahrheit aus. Eure Gebete werden im kleinen beantwortet, aber auch im großen. Andere denken, ihr „habt Glück“ oder „euer Leben steht unter einem guten Stern“. Ihr seht, daß ganz einfach eure Gebete beantwortet werden und daß ihr eure Ziele mit Hilfe der mächtigsten Quelle des Universums erreicht.

Ihr werdet in eurem inneren und äußeren Leben spirituell oder mystisch. Ihr verbindet euch mit dem Gottesbewußtsein, und das macht euch stark. Das ist unsere Aufgabe: Euch zu helfen, euch mit dem Gottesbewußtsein zu verbinden und Seine Kraft in eurem Leben benutzen zu können. Wenn ihr in Sorge seid, mit dem Gottesbewußtsein nicht verbunden zu sein, dann ruft uns an und seid versichert, daß wir in der Lage sind, uns durch eure wirren Gedanken und alten Vorstellungen hindurchzuarbeiten. Unser ganzes Bestreben ist, euch dahin zu bringen, daß ihr euch ganz auf Gott verlaßt und die Freude und den Frieden erfahrt, die eurem Leben zu eigen sind.

Der nächste Gedanke, der (Annie) auf den Inseln kam, war, **daß ihr eure Wirklichkeit verändern könnt, wenn ihr euch mit dem Wesen und der Wahrheit Gottes verbindet.** Laßt diesen Gedanken tief in euch ein, denn er ist voll Wahrheit.

Um eure Realität zu verändern, braucht ihr euch nur mit Gott zu verbinden. Das ist unsere Absicht – euch zu helfen, genau das zu tun. Indem ihr eure Ziele festgesetzt habt, habt ihr euch verpflichtet, eure Realität zu verändern. Vielleicht sucht ihr im Augenblick Veränderungen nur in der physischen Welt. Aber wenn ihr weiter Gott und Sein ganzes Wesen und all Seine Macht sucht, werdet ihr euch noch viel, viel mehr verändern, nicht nur in eurem physischen Leben, sondern auch emotional, mental und spirituell. Ihr werdet viele neue und wunderbare Talente, die allen Menschen angeboren sind, ans Licht holen. Eure übersinnliche Wahrnehmung wird feiner werden, und ihr werdet kreativer und bewußter sein.

Ihr werdet eure Definition der Wirklichkeit verändern! Wirklichkeit ist lediglich das, was euch zu irgendeinem Zeitpunkt geschieht. Es war einmal Wirklichkeit für euch, in der Schule zu sein und viele Dinge lernen zu müssen, und es war auch einmal Wirklichkeit für euch, Kind zu sein; aber jetzt hat sich eure Wirklichkeit verändert, und ihr seid keine Kinder mehr und habt die kindlichen Verhaltensweisen abgelegt. Alles verändert sich, **Veränderung ist das universale Gesetz des Lebens.** Versichert euch, daß die Veränderungen, die ihr anstrebt, das Beste sind, was ihr tun oder haben könnt. Wir sind hier, um euch dabei zu helfen. Wir möchten ein realer Teil eures Lernprozesses sein.

Jeder von euch könnte bei seinen ganz individuellen Problemen persönliche Hilfe gebrauchen. Wir haben eindeutige Lösungen für eure Probleme. Aber wenn wir nicht mit jedem von euch in einer Weise sprechen können, die euch etwas nützt, sind uns die Hände gebunden. Wenn ihr nicht in der Lage seid aufzuschreiben, was ihr hört, dann nehmt euch die Zeit, zuzuhören und zu verstehen. Wie ihr diese Hilfe anwendet, ist individuell verschieden.

Wir möchten nicht, daß ihr euch uns als eine Art Geist aus der Flasche vorstellt. Wir sind nicht hier, um zu eurer Unterhaltung oder eurem Nutzen Zauberkunststücke zu vollbringen. Unser Ziel ist einzig und allein, jeden von euch mit dem Gottesbewußtsein und Seiner Kraft zu verbinden. Es ist immer Gott, der die Arbeit tut, nicht wir. Wir sind nur dazu da, eure Verbindung zu Gott zu erleichtern und zu stärken. Wir sind uns bewußt, daß die Menschen viele falsche Vorstellungen darüber haben, wie sie mit Gott zusammenarbeiten können. Er wird noch immer für einen zornigen, einen rächenden Gott gehalten. **Gott ist reine Liebe, und diese Liebe ist eine Energie, die euch zur Verfügung steht** wie die Elektrizität. Wir helfen euch, diese Energie in die richtigen Kanäle zu leiten, euch durchlässig für sie zu machen, denn ihr strebt danach, Gott und Seine Essenz zu erkennen.

Die Bruderschaft

Verlaßt euch in allem auf Gott

Die Bruderschaft, 11. Februar 1989

Legt alle eure Angelegenheiten in Gott. Bringt Ihm alles dar. Laßt Gott euer Leben übernehmen. Es geht darum zu lernen, **euch in allem auf Gott den Vater zu verlassen.**

Jeder Mensch hat andere Bedürfnisse und befindet sich in dem ihm eigenen Wachstumsstadium. Ihr wachst körperlich, mental und emotional, und alle Menschen wachsen auch spirituell. Alle befinden sich in einem unterschiedlichen Reifezustand. Aber jeder Mensch, ganz gleich wie reif oder unreif, muß lernen, sich auf Gott den Vater zu verlassen. Laßt euch zeigen wie.

Körperlich: Manche Menschen brauchen Heilung für ihren Körper. Manche von euch sind von Alkohol oder anderen Vergnügungen abhängig geworden. Gott kann und wird das heilen, wenn ihr Ihn darum bittet. Aber ihr müßt auch euren Teil dazu beitragen. Da wird kein Zauberstab geschwenkt, und schon ist alles augenblicklich heil!. Während eures Heilungsprozesses wird es Zeiten geben, wo euer Suchtverlangen euch zu überwältigen droht. In diesen Momenten müßt ihr Gott um Hilfe anrufen, um dem zu widerstehen, was eurer Gesundheit abträglich ist. Manche von euch nehmen keine Rücksicht auf ihren Körper. Sie widersetzen sich ihm, indem sie sich nicht um seine Bedürfnisse kümmern. Eßt, was eurem Körper guttut. Bewegt ihn, dazu wurde er gemacht. Er verkommt, wenn er nicht genug Bewegung hat. Ihr mißbraucht damit den Körper. Gott duldet, wie ihr bereits wißt, keinen Mißbrauch irgendwelcher Art. Ihr müßt mit aller Kraft für euren Körper sorgen. Dann wird Gott euch helfen, Körper und Seele zu heilen.

Wir lehren euch, euch auf Gott zu verlassen. Wenn ihr dem Körper jedoch Essen, Trinken und sonstige Dinge zuführt, die der Heilung entgegenwirken und dem Körper schaden, dann kann und wird Gott ihn nicht heilen. Wenn ihr dem Körper keine Bewegung verschafft und dieses Gefährt, das ihr auf Erden zur Verfügung habt, nicht gut versorgt, warum sollte Gott dann kommen und ihn heilen? Damit ihr ihn weiter mißbraucht? Ihr müßt euch schon darum bemühen, geheilt zu werden. Bittet Gott, euch zu zeigen, wie ihr besser für dieses kostbare Gefährt sorgen könnt. Der Körper ist der Tempel Gottes; hier findet eure Kommunikation mit ihm statt. Bedenkt, daß der Körper heilig ist, weil ihr durch ihn eure Lebensziele erfüllen könnt. Dieser Körper ist ein Geschenk, das ihr hoch schätzen sollt.

Mental: Ihr sollt euch auf Gott verlassen, darauf, daß Er euch hilft, alles aus eurem Denken zu entfernen, was eurer Kommunikation mit

Gott dem Vater im Wege steht. Ihr braucht euch die abgelebten Ideen, Einstellungen, Überzeugungen, Gedanken und Erinnerungen nicht ins Gedächtnis zurückzurufen, sie schwächen euch nur. **Bittet Vater Gott, euch von allem zu reinigen, was euch daran hindert, eine gute, starke Verbindung mit Ihm einzugehen.** Bittet Ihn, alle Erinnerungen zu löschen, die sich aus der Vergangenheit erheben und euch in der Gegenwart Probleme verursachen. Ändert eure Einstellung in eine des vollkommenen Vertrauens in Gott, in allen Dingen. Manche von euch verlassen sich noch immer auf Agenturen, auf die Berufslaufbahn, auf Talente oder auf die Eltern. Nichts davon wird euch in gleicher Weise helfen, wie Gott es kann. Gott kann die Quelle von allem sein, was ihr braucht. Das heißt, Er kann und wird euch an die Orte geleiten, die für euer Wachstum in jeder Hinsicht die besten sind. Bittet Gott bei jeder Entscheidung, mit euch zu sein. Ruft Gott an, wenn ihr in neue Situationen und neue Wachstumsbereiche geführt werdet. Euer Bewußtsein ist es, durch das ihr euch mit Gott dem Vater und aller Weisheit des Universums verbindet. Benutzt für alle eure Entscheidungen die Urteilskraft Gottes, dann entscheidet ihr von einem Standpunkt der Wahrheit aus. Bewahrt den Gedanken in euch, daß Gott der Vater jetzt euer Glaubenssystem ist. Euer Wunsch ist, euch in allem auf Gott, den Schöpfer des Universums, zu verlassen.

Emotional: Im Laufe eures Wachstums in diesem Leben gibt es viele Emotionen, die euch augenblicklich übermannen können. Legt alle eure Emotionen in Gott den Vater. Bringt eure gesamte Gefühlsnatur in das Bewußtsein Gottes, damit sie gereinigt, geheilt und für alle Zeiten rein gehalten wird. Legt alle Erinnerungen an verletzte Gefühle, zerbrochene Beziehungen, mißbrauchte Treue in Gottes Vaterliebe. Seine Liebe heilt eure Gefühle. Wenn ihr merkt, daß eure Emotionen euch übermannen, dann ruft Gott um Hilfe an. Er ist sofort da, beruhigt euch und überführt eure Emotionen in das rechte Denken.

Gott der Vater ist der Geist, der alles aktiviert, Sichtbares wie Unsichtbares. Sein Geist ist in allem und umgibt alles. Wie ihr bereits wißt, könnt ihr wählen; wir bitten euch eindringlich, euren Geist mit dem Einen Geiste Gottes zu vereinigen. Spirituell könnt ihr um Jahrhunderte über den Punkt hinausgehen, an dem ihr jetzt steht. Viel Herzeleid wird euch erspart, wenn ihr euch Gott übergebt. In dem Maße, wie euer Geist wächst und sich mit Gottes Geist vereint, werdet ihr in jeder Hinsicht klüger, weiser und erfolgreicher.

Habt absolutes Vertrauen in Gottes Macht, alles in eurem Leben gutzumachen, was noch nicht gut ist. Bringt euch in Einklang mit dem Geiste Gottes, um jedes eurer Bedürfnisse und viele eurer Wünsche zu erfüllen. Laßt den Geist Gottes durch euer Leben, in euer Heim und zu den Menschen fließen, die ihr liebt und mit denen ihr in Berührung kommt. Gebt Gott alle eure Ideen, Einstellungen, Überzeugungen, Gedanken und Erinnerungen – einfach alles. Legt euer ganzes Sein in Ihn, um geschützt und geheilt zu werden und zu wachsen.

Unsere Liebe überströmt euch jeden Tag. Unsere Hilfe steht euch jederzeit zur Verfügung. Gott der Vater wartet nur darauf, daß ihr Ihn anruft. Wir sind augenblicklich zur Stelle, um euren Ruf nach Gott zu einer starken Verbindung zu machen, so daß ihr alles Gute vom Geist empfangen könnt. Unsere Liebe und Aufmerksamkeit ruhen auf euch.

Die Bruderschaft

Die göttliche Liebe reinigt und heilt

Maria, 12. Februar 1989

Heute habe ich ein paar Vorschläge für euch und möchte euch um etwas bitten. Die Bruderschaft Gottes ist mit dem Ersuchen an euch herangetreten, mit dem Schreiben[2] zu beginnen; ihr solltet es

---

[2] Maria denkt an „automatisches Schreiben“ oder, wie Annie es jetzt nennt, „kosmisches Diktat“. Im Anhang eins habe ich mehr über diese Art des Schreibens ausgefügt.

euch allmählich zutrauen. Ich sage euch nun von neuem – eure Verbindung mit Gott, dem Vater des Universums, geschieht in eurem Herzen und Bewußtsein, durch eure Gefühle und Gedanken. Ich weiß, ihr begreift nicht alles, was in der geistigen Welt so vor sich geht. Es ist jedoch kein allzu großes Mysterium, wenn ihr den einen Gedanken in euch aufrechterhaltet: Die Welt und das Universum sind größer, als ihr es euch vorstellen könnt. **Gott der Vater ist mächtiger und liebevoller, als ihr es auch nur ansatzweise erfassen könnt.**

All eure Bitten finden augenblicklich ein Echo! Was ihr euch ersehnt, ist unser Gebet für euch; und wir beten auch für euer ständiges geistiges Wachstum. Nun bitte ich euch, darum zu beten, daß Gott der Vater in euer Herz und Denken eintreten und alles aus eurem Gedächtnis, euren Einstellungen und Überzeugungen austilgen möge, was euch daran hindert, mit Ihm eins zu werden. Bittet Ihn um alles, was ihr euch wünscht. Wenn euer Gebet nicht so erhört wird, wie ihr es euch wünscht, dann wißt, daß in eurem Herzen und Denken etwas ist, das es verhindert. Ihr habt den Schlüssel zu eurem Erfolg in der Hand, und ihr allein seid in der Lage, darum zu bitten, daß diese Störungen beseitigt werden.

Ich möchte, daß ihr wißt, wie sehr ein jeder von euch geliebt wird. Ich will versuchen, euch eine Ahnung davon zu geben, aber ihr müßt wissen, daß das nur ein winziger Schimmer der großen Liebe ist, die euch in buchstäblich jedem Augenblick des Tages umgibt. Erinnert euch, welch ein Gefühl des Staunens und der Zärtlichkeit euch überkommt, wenn ihr frisch ausgeschlüpfte kleine Entchen seht, oder welch ein Wunder ein neugeborenes Baby für euch ist? Denkt daran, wie sehr ihr euer erstes Fahrrad oder euer erstes Auto geliebt habt, oder wie wunderbar und voller Liebe ihr euch am Tage eurer Hochzeit fühltet. Erinnert ihr euch an die Hingabe und den tiefen Ernst in eurem Herzen? Unsere Hingabe an jeden von euch ist noch stärker. Unsere Liebe ist größer, denn wir lieben mit Gottes Liebe.

Wenn euch Zweifel kommen, wenn ihr in Verzweiflung geratet – denkt daran, daß ihr wirklich von vielen geliebt seid. Ihr lebt in einem Kreis von göttlicher Liebe. Das ist durch eure Bemühungen so. Als einzelne und als Gruppe nehmt ihr zu an Weisheit und im Geiste, und euer Wachstum wird euch in viele wunderbare Situationen und Erfahrungen führen. Wenn ihr sucht oder mit dem ausdrücklichen Ziel, die Wahrheit zu erkennen, in einer Gruppe zusammenkommt, dann zieht ihr viele höhere Geister an, die für euch beten und jede eurer Bemühungen in jedem Lebensbereich unterstützen. Diese Gruppe von Helfern ist immer mit euch. Vertraut und wißt, daß jedes neue Unternehmen mit Tausenden von Gebeten aufgeladen ist. Jede eurer Bemühungen, irgendeinen Mangel in eurem Leben zu beheben, wird von diesem Heer sanfter und liebevoller Wesen unterstützt. Sie sind eure Schutzengel, eure Helferengel und die sanften Wesen der Bruderschaft. Ihr seid mit nichts allein.

Diese sanften Geister urteilen nie über euch oder eure Handlungen. Sie sind einfach Punkte der Liebe und der Unterstützung. Sie haben in ihrer Seele das größte Wohlwollen für euch. Sie umgeben euch mit göttlicher Liebe, die alles in eurem Leben heilt – göttliche Liebe ist eine Energie und Kraft zum Guten. Sie vervielfacht ganz einfach eure Bemühungen.

Wenn ihr in Gedanken oder Taten irgendeinen Dienst leistet, dann ist es, als ob dieser Dienst die Energie von Tausenden erhielte. Wenn ihr betet, dann werden eure Gebete aufgeladen mit göttlicher Liebe.

Was ich gebe, ist die Liebe, die jeder von euch verdient, das gute Zeugnis eures ewigen Fortschreitens.

Unsere Liebe, das heißt, Josephs und meine Liebe sind mit jedem von euch. Unser Stolz liegt in eurem Vorankommen, und unser Versprechen ist, euch immer weiter mit göttlicher Liebe zu lieben.

Maria, die Mutter Jesu

Göttliche Liebe heilt und stärkt

Die Bruderschaft, 18. Februar 1989

Manchmal verwirrt es die Menschen, Beten mit göttlicher Liebe als heilenden Balsam anzusehen. Denkt daran, daß Gott sowohl persönlich als auch unpersönlich sein kann. Wenn ihr Gott um etwas bittet oder mit Ihm sprecht, dann bezieht ihr euch auf ihn persönlich. Wenn ihr mit dem Gedanken an göttliche Liebe betet, dann betet ihr durch Seine Unpersönlichkeit zu Ihm. So betet Ihr zu Gott, wie Er wirklich ist, denn Er ist Alles. Wenn ihr für einen lieben Menschen (oder auch einfach für euch selbst) beten wollt, nachdem ihr die erste Bitte übergeben habt, tut ihr es am besten in Form einer Affirmation, etwa so: **„Göttliche Liebe heilt deinen Geist, deinen übersinnlichen, ätherischen, astralen, mentalen, emotionalen und physischen Körper von allen alten Gefühlen des Zorns, der Angst und der Verletztheit. Göttliche Liebe erneuert jetzt dein Leben ohne dieses Übergepäck. Du wirst jetzt augenblicklich geheilt.“**

Wenn ihr nach einem solchen Gebet dem betreffenden Menschen begegnet oder an ihn denkt, dann sagt ihnen im Geiste: **„Göttliche Liebe heilt dich jetzt.“** So wird jeder Gedanke an diesen Menschen (oder an euer Leben) zu einem Gebet. Niemand kann sich der warmen, heilenden und besänftigenden Liebe entziehen, die die göttliche Liebe ist. Sie ist ein starkes und mächtiges Heilmittel. Bald werdet ihr die Wahl haben, euch in dieses warme Glühen Gottes unpersönlicher Liebe hineinzubegeben oder nicht. Indem sich der Mensch der Wärme der göttlichen Liebe zuwendet, findet Heilung statt. Dies ist auch eine gute Art, unpersönlich zu beten, wenn ihr euch aufgrund falscher Vorstellungen vor Gott fürchtet.

Wir freuen uns, daß ihr so treu bestrebt seid zu wachsen. Wenn ihr im Geiste stark werdet, wächst eure Kraft in jeder Hinsicht. Jeder von euch wird auch körperlich stärker werden. Indem ihr den ätherischen und die protoplasmischen Körper stärkt, wird das physische Gefährt geheilt und gestärkt. So wird es dem Angriff von Krankheiten widerstehen. Ihr könnt nicht krank, nicht „un-wohl" werden, wenn euer inneres Selbst sich wohlfühlt. Keime, Bakterien, Viren und dergleichen können nur einen Körper angreifen, der sich in Aufruhr befindet. Möglicherweise befindet sich einer eurer anderen Körper in Aufruhr; das könnte dann der Nährboden für einen Krankheitsprozeß sein. Für diejenigen von euch, die irgendeine Art von Krankheit haben – wenn ihr in eurem geistigen Wachstum vorankommt und die heilende Liebe Gottes immer mehr in euch einlaßt, wird eure Krankheit umfassend und auf allen Ebenen eures Seins geheilt werden. Das ist ein Vorteil, den jeder von euch haben wird. Wenn euer Körper nicht geheilt wird, dann habt ihr die Entscheidung darüber sehr wahrscheinlich schon vor eurer Geburt getroffen. Ihr trefft diese Art von Entscheidungen aus vielerlei Gründen, manchmal um die Menschheit zu heilen, manchmal um einer Veränderung willen; manche Menschen benutzen Krankheit auch, um in ihrem Leben etwas wiedergutzumachen.

Wenn euer übersinnlicher Körper gesund und stark ist, werdet ihr von innen her wissen, an welchem Ort ihr sicher seid. Eure Intuition wird euch täglich warnen. Schwierigkeiten mit eurem Auto zum Beispiel werdet ihr einfach schon vorausahnen und dieses mechanische Fahrzeug in Ordnung bringen lassen. Oder ihr werdet Unfälle einfach dadurch vermeiden, daß ihr vorher auf eine andere Spur fahrt oder abbiegt, und das wird ohne besonderes Aufheben geschehen.

Wenn der Astralkörper gestärkt ist, seid ihr einfach ganz allgemein stärker. Dieser Teil von euch kommt in schwierigen Zeiten ins Spiel und hält euch im Lot, ganz gleich, was um euch herum vor sich geht. Habt ihr nicht schon einmal einen Menschen gesehen, der inmitten schlimmster persönlicher Schwierigkeiten ganz ruhig blieb? Das bewirkt ein gut funktionierender Astralkörper.

Im mentalen Bereich werden die alten verletzten Gefühle und falschen Vorstellungen, an denen ihr festhaltet, geheilt. Oftmals kommt ihr mit problematischen Denkmustern aus früheren Leben in dieses Leben herein. Diese können und werden geheilt werden, wenn ihr im Geistigen vorankommt. Laßt Gottes Geist euer ganzes Sein durchdringen, und indem ihr danach strebt, mehr über Gott und über euch selbst zu erfahren, wird sich eure geistige Einstellung grundsätzlich verändern. Ihr werdet die Veränderungen gar nicht bewußt wahrnehmen, weil sie tief in eurem Innern stattfinden. Eure Überzeugungen werden sich wandeln, und ihr werdet einfach mit jeder Faser „wissen", daß Gott reine Liebe ist und ihr in jeder Lage göttlich geschützt seid. Ihr werdet geistig mit göttlicher Essenz arbeiten, um nicht nur euer Leben, sondern auch eure Welt immer schöner zu machen.

Emotional wird Gott eure Zuflucht und eure Festung, und das wird euch stärken. Die Prüfungen und Kümmernisse der Welt beeinträchtigen euch nicht mehr. Menschen, die euch früher aufregen konnten, haben jetzt eine derartige Wirkung nicht mehr. Mit einer starken emotionalen Grundlage bleibt ihr ruhig und gelassen und geratet nicht in Panik wie andere um euch. Wenn ihr in Gott ruht, habt ihr keine Angst, ganz gleich, was um euch herum geschieht. Eure Sicherheit liegt in Gott.

Wenn euer inneres Selbst gestärkt wird, werdet ihr den Menschen, die euch nahestehen, zu spirituellem Bewußtsein verhelfen können. Neue Menschen, die euch ermutigen, kommen in euer Leben, und mit ihnen werdet ihr ein Netzwerk des Gottesbewußtseins bilden. Ihr werdet nicht nur euch selbst helfen, sondern auch den Familienmitgliedern, die Gott bisher noch nicht suchten. Ihr werdet zu Brennpunkten werden, durch die Gott wirken kann. Durch eure Arbeit mit uns und mit Jesus und Maria arbeitet ihr mit dem geistigen Netzwerk, das Jesus vor langer Zeit festlegte. „**Alles, was zwei von euch auf Erden gemeinsam erbitten, werden sie von meinem himmlischen Vater erhalten. Denn wo zwei oder drei in meinem Namen beisammen sind, da bin ich mitten unter ihnen**" (Matthäus 18,19-20). Dies ist ein Versprechen, das Jesus seinen Anhängern vor langer Zeit gab. Hier ist nun Jesus, der euch Worte der Ermutigung sagen will.

Werdet in der Dreieinigkeit geheilt

Jesus

Ich grüße euch. Ihr seid meinem Herzen lieb, und ich erfülle euch mit Gottes heilender Liebe. Mein Wort an euch ist, daß ich jeden Tag für jeden von euch da bin. Ruft mich an oder sprecht mit mir über die Dinge, die euch beschäftigen. Ich will euch den Bibelvers erklären, in dem es um das Richten nach dem äußeren Aussehen geht (Johannes 7,24). Lest diesen Vers in der Bibel. Fahrt mit euren täglichen Gebeten fort. Glaubt an Gott den Vater, aber wißt auch, daß auch Ich den ganzen Geist und das ganze Wesen Gottes einsetze, um für euch und für die Menschen, die ihr liebt, zu beten. Mein Netzwerk besteht aus euch, der Bruderschaft, aus mir und Gott. Ihr benutzt auf diese Weise die ganze Essenz Gottes, die Dreieinigkeit. Stellt euch diese Dreieinigkeit als eine Pyramide vor, in deren Mitte ihr steht. Die Pyramide hat eine geistige Bedeutung; mit Hilfe dieser Vorstellung werdet ihr geheilt und kommt schneller voran. Benutzt sie auch in euren Meditationen. Im alten Ägypten wurde ein Dreieck benutzt, mit einem Auge in der Mitte, das symbolisch den einzelnen Menschen darstellte. Das seid ihr in vollkommener Harmonie mit der gesamten Schöpfung Gottes.

Ihr seid immer in dieser Dreieinigkeit. Wir alle sind jeden Tag mit euch, wir beten und heilen und sind in Einklang mit euch, während ihr geistig wachst.

Jesus und die Bruderschaft

Kapitel 9

Schein oder Sein

„Richtet nicht nach dem, was vor Augen ist"

Die Bruderschaft, 26. Februar 1989

Es ist uns eine Ehre, mit euch zusammenzukommen. Wir freuen uns über die Fortschritte, die jeder von euch in seinem inneren Leben macht.

Zuweilen werdet ihr das Gefühl haben, nicht recht voranzukommen, oder in eurem äußeren Leben wird es euch scheinen, als wärt ihr nicht gewachsen; aber seid versichert, daß wir Zugang zu Informationen haben, die ihr noch nicht kennt. Unsere Sicht ist klar und nicht von Gefühlen verschleiert. Ganz gleich, wie es sich äußerlich ausnehmen mag, ihr wachst und kommt gewaltig voran, wenn ihr Gott sucht.

Es gibt einen kleinen Vers in der Bibel, in dem Jesus sagte: „Richtet nicht nach dem, was ihr vor Augen habt" (Johannes 7,24). Heute werden wir auf diese Worte näher eingehen. Allzuoft spüren wir, daß manche von euch verzweifeln und die Hoffnung verlieren. Der Anschein des äußeren Lebens ist nicht immer in Übereinstimmung mit dem Fortschritt, der im Inneren geschieht, so daß Schein und Sein in Konflikt geraten. Wir bitten euch eindringlich, das Wahre im Auge zu behalten. Vergeßt das, „was wahr zu sein scheint". Der Unterschied zwischen beiden ist die Zeit, die es braucht, bis das äußere Leben mit dem inneren synchron verläuft.

Nehmen wir die Welt, wie sie sich der überwältigenden Mehrheit der Menschen darstellt. Im großen und ganzen scheint alles so zu laufen, wie es seit Jahrhunderten gelaufen ist. Die Jahreszeiten folgen aufeinander. Auf den Winter folgt der Frühling, und dieser Kreislauf setzt sich fort, Jahr für Jahr wie immer. In Wirklichkeit aber, das wißt ihr bereits, finden außerhalb dieses Sonnensystems viele Veränderungen statt, Veränderungen, die sich auf die Welt auswirken und die Abfolge der Jahreszeiten stören werden. Das ist beispielhaft für die Wirklichkeit dessen, was ist und was zu sein scheint; deshalb denken viele Menschen, daß sich nichts ändern wird. Das alles ist in ihren Augen „dummes Geschwätz". Sie halten die Vorhersagen, die euch gegeben werden, für Taktiken, die ein paar Leute anwenden, um euch Angst einzuflößen und die Aufmerksamkeit auf sich zu lenken.

Die allgemeine Bevölkerung möchte gern glauben, daß alles so weitergeht wie immer und daß sich nichts je ändern wird. Es ist beruhigend für die Menschheit, zu glauben, daß das, was man mit seinen äußeren Augen sieht, die Wahrheit ist. Der Mensch sagt: „Ich sehe ganz klar, und nichts verändert sich." Aber der Mensch sieht nur klar in eine Richtung, aus einem Blickwinkel und in einer Dimension. Die Menschheit kann nur sehen, was in diesem einen Augenblick für sie sichtbar ist. Höchst wenigen nur ist es gegeben, über ihr physisches Wahrnehmungsvermögen hinaus etwas wahrzunehmen. Es ist, als hielte der Mensch ein Fernrohr auf eine bestimmte Stelle gerichtet. Versteht ihr, wie begrenzt die Sicht des Menschen ist? Könnt ihr ein wenig begreifen, welch unendliche Fülle von Aspekten und Visionen euch zur Verfügung steht?

Laßt uns nun auf den persönlichen Bereich zu sprechen kommen. Manche Menschen haben Geldprobleme. Ihr wißt von euch selbst, wie sich dadurch euer Blick auf eine einzige Richtung verengt; hier gibt es nur noch den Mangel, der eure Lebensumstände bestimmt. Ihr habt jedoch gelernt, daß es eine Zeitdifferenz gibt, die Zeit, die vergehen muß, bis eure Gebete beantwortet werden. Das, was in der äußeren Welt vor sich geht, ist nicht notwendigerweise das, was in Wahrheit geschieht. Es ist leicht, sich entmutigen zu lassen, wenn man die äußeren Umstände zur Richtschnur nimmt. Vergeßt nicht, wo eure Wahrheit liegt.

Eure Wahrheit und die Wahrheit eines jeden Menschen liegt im Gottesbewußtsein. Wenn ihr euch von äußeren Umständen entmutigen laßt, lebt ihr im Erdenbewußtsein. Es ist sehr leicht, ins Erdenbewußtsein abzusinken, denn das ist die vertraute und oft geübte Weise zu denken. Wenn ihr merkt, daß ihr euch entfremdet fühlt und nicht in Kontakt mit Gott, dann seid euch einfach darüber im klaren, daß ihr ins Erdenbewußtsein abgerutscht seid. Eine Zeitlang werdet ihr dazu neigen, zwischen Erdenbewußtsein und Gottesbewußtsein hin und her zu schwanken. Es ist ein Fortschritt, wenn ihr erkennt, in welchem Bewußtsein ihr euch gerade befindet. Indem ihr es erkennt, könnt ihr wieder in das höhere, das Gottesbewußtsein überwechseln.

Werdet euch klar, durch welches Bewußtsein euer Verstand denkt. Gebt acht, nicht den äußeren Anschein für die Wahrheit zu nehmen, und kehrt zu der einen Voraussetzung zurück – zu **Gott.**

Wenn ihr das Leben im physischen Bereich in Aufruhr und vielleicht in schrecklichen Nöten seht, dann haltet den Gedanken aufrecht, daß dies nicht die Wahrheit ist. Ganz gleich, wie real es aussehen mag, **Gott ist die Wahrheit.** Lebt im Gottesbewußtsein, und für jedes eurer Bedürfnisse wird gesorgt sein, zur rechten Zeit und auf die rechte Weise. Haltet den Gedanken hoch, daß ihr stark im Glauben seid, daß ihr von ganzem Herzen glaubt, daß Gott für euer tägliches Brot sorgt. So, wie ihr euer tägliches Brot definiert, so läßt Gott es euch zukommen.

Sprecht mit euch selbst und ändert eure Ansichten darüber, wie ihr euer tägliches Leben zu leben habt. Ihr braucht kein karges Leben zu führen. Bittet Gott, mehr von Seinem Wohl und Seiner Fülle annehmen zu können. Bittet Ihn, euren Blickwinkel zu heben und sehen zu können, wie das Leben gelebt werden kann. Fangt an, indem ihr diese Worte sprecht: **„Ich bitte das Gottesbewußtsein, mir zu helfen, heute meinen Lebensstandard zu heben.“** So verschiebt ihr die Zeit, bis euer Lebensstandard tatsächlich angehoben sein wird, nicht in eine unbestimmte Ferne. Es geschieht jetzt, heute, auf dieser Ebene, in dieser Welt, unverzüglich. Sagt dann zu den äußeren Umständen oder zu jeder Rechnung, die euch ins Haus flattert: **„Gott sorgt für mein Leben;**

Gott hilft mir, diese Rechnungen zur rechten Zeit und mit Leichtigkeit zu begleichen. Ich fühle mich nicht mehr hoffnungslos und entmutigt. Mein Leben ist in Gott und Seiner Macht, die augenblicklich wirkt.“

Sprecht diese Worte zu allen Gegebenheiten in eurem Leben, die ihr beseitigen möchtet. Zu Krankheit oder Schmerz: **„Gott sorgt für mich und alles, was mich beeinflußt. Mein Leben, mein Körper, mein Geld, alles wird von Gott selbst gelenkt.“** Sprecht unmittelbar mit den Umständen, mit den Zahlungsaufforderungen, mit euren Schmerzen und Nöten. Sagt ihnen: **„Ihr seid nicht wahr. Ihr seid nur ein Anschein von Wahrheit und nicht die Wahrheit selbst. Meine Wahrheit ist Gott und Seine Macht.“** Sprecht mit euch selbst, mit eurem Körper, mit eurem Geld, mit jedem Teile eures Lebens. Sprecht Worte der Wahrheit. Streitet ab, was ihr in eurem Leben seht und was nicht wahr ist. Eine Sucht, zum Beispiel nach Alkohol, nach Essen oder auch einem Menschen, verdient es, daß ihr mit Wahrheit zu ihr sprecht. Die Wahrheit ist Gott, sie ist das, was ihr durch das Gottesbewußtsein und durch Gottes Sicht seht. Denkt immer daran, es ist mehr am Leben und an eurer Welt als das, was ihr mit eurem physischen Körper sehen, fühlen oder hören könnt.

Die Bruderschaft

Ihr sucht die Wahrheit

Maria und Jesus, 26. Februar 1989

Ich bin stolz auf jeden von euch und darauf, wie treu ihr nach mehr Wahrheit strebt. Wenn ich Wahrheit sage, dann meine ich damit, daß ihr mehr darüber erfahren wollt, was wirklich ist, unverfälschte Wahrheit, die von Gott kommt, die Wahrheit dieses Universums: Warum ist es entstanden, wie kamen wir Menschen in dies Sein, und warum leben wir? Ist das nicht die Wahrheit, die ihr sucht?

Wir, das heißt, Joseph, Jesus und ich, hören eure Gedanken über die Wahrheit, über euer Leben auf der Erde und über die Elemente in eurem Leben, die euch beeinflussen. Jesus wird euch heute eine Botschaft der Hoffnung bringen. Hier ist Jesus.

Die erneuernde Macht des Gottesbewußtseins

Jesus

Eure Gruppe ist ein Modell der künftigen Familieneinheit. Ihr arbeitet mit Kräften und Reichen, die auf der Erde nicht verstanden werden. Manche von euch haben Zweifel, aber diese Zweifel werden sich zerstreuen. Die Liebe, die ihr atmet, die ihr eßt und trinkt, ist Gottes Liebe. Mit jedem Atemzug atmet ihr die Essenz Gottes ein. Mit jeder Mahlzeit eßt ihr die Lebensessenz Gottes. Mit jedem Schluck Wasser, den ihr zu euch nehmt, trinkt ihr die Substanz Gottes.

Gott ist persönlich und unpersönlich. Gott ist Prinzip und Substanz. Gott ist alles. Er ist jeder Widerspruch. Das zu begreifen ist viel für euren Verstand, aber es ist die Wahrheit, unverfälschte Wahrheit. Gott seid ihr, Gott ist euer Leben, Gott ist die Erde, Gott ist die Luft, Gott ist das Wasser auf diesem Planeten. Gott ist der Raum zwischen den Planeten und den Sonnensystemen. Er ist auch die Mikrobe und das Virus, die mit bloßem Auge nicht zu erkennen sind.

Wenn ihr mit Gott dem Vater zusammenarbeitet, arbeitet ihr mit der Energie des Lebens selbst. Ihr benutzt die Kraft des Atoms. Wenn ihr mit dem Gottesbewußtsein denkt, benutzt ihr das Bewußtsein, das alle Ideen erschafft, alle Erfindungen und alle universalen Prozesse. Es ist ein großes und monumentales Kraftsystem, die Kraft, zu erschaffen und zu zerstören.

Denkt, welche Möglichkeiten euch durch das Gottesbewußtsein offenstehen – euer Leben in Einklang mit der Wahrheit aller Zeitalter neu zu erschaffen, mit der Energie von tausend und abertausend Atomen. **Sprecht eure Worte durch das Bewußtsein Gottes**

und mit Seiner Macht, und alles wird nach eurem Wort geschehen. Nehmt euch einen Augenblick Zeit, diesen Gedanken in euch einsinken zu lassen.

Pause

Wenn ihr sprecht, dann laßt dabei das Bewußtsein Gottes am Ruder sein. Sprecht mit der Macht Gottes, des Schöpfers des Universums. Sprecht zu den Bedingungen in eurem Leben, die euch hinderlich sind. Sprecht vom Standpunkt des Gottesbewußtseins mit ihnen. Sagt ihnen: „**Weichet von mir**", so wie ich es in der Wüste getan habe. Wiederholt es: „**Weichet von mir und bedrängt mich nicht mehr, denn Gottesbewußtsein ist mein Bewußtsein und meine Welt. Ich lebe in Gott, und nichts kann mir in dieser oder irgendeiner anderen Welt schaden.**"

Wenn ihr eßt, dann eßt mit dem Bewußtsein, daß es das Leben Gottes ist. Was ihr in eurem Körper aufnehmt, wird Gottes sein; was eurem Bewußtsein entspringt, werden Gottes Gedanken sein.

Trinkt Gottes Wesen selbst, um euren Durst zu stillen. Wenn ihr Wasser trinkt, dann denkt daran, daß es das Wesen Gottes ist und daß ihr euch mit Gottes Elementen nährt. Wenn ihr euren Körper badet, dann benutzt die Substanz Gottes, um euren äußeren Körper von allen Schlacken zu reinigen und euer inneres Leben von allem zu befreien, was der Heilung bedarf, sei es euch bewußt oder nicht.

Haltet den Gedanken in eurem Bewußtsein fest: „**Gott denkt durch meinen Verstand**". Es ist Gott, der in euch ein Leben voll des Guten anregt, ein Leben voller Wunder und voller Freude. Erwartet Glück, Frieden, Liebe und eine Fülle von Gutem. Durch diese Erwartungshaltung zieht ihr das Erwartete herbei. Erwartet, in Lebensbedingungen und -umstände geführt zu werden, die zu eurem Besten sind. Segnet jeden Gedanken mit Liebe. Segnet jeden Zustand mit Gottesenergie. Sprecht Worte der Wahrheit in eurem Leben, eurem Denken, eurem Körper und an jedem eurer Tage.

Heute sage ich euch, nutzt den Körper Christi in eurem Leben. Nutzt das Grundwesen Gottes in eurem Denken. Gesteht euch ein, daß ihr, was die Wahrheit anlangt, unsicher seid. Gesteht euch ein, daß ihr Fragen habt, für die ihr Antworten braucht. Gesteht euch ein, daß ihr gar nicht wißt, wie ihr diese Macht Gottes benutzen sollt. Und dann öffnet euch und laßt die Antworten und das Wissen in euch ein, um ein Leben voll Freude, voll Frieden, Liebe und Glück, voll von allem Guten zu erschaffen.

Seht ihr, es ist heute noch immer dasselbe wie vor 2000 Jahren. Schaltet um auf Gottesbewußtsein. Laßt den Gedanken zu, daß Gott der Vater der Schöpfung ist, und werdet euch dann der schöpferischen Kräfte bewußt, die Gott in euch und eurem Leben aktivieren kann. Arbeitet mit uns – mit der Bruderschaft, mit mir, mit Gott. So findet ihr die Wahrheit. So bekommt ihr die Antworten auf eure Fragen.

Eure Arbeit hier – ihr schreibt in der bestimmten Weise an die Bruderschaft – ist wichtig. Durch die Bruderschaft werdet ihr eine Methode erhalten, wie ihr fragen könnt, wie ihr bestimmte Anweisungen bekommt, wie ihr leben sollt und wie ihr die „Dinge", die ihr braucht, in euer Leben zieht.

Jeder von euch kann an die Bruderschaft schreiben. Fragt sie, wenn ihr irgendeinen Punkt nicht versteht. Tragt diesen freundlichen Geistern alles zu, was ihr nicht begreift. Sie antworten euch in Worten und Begriffen aus eurem eigenen Denken, so daß ihr es verstehen könnt. Konzentriert eure Energien und Emotionen auf Gott und alles, was Er ist. Konzentriert eure Energien darauf, mehr zu verstehen und alles zu werden, was zu sein ihr euch wünscht. Ihr müßt euch konzentrieren, so wie es bei allen geistigen oder körperlichen Übungen notwendig ist. Verschwendet eure Energien nicht an unwichtige Dinge in eurem Leben. Entfaltet die Konzentration in eurem Bewußtsein, die ihr braucht, um Wunder zu vollbringen und große Fortschritte zu machen. Das ist euer Erbe. Das ist eure Zukunft. Das ist euer göttliches Recht als Kinder Gottes, des Schöpfers des Universums.

Jesus und Mutter Maria

Probleme auf die richtige Weise sehen

Die Bruderschaft, 4. März 1989

Wir möchten mit demselben Thema fortfahren, nicht dem äußeren Anschein zu trauen. Wir haben verschiedene Analogien, um euch zu erklären, warum das störend ist. Wenn ihr dem Anschein traut oder dem, was in der Welt um euch geschieht, dann schaut ihr wie durch ein verzerrtes Glas. Das, was um euch herum geschieht, sind Spiegelungen dessen, was ihr gedacht habt oder – anders ausgedrückt – was das Erdenbewußtsein euch eingegeben hat. Solange ihr auf der Erde seid, wird es immer Probleme geben, mit denen ihr umgehen müßt. Das ist der Sinn des Erdenlebens. Es ist der Grund dafür, daß ihr in diese Welt gekommen seid – um Probleme zu lösen.

Daß es Probleme gibt, ist eine Wahrheit. Wenn ihr akzeptiert, daß es auf der Erde immer Probleme geben wird, dann überwindet ihr ein großes Mißverständnis. **Viele Menschen glaubten nämlich, daß durch die Arbeit mit dem Geiste alle Probleme nun ein Ende hätten. Die Probleme indes sind nie zu Ende; was aber ein Ende hat, ist die Angst, die der Gedanke an Probleme in euren Herzen nährt.** Ihr habt keine Angst mehr, weil ihr wißt, daß Probleme vorübergehen. Wenn ihr die Tatsache akzeptiert, daß Probleme auf ihre Lösung warten, dann tut das Eure, daß ihr sie löst. Viele Menschen bekommen es mit der Angst zu tun, wenn in ihrem Leben Probleme auftauchen. Sie lassen sich niederdrücken und verzagen an sich selbst, da sie die Probleme als Symptome des eigenen Ungenügens auffassen. Akzeptiert zunächst die Tatsache, daß es immer Probleme gibt. Aber Gott hat auch versprochen, nicht zuzulassen, daß euch ein Problem überwältigt, und euch niemals mehr Probleme aufzugeben, als ihr schaffen könnt. **Gott kennt eure Grenzen.**

Sagt einfach, der Weg ist jetzt eine Weile steinig, aber bald wird er wieder eben und leicht zu gehen sein. Wenn Probleme euch weniger schrecken, werdet ihr merken, daß sie gar nicht so lange anhalten. Mit starken Emotionen haltet ihr sie fest. Wenn ihr ängstlich, ärgerlich und niedergeschlagen seid, dann haltet ihr die Probleme nicht nur fest, sondern ihr zieht auch noch neue an. Betrachtet eure Probleme nicht mit zuviel emotionaler Energie. Habt das Vertrauen, daß ihr es Gott überlassen könnt, euch zu zeigen, wie man mit Problemen umgeht und sie bewältigt. Wenn ihr euch emotional weniger verstrickt, dann merkt ihr, daß die Probleme allmählich keine Berge mehr für euch sind, sondern einfach nur Unannehmlichkeiten.

Bleibt stark im Glauben an Gott. Sagt euch, wenn nötig, immer wieder: **„Gott hat mein Leben in der Hand“** und **„Gott ist reine Liebe, und nichts kann mir schaden.“** Nichts auf Erden kann euch euer spirituelles Leben nehmen, außer ihr selbst. Aber selbst das ist schwierig, denn Gott hat einen starken Überlebenswillen tief ins Innere eines jeden Menschen gelegt. Wir wollen euch ein paar Beispiele der Probleme geben, die euch heute auf der Erde begegnen.

Vor allem bittet ihr um Gesundheit. Es gibt zu dieser Zeit offenbar viel Krankheit auf der Erde. Gesundheit ist eine Frage der Verbundenheit eures physischen Körpers mit dem geistigen Körper, und sie erfordert einige Bemühungen von eurer Seite. In eurer Zeit gibt es viele Bequemlichkeiten, die euch abträglich sind, wie zum Beispiel das leicht zugängliche Überangebot von Lebensmitteln an den Straßen und Autobahnen. Die Mengen an Nahrung in diesem Lande sind überwältigend. Durchaus nicht alles von diesen Lebensmitteln ist gleichzeitig auch gut für euch. Nehmt euch ein wenig Zeit, um etwas von den unendlich vielen Informationen über Ernährung zu lesen, und kümmert euch dann um eine gute Ernährung. Trinkt viel Wasser, nicht diese gesüßten, kohlesäureversetzten Getränke. Zu viele Süßigkeiten sind nicht gesund.

Verschafft eurem Körper Bewegung, denn dafür ist er in erster Linie gedacht. Würdet ihr ein Auto auf Blöcke setzen, euch lange Zeit nicht darum kümmern und dann erwarten, daß es einwandfrei funktioniert? Natürlich nicht, aber dasselbe macht ihr mit eurem Körper. Ihr habt viele Gelegenheiten, euch mit Vergnügen körperlich zu betätigen. Ihr habt den Ausdruck „körperliche Ertüchtigung“ mit einer üblen Bedeutung versehen; ihr denkt an Qualen, Schmerzen, Langeweile, nicht an Vergnügen. Macht eure Körperübungen zu einem Vergnügen, indem ihr zum Beispiel regelmäßig an Spielen teilnehmt, die euch Spaß bereiten. Der Körper braucht regelmäßige Bewegung, um einen guten Muskeltonus aufrechtzuerhalten. In den kommenden Tagen des Aufruhrs, wenn ihr zum Beispiel fliehen müßt, wird das von großer Wichtigkeit sein. Behaltet ein schnelles Reaktionsvermögen, indem ihr euren Körper trainiert.

Bei vielen eurer Gebete geht es um das Geld. Diese Gebete haben oft einen verzweifelten Unterton; die Betonung liegt immer auf dem, was dem Betreffenden noch abgeht. Verändert eure Blickrichtung und schaut auf das, was ihr besitzt. Seht, wie ihr euer Geld weise verwenden könnt. Macht das Essen zu einem Vergnügen: Ein Picknick mit gut zubereitetem Essen und hinterher ein Spiel, um euren Körper in Schwung zu bringen, können eine Freude sein – und es spart Geld. Ihr werdet mehr Geld haben! Für Körperübungen braucht ihr kein Geld, und auch an den meisten Spielen könnt ihr gratis teilnehmen. Nun verlagert eure Aufmerksamkeit auf Gott als die Quelle eures Geldes. Könnt ihr nicht sehen, daß Gott euch Ideen eingeben kann und wird, wie ihr weise mit eurem Geld umgehen könnt? Er kann neue Gelegenheiten in euer Leben bringen, indem Er euch zur rechten Zeit am rechten Ort sein läßt. Außerdem ist es, wenn es in eurem Leben um das Geistige geht, nicht mehr so wichtig, nach Maßstäben des Erdenbewußtseins zu leben. Wenn ihr von der Ewigkeit des Lebens erfahrt, werden viele Dinge, die ihr für wichtig hieltet, einfach nebensächlich.

Es spielt keine Rolle, ob ihr alles besitzt, was andere haben, wenn in eurem Heim Glück und Freude, Frieden und Liebe herrschen. Findet das, was wichtig ist im Leben. Trachtet danach, Gott in jeder Situation zu sehen, auch in euren Finanzen. Bittet das Gottesbewußtsein, euch zu helfen, das, was ihr habt, richtig zu benutzen.

Bittet Ihn, euch mehr Geld zu geben, wenn ihr lernt, mit dem vorhandenen umzugehen. Ist es wirklich wichtig, ein neues Auto zu haben? Ist es wirklich wichtig, teure Kleidung zu kaufen, wenn ihr auch weniger teure tragen könnt? Auf jeden Fall haltet negative Gefühle aus euren Geldangelegenheiten fern. Segnet eure Rechnungen, bezahlt sie mit Freude und sagt euch dabei: **„Gott versorgt mich mit Geld. Ich zahle diese Rechnungen in Frieden und Freude, denn ich weiß, daß Gott mich jetzt mit viel mehr Geld versorgt.“** Seht ihr den Unterschied in den Gefühlen? Denkt daran, wenn ihr Angst und Furcht, Verzweiflung und Ärger in eure Geldangelegenheiten mischt, dann bekommt ihr auf diesem Felde mit Sicherheit noch mehr Probleme. Wenn ihr an eure Finanzen denkt, dann vertraut darauf, daß Gott in diesem Bereich eures Lebens auf eurer Seite steht.

Als nächstes hören wir Gebete, in denen es um Beziehungen zu anderen Menschen geht. Fangt an, mehr Liebe in euer Herz und Denken zu bringen, und bittet Gott, Seine große Liebe in alle Beziehungen einfließen zu lassen. In den Beziehungen zwischen Menschen oder zwischen Mann und Frau ist es immer die Liebe, die Heilung bringt. Die meisten Schwierigkeiten in diesem Bereich rühren daher, daß der eine dem anderen seine Sichtweise oder seine Maßstäbe aufzwingen will. Achtet alle Menschen, selbst wenn sie sich selbst nicht achten. Liebt alle Menschen und bekräftigt, daß die Liebe, die ihr austeilt, die Liebe ist, die Gott euch schenkt. Ihr seid nur ein Kanal, durch den Gottes Liebe in die Welt einströmen kann.

Was immer euch in der Gegenwart geschieht, ist einfach nur der Spiegel dessen, was ihr selbst die ganze Zeit gedacht habt. Indem ihr euer Denken reinigt und euch damit beschäftigt, Gottesenergie und Gottesbewußtsein in all euer Tun hereinzubringen, zieht ihr für die Zukunft mehr Gutes an – nicht weniger Probleme etwa, doch die Mittel, mit diesen Problemen besser fertigzuwerden.

Wenn Hindernisse auf eurem Weg auftauchen, dann werdet ihr das Gottesbewußtsein um Hilfe bitten, um Ideen, wie ihr diese

Hindernisse überwinden könnt. Wenn ihr gedacht habt, wir würden aus eurer Reise durch das Leben einen Nachmittagsausflug machen, dann tut es uns leid, diesen Eindruck je erweckt zu haben. Wir sehen nur einfach die Leichtigkeit, die euch zu eigen wird, wenn ihr im Gottesbewußtsein lebt. Die Probleme werden sich in bloße Unannehmlichkeiten verwandeln.

Legt den Zorn und den Haß auf eure Lebensumstände ab. Es sind Emotionen, die wie ein Magnet große Probleme anziehen. Baut statt dessen in eurem Inneren die Gedanken und Gefühle des Gottesbewußtseins, als das aktivierende Prinzip eures Lebens auf. Laßt Gottesenergie all eure Leiden heilen. Das Gottesbewußtsein durchflutet euer Bewußtsein mit neuen, wunderbaren Ideen; ihr werdet immer wissen, was zu tun ist und wie und wann es zu geschehen hat. Verlaßt euch mit all euren Ideen vollständig auf Gott. Denkt immer daran: **Gott ist nicht nur persönlich, Gott ist auch ein Prinzip.**

Schaut auf das Gute in euch. Erkennt die guten Eigenschaften in euch, in eurem Partner oder eurer Partnerin, euren Kindern, euren Geschwistern und Eltern. Wenn ihr auf das Gute achtet, dann schaut ihr auf Gott, denn Gott ist alles Gute in allem und jedem. Konzentriert euch auf die Gefühle, die euch Energie von oben zukommen lassen, laßt euch nicht ablenken von der Suche nach dem Gottesbewußtsein. Wenn ihr vollkommen im Gottesbewußtsein ruht, dann kommen euch die Antworten auf eure Fragen wie von selbst. Probleme werden schnell gelöst, und euer Leben wird zu einer Freude, die von göttlicher Liebe erfüllt ist.

Göttliche Liebe ist so sehr Teil eures Lebens. Jeden Tag lebt ihr in göttlicher Liebe – macht euch das bewußt und wißt es zu schätzen. Seid dankbar für all die Hilfe, die jedem von euch im Geistigen zukommt. Indem ihr lernt, euer Leben spirituell zu leben, wird es leichter. Die Weisheit aller Zeiten ist euer Eigentum, nicht nur die Weisheit der Erde.

Die Bruderschaft

Wehrt das Erdenbewußtsein ab

Die Bruderschaft, 11. März 1989

Unser Thema behandelt heute das Erdenbewußtsein und was ihr tun könnt, um euch über dieses Bewußtsein zu erheben. Solange ihr auf der Erde seid, wird euch dieser Prozeß begleiten. Durch die lange Dauer seines Bestehens wurde das Erdenbewußtsein sehr gestärkt. Es ist betörend, wie es sich in eure Gedanken einschleicht. Wenn ihr anfangs mit dem Gottesbewußtsein in Berührung kommt, erfüllt Friede und Freude euer Herz, aber ganz heimtückisch schleichen sich Vorstellungen des Erdenbewußtseins erneut in euer Denken. Meistens treten sie als Zweifel auf. **Werdet euch klar darüber, daß es im Gottesbewußtsein keine Zweifel gibt, weil euch alle Möglichkeiten offenstehen.** Erkennt also, daß der erste Zweifel, der euch in den Sinn tritt, bedeutet, daß ihr ins Erdenbewußtsein abgerutscht seid. Es sind diese kleinen Gedanken, die sagen: „Ist das alles wirklich wahr? Vielleicht gehen diese Gebete einfach nirgendwohin! Woher weiß ich denn, daß ich tatsächlich mit Wesen spreche, die behaupten, die Stellvertreter Gottes zu sein? Vielleicht bin ich verrückt! Was ist, wenn das alles nicht wahr ist, wenn ich mich selbst zum Narren mache?" Könnt ihr sehen, wie diese Zweifel andere Fragen nach sich ziehen, die auch eine Art von Zweifel sind? Manchmal denkt ihr: „Ich bin es leid, nur immer an Gott, den Himmel und die Erde zu denken. Ich will meine Ruhe haben – einfach tun, was Spaß macht. Mir ist das alles viel zuviel."

Seid euch klar darüber, daß ihr ins Erdenbewußtsein rutscht, wenn der Geist anfängt, sich schwer und lustlos zu fühlen. Es ist ein Trick, um euch vom Beten, vom Meditieren und von eurem Kontakt mit Gott abzubringen. Es sind keine äußeren Kräfte, die das bewirken; es kommt aus euch selbst. Es kommt aus dem Glauben, daß Gott, Geist und Gedanken über die Welt des Geistes von Natur aus schwierige Gedanken sind. Das ist eine Vorstellung des Erdenbewußtseins, weil der Geist und geistige Gedanken in Wirklichkeit die leichtesten sind. Es ist auch sehr unbequem, seine

Überzeugungen zu ändern. Ihr wißt, daß aller Anfang schwer ist bei allem, was ihr neu zu lernen habt. Es liegt nicht daran, daß an dem, was ihr lernt, etwas fragwürdig ist, sondern es ist einfach der Lernprozeß selbst. Wie viele kleine Dinge sind es, die man sich einprägen muß! Wie war es, als ihr Autofahren lerntet? Es schien euch, als würdet ihr euch niemals alle Schalter und Griffe merken können, die ihr braucht, um das Auto in Bewegung zu setzen. Und jetzt steigt trotzdem jeder von euch in sein Auto, läßt den Motor an und fährt los, ohne einen Gedanken darauf zu verschwenden. Ist das nicht so? Ihr habt keine Angst, auf das Gaspedal zu treten. All die Angst und alle Zweifel, die ihr während des Lernprozesses hattet, sind verschwunden.

Nun, Kinder, ihr lernt eine neue Lebensweise, eine neue Art zu sein. Es ist ein vollkommen neues Glaubenssystem, das ihr euch zu eigen macht. Ihr macht euch jetzt daran, grundlegende Überzeugungen zu ändern. Manche dieser Überzeugungen bestehen seit Jahrhunderten. Das Erdenbewußtsein ist ein sehr altes Denksystem. Als ihr in diese Welt geboren wurdet, wurden euch Ansichten und Vorstellungen eingeprägt. Doch seid euch im klaren, daß das nicht bewußt geschah. Das Glaubenssystem, das ihr verändert, ist sehr alt und sehr stark mit eurer eigenen Substanz verquickt, zum Beispiel der Gedanke: „Gott ist ein zorniger Gott; Er wird dich bestrafen." Denkt daran, als Kinder hattet ihr die größte Angst, bestraft zu werden. Eure Kultur glaubt daran, daß Gott jemand ist, der euch für Missetaten bestraft. Vielleicht habt ihr auch die Erwachsenen in eurer Familie sagen hören, daß irgendeinem Verwandten in eurer Familie ein Unglück geschehen sei, weil er Gottes Zorn erregt habe. Als Kind lernt ihr auf viele Weisen: aus dem, was ihr die Erwachsenen sagen hört, was ihr für wahr haltet, was andere Kinder euch erzählen und wie ihr selbst die Welt seht.

Es wird euch alle einige Mühe kosten, die Dinge in eurem Denken zu überwinden, die Vorstellungen des Erdenbewußtseins sind. Alle Bemühungen sollten in Form von Gebet geschehen. Wenn ihr für euch selbst und euer Wachstum im Gottesbewußtsein betet, wird es leichter, diese alten Überzeugungen zu überwinden. Wir sehen, daß jeder von euch den Gedanken, für andere zu beten, in sich aufgenommen hat, aber keiner von euch betet genug für sich selbst oder für sein spirituelles Wachstum, Verstehen und Wissen. Das ist also unsere Empfehlung an euch alle. Es braucht nicht viel Zeit in Anspruch zu nehmen, aber wenn ihr es täglich tut, wird es leicht und angenehm sein. Es wird euch zu einem Bedürfnis werden. Nehmt euch morgens, wenn ihr badet oder duscht, oder bei eurer Ankunft am Arbeitsplatz eine Minute Zeit für die folgende einfache Meditation. Natürlich könnt ihr sie zu jeder Zeit des Tages oder der Nacht ausführen, aber oft ist der Morgen die beste Zeit.

Werdet ruhig, indem ihr euren Körper eine Minute still haltet und euch vorstellt, wie alle Spannungen sich lösen. Sagt euch folgendes oder ähnliches in euren eigenen Worten:

„Ich stelle mich in eine Kugel von weißem Licht, die für mich das Gottesbewußtsein darstellt. Die äußere Schicht von Licht wirkt wie eine Membran, die nur die Wahrheiten in mein Denken einläßt, die ich heute brauche. Gleichzeitig wirkt sie wie ein Staubsauger und entfernt augenblicklich alle Gedanken oder Gefühle, die nicht die Wahrheit sind. Gott umgibt mich jetzt mit Seiner Güte. Ich bin heute göttlich beschützt, göttlich geführt und göttlich erfolgreich.“

Dann beginnt voller Vertrauen und Liebe euren Tag. Wenn ihr merkt, daß ihr während des Tages angespannt und frustriert seid, wiederholt einfach eure kurze Meditation vom Morgen und vergegenwärtigt euch die große Kugel aus Licht. Erinnert euch an die wunderbare Liebe, die jeden Tag von uns zu euch hinüberströmt, von Jesus, Maria und, was das wichtigste ist, von Gott.

Eine weitere Affirmation, die wir gut finden, ist folgende: **„Ich bin ein strahlendes Zentrum göttlicher Liebe, voller Macht, mein Wohl anzuziehen und es mit anderen zu teilen, ohne ihm verhaftet zu sein.“** Diese Affirmation fanden wir in Annies Denken. Es ist ein Satz, den sie irgendwo gelesen hatte. Jede Affirmation dieser

Art, die in eurem Denken die Wahrheit des Gottesbewußtseins bekräftigt, ist gut. Sie muß euch aber wirklich helfen, damit ihr Nutzen davon habt. Prägt euch diese Affirmationen, die einfach kleine Sprüche oder Gedichte sind, fest ein. Wiederholt sie innerlich bei der Arbeit, beim Autofahren oder wenn ihr irgendwo zu warten habt. Je besser es euch gelingt, euer Denken mit Wahrheit zu erfüllen, umso mehr werdet ihr spirituell wachsen. Wenn wir sagen Wahrheit, dann denkt daran, daß Wahrheit das ist, was vor Gott wahr ist. Wenn ihr auch nur das tut, euch ständig zu wiederholen, was ihr von Gott wißt, wie zum Beispiel: „**Gott ist reine Energie, göttliche Liebe, himmlischer Schutz, alles Verstehen, reines Wissen, große Weisheit, reine Intelligenz, ewiges Leben, Zärtlichkeit, Sanftmut, Harmonie, reine Ordnung, Freude, Glück**", dann ist das gut. Seht ihr, wie ihr durch einfaches Wiederholen dessen, was ihr von Gott schon wißt, ins Gottesbewußtsein eintretet?

Es ist von großem Nutzen für euch, diese einfachen Wahrheiten zu wiederholen. Natürlich wird Gott nicht mehr Energie, Er ist schon All-Energie. Er wird auch nicht mehr Liebe, nur weil ihr euch daran erinnert, daß er göttliche Liebe ist. Gott ist All-Liebe, Punkt! Dies sind einfach Übungen, durch die sich euer Geist erweitert und sich an die Wahrheit gewöhnt. Wie bekommen wir euch nun dazu, diese einfachen Übungen auszuführen? Welche Methode ist nötig, um euch zu motivieren?

Wir sehen, wie treulich ihr euch bemüht, und glauben, daß mit der Zeit jeder von euch an den Punkt gelangen wird, wo es keine hartnäckigen Zweifel mehr gibt.

Jeder von euch hat es sich zur Aufgabe gemacht, mehr über das Leben und das Überleben der kommenden Veränderungen zu erfahren. Dafür preisen wir Gott noch einmal und sind sehr dankbar dafür. Mit jeder kleinen Bemühung im Denken und Fühlen wachst ihr.

Unsere Botschaft an euch ist, euch vom Erdenbewußtsein nicht überwältigen zu lassen. Nun, da jeder von euch die Wahrheit kennt, daß Gott euch liebt, und da ihr alle enger mit Ihm verbunden sein wollt, nun erkennt, daß Zweifel nur ein Abrutschen ins Erdenbewußtsein sind. Sie sind Denkfehler, nichts, wofür ihr euch bestrafen müßtet, sondern etwas, was ihr durch richtiges Denken und durch Beten korrigieren könnt. Ihr könnt denken: **„Nein, nein, diese Zweifel sind nicht die Wahrheit. Die Wahrheit ist, daß Gott darauf wartet, daß ich mich Ihm zuwende.“** So löscht ihr das Erdenbewußtsein und erhebt euch darüber hinaus ins Gottesbewußtsein.

Die Bruderschaft

Kapitel 10

Die Fastenzeit

Liebevolle Ermunterung

Maria und Joseph, 12. März 1989

Meine und Josephs Liebe sind mit euch allen, während ihr euer Leben von aller Angst und Furcht, von allem Zorn, allen Depressionen und dergleichen lebensfeindlichen Ideen und Stimmungen reinigt. Wir erinnern uns an das Leben auf der Erde und haben große Achtung vor eurem Tun. Es ist bewundernswert, wie sehr ihr jeden Tag betet. Auch die Meditationen, die ihr gelernt habt, sollten täglich ausgeführt werden, um die spirituelle Ebene des Seins zu stärken. Je öfter ihr uns anruft und unsere Hilfe in Anspruch nehmt, umso leichter wird alles werden. Bald werdet ihr Gottes Stimme hören können, wenn Er in eurem Innern zu euch spricht. Dann werdet ihr die kommenden Veränderungen gut überstehen. Mit Gott als eurem Führer werdet ihr an sichere Orte geleitet werden. Ihr werdet in eurem Tun und Handeln so geführt, daß euer Überleben gesichert ist. Dies ist euer wichtigstes Ziel auf dieser Suche, alle Stürme des Lebens zu überstehen und es gut zu haben, nicht wahr? Darum beten wir für einen jeden von euch.

Meine heutigen Worte an euch sind Liebe und Segen; ihr braucht jetzt gerade keinen Rat. Was ihr braucht, ist die **Ermunterung, weiter zu beten und zu meditieren. Schreibt weiter täglich an die Bruderschaft, wenn ihr Rat braucht.** Sie möchte auch jeden Tag in allen Belangen helfen. Sie ist hauptsächlich dafür da, euch spirituell zur Seite zu stehen, indem sie euch darin unterstützt, jeden Tag auf der Grundlage der geistigen Verbundenheit mit Gott zu leben. So bekommt ihr die höchste und beste Perspektive für das

Leben im allgemeinen. In allem, was ihr erlebt, gibt es geistige Lektionen zu lernen, das wißt ihr bereits. Die Bruderschaft hilft euch, sie rascher zu erlernen und hinter euch zu lassen.

Dieser Lernprozeß ähnelt einer Reise. Anfänglich seid ihr voller Begeisterung, wie es zu Beginn einer Reise häufig ist. Dann kommt der langweilige Teil, wo ihr auf einer langen, geraden Straße dahinfahrt. Da könnt ihr nichts anderes tun als warten, daß sich die Landschaft wieder verändert. Jetzt, meine Lieben, seid ihr auf der langen, geraden Straße, die langweilig sein kann. Doch wißt und versteht, daß ihr gut vorankommt, daß euch eure Reise mit jedem Gebet und jeder Meditation voranbringt. Denkt daran, daß man in der Wahrheit entweder fortschreitet oder Rückschritte macht. Ihr wollt vorwärtskommen, und das wünschen auch wir uns für euch. Wißt, daß ihr es so gut macht, wie es geht, aber vielleicht könnten einige von euch mehr beten und meditieren. Ich möchte euch warnen, nicht selbstgefällig zu werden und zu meinen, ihr brauchtet jetzt das Gebet und die Meditation nicht mehr. Jeder von euch hätte einen noch größeren Gewinn, wenn er selbst schreiben und täglich seine eigenen Lektionen empfangen würde. Unsere Liebe für jeden von euch. Unsere Gebete sind mit euch allen.

Maria und Joseph

Enthaltet euch schädlicher Emotionen

Jesus

Hier spricht Jesus von Nazareth. Ich bringe euch heute eine Botschaft der Liebe und der Hoffnung. Wir nehmen euren Fortschritt als Ganzes wahr. Wir verstehen, wie schwierig das Leben auf der Erde sein kann. Wir wissen auch, wie leicht man in der heutigen Welt abgelenkt wird. Ihr habt es jedoch verstanden, euer Bewußtsein auf die geistigen Dinge gerichtet zu halten. Das ist sehr lobenswert; das bedeutet Fortschritt.

Viele Menschen auf der Erde begehen jetzt die Fastenzeit. Es ist die Zeit, wo ihr euch bestimmter Speisen oder sonstiger Vergnügen enthaltet. Angesichts dessen, was wirklich nötig wäre, ist das ein Irrtum. Die Fastenzeit sollte eigentlich jeden Tag eingehalten werden, und was ihr weglassen sollt, sind negative Gefühle, wie ihr das heute nennt – Emotionen, die so viel Schaden anrichten. Enthaltet euch des Zorns, der Angst, der Depression, der Furcht, der Frustration, der Eifersucht, des Neides, des Geizes und aller Gefühle dieser Art und laßt diese Fastenzeit ein Leben lang dauern, nicht nur vierzig Tage. Das Gebet wird euch helfen, diese Gefühle tief in eurem Innern auszutilgen. Die Menschen sind sich manchmal nicht im klaren, daß sie ständig von diesen Emotionen ausgenutzt werden. Wenn ihr auf bestimmte Situationen des Lebens ärgerlich oder ängstlich reagiert, dann könnt ihr sicher sein, daß auch die anderen Emotionen nicht allzu fern sind. Durch Beten werden diese Gefühle ausgeschaltet. Wenn sie nicht mehr da sind, werdet ihr einen solchen Frieden und eine solche Erleichterung spüren, daß ihr euch wundern werdet, warum noch irgend jemand an solchen Emotionen festhalten möchte.

Laßt uns als Beispiel die Geschichte von Ostern nehmen. Während der Fastenzeit konzentriert ihr euch darauf, auf irgendein kleines Vergnügen in eurem Leben zu verzichten, und das kann schwierig für euch sein. Ich jedoch bitte euch, die Gefühle von Wut und Angst aus eurem Leben zu tilgen, durch Beten und jedes Mittel, das sich euch bietet. Danach wird der Tag kommen, wo ihr für diese Emotionen gestorben seid, der Tag, wo diese Emotionen ans Kreuz geschlagen werden und aus eurer Umgebung ausgemerzt sind. Es ist die Zeit, wo ihr euch von allen negativen Gefühlen reinigt und von allen Süchten, die euch in den Knoten dunkler Gefühle gefangenhalten. Fastet jetzt, enthaltet euch aller Gefühle, die euch schaden, und der Süchte, die euch daran hindern, mit eurem ganzen Leben ins offene Licht hinauszutreten.

Konzentriert euch eine Woche lang auf diese Enthaltsamkeit. Konzentriert euch eine Woche lang darauf, euer Leben von jenen

Zuständen zu reinigen, die euch daran hindern, die ganze Herrlichkeit von Frieden, Freude und Wohlergehen in eurem Leben zu haben. Laßt dies euer Gebet sein: **„Himmlischer Vater, hilf mir, alle Gefühle und Zustände aus meinem Denken, meinem Herzen und meiner Seele zu tilgen, die mich hindern, Deine volle Freude und Herrlichkeit zu empfangen.“**

Das ist es, was ihr euch wirklich wünscht – Gottes ganze Herrlichkeit zu empfangen. Denn in Gottes ganzer Herrlichkeit liegt all das Gute, das euer Herz im tiefsten ersehnt. Es ist der Zustand, in dem ihr mit jedem Schritte eures Seins in Frieden, Glück und Gesundheit lebt. Dann lebt ihr in vollkommener Harmonie mit allem Guten. Augenblicklich habt ihr alle Kraft, die ihr braucht, um mit dem, was euch in eurem Leben begegnet, umgehen zu können.

Ich bete deshalb für euch darum, daß ihr zu Gottes ganzer Herrlichkeit erwachen möget, auf daß ihr die Einheit mit Gott dem Vater, in der ich lebe, selbst erfahrt. Das ist ein Leben der Freude, des Friedens, der Harmonie und solch unermeßlicher Liebe, daß ihr immerdar im Himmel seid.

Jesus von Nazareth

Glaube ist die spirituelle Währung (Frühjahrsrückblick)

Die Bruderschaft, 18. März 1989

Laßt uns einen Rückblick auf einige der Dinge halten, die ihr gelernt habt. Manchmal ist es notwendig, einen Blick auf das Erlernte zu werfen. Ihr findet dabei vielleicht, daß es noch immer Bereiche gibt, die ihr ein wenig genauer erklärt haben möchtet.

Das Folgende wißt ihr bereits!

Es gibt eine Macht im Universum, und diese Macht ist Gott. Er ist der Schöpfer aller Welten. Gott ist alle Macht, alle Energie. Gott ist der Anfang und das Ende. Durch Gott werden alle Welten geboren. Durch Gott und Seine absolute Essenz leben wir alle. Es gibt

Welten in Welten, Universen in Universen. Es hat im gesamten Zeitablauf viele Urknalle gegeben. Alles Leben im Universum hängt eng miteinander zusammen. Durch die Energie, die Gott ist, setzt sich das Leben fort.

Es gibt keine anderen Mächte oder Geister, die größer sind als Gott. Gott ist Geist, und im Geiste und in der Wahrheit verehrt ihr Ihn. Alles, was die Menschheit braucht, um Gott zu finden, ist Ernsthaftigkeit bei der Suche nach Ihm. Gott ist in jedem Herzen und Gemüt zu finden. Die Verbindung mit dem Geiste geschieht durch euer Inneres. Ihr sprecht mit Gott durch Gebet und Meditation. Im Gebet sprecht ihr zu Ihm, in der Meditation hört ihr Ihm zu.

Laßt uns jetzt einen Augenblick über Geister sprechen. Auf der Erde ist viel Angst vor Geistern entstanden. Diese Angst gehört zum Erdenbewußtsein und hindert viele daran, Gott im Geiste zu suchen. Die größte Angst habt ihr vor irgendeinem Supergeist, den ihr Teufel nennt. **Der Teufel repräsentiert die Abkehr des Menschen von Gott.** Es ist der Egoismus, der in die Herzen und Gemüter einzieht. Es ist der gottlose Glaube an Dämonen. **Es gibt keine bösen Geister.** Doch gibt es jene boshaften „Geister" und verlorenen Seelen, die mit euren Ängsten spielen. Sie können euch nichts anhaben, es sei denn, ihr gebt ihnen die Freiheit dazu.

Wenn sich ein solcher Geist verirrt hat, seinen Weg nicht finden kann oder nicht glauben will, daß er körperlich schon tot ist, dann ist er ein fehlgeleiteter Geist, ohne eine Orientierung. Manche verirrten Geister suchen einen verunsicherten, ratlosen Menschen, in den sie sich einnisten können. Aber ihr müßt wissen, daß das wenige sind, und ein Geist kann sich auch nicht in einen Körper einnisten, wenn nicht eine gewisse Ähnlichkeit vorhanden ist, eine Ähnlichkeit vielleicht in Gewohnheiten, Überzeugungen oder im Denken. Wenn ihr also daran glaubt, daß Gott die stärkste Kraft im Universum ist, daß Er alle Macht und alle Liebe ist und für euch sorgt, dann dürft ihr euch vor den verirrten Seelen sicher fühlen: Ihr habt ihr Einfallstor in euer Inneres verstopft und haltet es wohl verwahrt.

Wird ein solch verirrter oder boshafter Geist entdeckt, dann wird er sogleich eingeladen, eine Schule im Tempel der Wahrheit zu besuchen. Es ist das Wissen von Gott, das den Seelen dieser Geister fehlt. Wenn sie nicht bereuen, nachdem sie das Wissen erworben haben, und sich aus eigenem freien Willen weigern, von ihren falschen Wegen abzulassen, dann werden sie in einen Zustand versetzt, in dem ihre Lebendigkeit vorübergehend stillgelegt ist. Es gibt sehr wenige fehlgeleitete Geister in diesem Zustand, aber über die wenigen, die der Menschheit geschadet haben, ist schon vielzu lange geschrieben und phantasiert worden. Wie schützt ihr euch davor, daß euch so etwas zustößt? Ihr, meine Lieben, seid in dem Augenblick geschützt, wo ihr euch in eurem Herzen und Denken Gott zuwendet. In dem Augenblick, wo ihr eure Aufmerksamkeit auf Gott richtet, spielt ihr nicht mehr in derselben Liga wie diese armen, fehlgeleiteten Seelen.

Evolution ist der Weg des Fortschritts in der physischen wie in der geistigen Welt. Unsere Universen als Ganzes sind gewachsen. Auch wir leben hier nicht mehr im Mittelalter. Sich vor einem Teufel oder einem bösen Geist zu fürchten ist deshalb Zeit- und Energieverschwendung. Die meisten Geister wachsen und schreiten auf dem Wege der Erleuchtung voran. Die wenigen, die das nicht tun, sind von uns getrennt an einem Ort oder in einer Dimension völliger Dunkelheit und Unbeweglichkeit. Es ist etwa wie der Zustand zeitweilig aufgehobener Lebendigkeit, das heißt, sie haben keine Bewußtheit. Man könnte sagen, sie sind ausgeschaltet, um zu heilen und zu ruhen, damit der normale Bewußtseinszustand eines fernen Tages wiederhergestellt werden kann.

Jedes Wesen verfügt normalerweise über einen Bewußtseinszustand, der Gott als den Schöpfer anerkennt. Wir alle wissen, daß es vor dem Einen Gott keine anderen Götter gab, weil es keine andere Macht gibt, die höher ist als Gott. Er ist absolute Liebe. Mit all Seiner Macht und Energie ist er vollkommene Sanftheit und vollkommenes Mitgefühl. Er liebt uns göttlich. Wir sind Seine kostbare Schöpfung, Sein Schatz. Wenn ihr nur einen kleinen Eindruck von der großen Liebe bekommen könntet, die Gottes Liebe für euch ist, dann würdet ihr niemals wieder zweifeln noch euch fürchten oder hassen. Ihr könntet es gar nicht. Gottes Schöpfungen sind von Zärtlichkeit umhüllt. **Es gibt keine größere Liebe als die Liebe Gottes zu Seiner Schöpfung, die jeden von euch einschließt.**

So wißt ihr nun, daß Gott Liebe ist. Ihr erkennt, daß ihr in Liebe erschaffen seid, in Liebe lebt und ständig von Liebe umgeben seid. Ihr wißt, daß ihr nicht von Gott und Seiner Liebe getrennt sein könnt. Ihr wißt auch, daß mit Gott alles möglich ist; Gott hilft euch, alles nur mögliche Gute zu vollbringen. In Gott gibt es keinen Kampf. Der Kampf findet in euch selbst statt; er liegt in eurer Unfähigkeit, Gott in eurem Leben zu erkennen. Ihr wißt bereits, daß Gott Gebete hört und erhört – ihr braucht nur um Hilfe zu bitten, und sie wird euch augenblicklich zuteil. Nach eurem Glauben geschieht euch.

Glaube also ist die Währung des Gottes und Universums. Wenn ihr an Gott glaubt, werden alle eure Gebete beantwortet. In Gott gibt es keine Probleme; alle Probleme liegen in euch. Wenn ihr in irgendeinem Bereich eures Lebens Schwierigkeiten habt, ist Gott die Antwort. Gott antwortet mit Ideen, neuen Einstellungen und neuen Freunden. Er kann euch oder die entsprechenden Menschen an den rechten Ort bringen. Glaube ist die Gewißheit, daß Gott eure Gebete erhört, selbst wenn ihr die Antwort noch nicht vorausseht.

Ihr wißt, daß ihr ewig lebt, daß ihr durch immer neue Leben alles wiedergutmachen und berichtigen könnt. Diese Welt ist ein Übungsfeld fürs Leben. So wie ihr Menschen behandelt, wie ihr für euch selbst und eure Welt sorgt, so kommt ihr voran. Der Mensch, den ihr bessern müßt, seid ihr selbst, und ihr tut es durch unablässiges Beten und mit Gottes Hilfe. Um eine alte Überzeugung oder Einstellung zu tilgen, ersetzt ihr sie am besten durch eine neue. Eure größte Aufgabe im Leben ist, eure Einstellungen, Überzeugungen und Gedanken in Einklang mit dem Gottesbewußtsein zu bringen. Ihr wißt, daß wir ebenso lebendig sind wie ihr. Der einzige Unterschied liegt in der Erscheinung. Wir sind nicht dreidimensional wie ihr, wir leben in der unsichtbaren Welt. Wir leben und fühlen ebenso wie ihr. Jesus hat das gezeigt, indem er am Kreuze starb und am dritten Tage wieder auferstand. Darum ging es bei seinem Tode, zu zeigen, daß das Leben ewig ist. Wir alle sind geistige Wesen, und durch unsere Gedanken und Gefühle bewegen wir uns, leben und lieben wir und werden eins mit Gott.

Hier ist etwas Neues. Alle Welten und alle Wesen in diesen Welten sind miteinander verbunden. In dem Maße, wie eine Welt wächst, zieht sie alle anderen auf dem Wege voran. In dem Maße, wie ihr im Geiste wachst, wachsen alle Wesen. Wir sind alle durch Gott miteinander verbunden. Das Universum ist eine zusammenhängende Einheit, eines ist mit dem anderen verbunden. Deshalb kommen Wesen von anderen Planeten (Außerirdische oder Brüder aus dem All) der Erde zu Hilfe. Sie möchten, daß ihr überlebt, denn wenn ihr überlebt, habt ihr eine neue Möglichkeit, in die Einheit der Planeten einzutreten.

Ihr solltet inzwischen wissen, wie wichtig ihr uns seid. Wir lieben jeden einzelnen von euch und sind voller Freude über eure Fortschritte. Unser ganzes Ziel und unser höchstes Streben ist, der Menschheit dabei zu helfen, sich erneut mit Gott zu verbinden.

Jeder von euch hat seine eigene besondere Gruppe von Brüdern, und wir arbeiten mit euch, um euch zu helfen, aber nie, um die Herrschaft über euer Leben zu übernehmen. Deshalb denkt daran, daß ihr in bestimmten Umständen um Hilfe bitten müßt. Wir beten ständig für euch als Gruppe und als einzelne.

Fahrt fort, zuerst für euch selbst und für euer spirituelles Wachstum zu beten. Dann betet für eure Lieben und für die ganze Welt. Betet, daß alle Gottes absolutes Sein und Seine Gegenwart spüren. Er ist hier, und Er ist lebendiger, als ihr es seid. Erkennt die Liebe, die in dieser Welt ist. Meditiert und bittet Vater Gott, euch zu helfen, euch eurer Ziele bewußt zu werden und aus eurem Innern alles zu entfernen, was euch daran hindert, mit Ihm eins zu werden.

Die Bruderschaft

Haltet Hoffnung und Glauben in eurem Herzen lebendig

Maria, 19. März 1989

Ihr Lieben, ich bitte euch, die Hoffnung und den Glauben in euch lebendig zu halten. Mit Hoffnung und Glauben bleibt ihr stark in eurer Verbundenheit mit Gott. Diese Einstellung wird euch durch alle eure Tage auf der Erde und im Jenseits tragen. Euer Glaube ist die Gewißheit über Gottes Liebe. Nichts im Kosmos ist mit Gottes Liebe vergleichbar. Sie erfüllt den Kosmos mit allem, was nötig ist, um das Leben in Gang zu setzen und zu halten – auf Sternen, Planeten und in Sonnensystemen. Gottes Liebe ist in alle Ewigkeit mit euch. Erkennt Gottes Liebe in euch und in eurer Welt. Das ist alles, was ihr braucht, um voller Glauben und Hoffnung zu sein und um mehr Gutes in eurem Leben zu haben. Das ist so, ganz gleich, wo ihr lebt. Haltet den Glauben in eurem Herzen lebendig, indem ihr euch ständig an Gottes große Liebe zu jedem einzelnen von euch und zur ganzen Menschheit erinnert.

Hoffnung ist die Einstellung, die euch durch euer ganzes Leben tragen wird, durch das irdische wie durch das spirituelle. Konzentriert euch jetzt zunächst auf euer Leben auf der Erde. Für das physische Leben wird gesorgt sein, wenn ihr euch um euer geistiges Leben kümmert. Seht ihr, indem ihr Ordnung in euer spirituelles Leben bringt, bringt ihr auch Ordnung in euer physisches Leben, und wenn ich Ordnung sage, dann meine ich Gottes Ordnung. **Hoffnung erfüllt euer Herz mit Freude und Gewißheit für die Zukunft.** Freut euch darauf, in Hoffnung zu leben. Bewahrt euch eine Einstellung zum Guten. Hoffnung sagt euch, daß das Leben so viel größer, ist als es scheint, so viel großartiger, als ihr es euch vorstellen könnt. Wichtig ist, was ihr in euer Herz und Denken aufnehmt, denn in eurem Herzen und Denken lebt ihr.

Ihr meint vielleicht, ich habe vergessen, wie es auf der Erde zugeht, weil ich so lange nicht auf der Erde gelebt habe. Das ist nicht so. Ich höre jeden Tag die Gebete derer, die alle Hoffnung verloren haben. Ich höre die Gebete der Verzweifelten, und mein Herz ruft ihnen zu: „Wacht auf und wißt, daß es Hoffnung gibt, daß es Gutes gibt, daß es Gott gibt. Öffnet eure inneren Augen und forscht in eurem Herzen und Denken nach Ihm." Ich sehe die Leben, die durch Drogen und Hoffnungslosigkeit verwüstet sind. Viele Menschen heute denken, es sei alles verloren und es gäbe nichts, was ihr Leben noch ändern könnte. Sie schauen auf das Materielle und meinen, wenn sie mehr Häuser oder schnellere Autos hätten oder mehr Geld, dann wären sie ihrer Probleme ledig. So ist es nicht. Es würden echte Probleme zum Vorschein kommen, die sie anschauen müßten. Seht ihr, ihr arbeitet an echten Problemen. Die Fragen in eurem Innern sind das Echte.

Lernt von innen heraus zu leben. Euer echtes und wahres Leben wird in eurem Innern gelebt, in eurem Herzen und Gemüt. Wenn ihr euch den wahren Fragen des Lebens stellt, dann gewinnt ihr. Dann findet ihr, daß in eurer Suche nach Gott und Seinen rechten Wegen und wenn ihr euch in Einklang mit Gottes Energie bringt, auch all die anderen Dinge – Häuser, Geld, Autos, euer tägliches Brot – wie selbstverständlich vorhanden sein werden, und zwar genau das, was ihr wirklich braucht. Denkt daran, das Wichtigste an die erste Stelle zu setzen. Trachtet zuerst nach Gott. Prüft euer Inneres und entfernt daraus alle Meinungen und Verhaltensweisen, die euch daran hindern, in Einklang mit Gottes absoluter Energie zu sein.

Wenn ihr innerlich voller Hoffnung seid, dann gibt es weder Verzweiflung noch Furcht. Seht ihr, Verzweiflung entsteht aus der Angst. Geht also hinein in die Verzweiflung, in die Trägheit, in Zaudern und Zögern und seht, daß Angst der Kern ist. Furcht und Hoffnung können nicht nebeneinander leben. Konzentriert euch auf die Hoffnung, auf Gottes Liebe und seht, wie die Angst und ihre Nebenerscheinungen weichen. Wenn ihr euch dabei ertappt, daß ihr irgendeine Aufgabe vor euch herschiebt, dann werdet euch klar darüber, daß es Angst ist, die die Verzögerung bewirkt. Wenn ihr in eurem Herzen Verzweiflung spürt, dann erkennt sie als eine

Verkleidung der Angst. Sagt diesen Ängsten: **„Verschwindet; ich lege mein Leben in Gottes Liebe, und in meinem Herzen oder Denken ist kein Platz für Angst.“**

Versteht nun bitte, waß ich, wenn ich sage, Geld, Autos oder Häuser seien nicht das wichtigste im Leben, nicht meine, daß ihr aufhören sollt, zu arbeiten und für euren Lebensunterhalt zu sorgen. Euer Leben ist wie ein zweischneidiges Schwert. Die eine Seite ist das irdische, physische Leben, die andere das spirituelle. Richtet euer Hauptaugenmerk auf das Spirituelle, dann werdet ihr Angst, Ärger und Haß aus eurem Innern tilgen. Erst wenn ihr mit eurer spirituellen Seite in Einklang kommt, merkt ihr, daß die physische Seite von selbst immer besser wird.

Arbeitet weiter, denn das braucht der physische Körper, um gut zu leben. Jetzt werdet ihr voller Hoffnung und göttlicher Liebe in Herz und Gemüt eure Arbeit verrichten. Setzt euch weiterhin täglich Ziele, um eure irdischen Aufgaben zu erfüllen, aber jetzt werdet ihr euch diese Ziele mit Hoffnung im Herzen setzen. Ihr habt den Glauben, zu wissen, daß durch Gottes Macht und mit Seiner Hilfe alles erreicht werden kann.

Erinnert euch jeden Tag daran, daß ihr in der Hoffnung und im Glauben an Gott lebt. Alles auf Erden ist mit Gottes Hilfe erreichbar. Sagt euch, daß es nichts zu fürchten gibt, wenn Gottes Liebe in eurem Innern aktiv ist. Ihr könnt tätig sein, ihr könnt lernen, ihr könnt schaffen. Dies ist heute meine Botschaft an euch.

Ich möchte, daß ihr weiter jeden Tag betet und meditiert. Das ist in dieser Zeit nötig, um das Leben müheloser zu leben und um euch auf die Zukunft vorzubereiten. Betet um spirituelle Erleuchtung, um Verständnis darum, voller Hoffnung zu sein und voller Glauben an den Einen Gott, den Schöpfer aller Dinge. Haltet das Bild der Liebe in euch aufrecht, das Bild der großen Liebe Gottes zu uns allen.

Maria, die Mutter Jesu

Feiert den Erfolg des Lebens Jesu

Die Bruderschaft, 25. März 1989 – (Der Tag darauf, der 26. März, war Ostern)

Mit dem Osterfest feiert ihr, daß Jesus die Ziele seines Lebens erreichte. Er war erfolgreich, weil er niemals schwankend wurde, Gottvaters Hilfe in Anspruch zu nehmen. Er war ein Werkzeug, durch das Gott die Menschen dieser Welt erreichen konnte. Er war ein großer Mystiker und ein großes Beispiel für gelebte Spiritualität. Wir möchten euch heute etwas über die Bedeutung seines Todes am Kreuze sagen. Dieses eine Ereignis in Jesu Leben wurde vielzu lange falsch verstanden.

Jesu Tod am Kreuze war ein öffentliches Schauspiel. Alle Menschen in Jerusalem und bald auch in ganz Judäa erfuhren von seinem Tode. Über das Todesurteil herrschte große Uneinigkeit. Viele Menschen glaubten an Jesu Unschuld, und viele glaubten, er habe sich schuldig gemacht, weil er sich über die Gesetze Gottes, wie sie von den Schriftgelehrten und Priestern dieser Zeit ausgelegt wurden, hinweggesetzt habe. Es war sehr wichtig, daß sein Tod zu einem öffentlichen Schauspiel wurde, denn so erfuhren viele Menschen von den Ereignissen, die sich um seinen Tod rankten. Eine große Menschenmenge wurde auf diese Weise zum Zeugen seines Kreuzestodes. So viele Menschen wie möglich sollten sehen, daß er wie ein gewöhnlicher Krimineller ans Kreuz genagelt wurde, Seite an Seite mit den Menschen, die ganz gewöhnlich waren und gefehlt hatten. Alle Menschen machen spirituelle Fehler, aber nicht alle spirituellen Fehler sind für andere ohne weiteres äußerlich sichtbar. Viele spirituelle Fehler liegen in Glaubenshaltungen, in Verhaltensweisen oder in irrigen Vorstellungen von der Wahrheit. Jesus wurde zusammen mit den gewöhnlichen Kriminellen gekreuzigt, die nicht nur spirituelle Fehler begangen, sondern sich auch innerhalb der Gesetze ihres Volkes ins Unrecht gesetzt hatten. **Das Kreuz selbst hat nichts Magisches an sich. Es sagt nur, daß durch die Macht Gottes alle Fehler ausgestrichen, gelöscht oder entfernt werden können.**

Nun, der Grund, warum so viele Menschen in dieses Schauspiel einbezogen waren, ist einleuchtend: Auf diese Weise konnten sie nicht nur Jesu Tod, sondern auch seine Auferstehung bezeugen! **Die Botschaft seines Todes sollte allen die Ewigkeit des Lebens vor Augen führen.** Jedem auf der Erde sollte es wie Schuppen von den Augen fallen, daß das Leben weitergeht, ganz gleich, was geschieht. In Wahrheit gibt es keinen Tod. Der Sterbeprozeß ist einfach ein Überwechseln von einer Ebene auf eine andere. Ihr lebt weiter, ewig. Auch vor dem Ereignis von Golgatha währte das Leben ewig, aber viele Menschen hatten angefangen, daran zu zweifeln. Sie glaubten, dieses eine Leben sei alles, was es gebe. Viele verzweifelten und verloren den Glauben an das Gute im Leben. Deshalb veranschaulichte Jesus allen Menschen die Ewigkeit des Lebens.

Annie

Warum hat dann Jesus gesagt: „Wer an mich glaubt, der wird ewiges Leben haben"? (Johannes 6,47). Sollte das bedeuten, daß die, die nicht an Jesus glaubten, kein ewiges Leben hätten?

Die Bruderschaft

Jesus sprach Wahrheiten, die in diesem ganz bestimmten Zusammenhang noch nie zuvor gehört worden waren. Jesus sagte diese Worte, um der Menschheit klarzumachen, daß sie ein ewiges Leben vor sich hat; und nicht nur, daß das Leben ewig ist, sondern daß alles, was Jesus auf der Erde tat, eine Vorwegnahme dessen war, was ihr selbst jetzt tun könnt. Jesus wollte nicht, daß die Menschheit nur an ihn glaubte. Er kam auf die Erde, um Gottes Wahrheiten zu demonstrieren und um euch euer eigenes Potential zu zeigen. Aber viele Leute zweifelten an dem, was Jesus ihnen sagte oder handgreiflich vor Augen führte. Sie murrten: „Wie können wir das glauben?“ Sie zweifelten ganz ähnlich, wie ihr heute zweifelt. So sagte Jesus ihnen: „Wenn ihr an mich glaubt, wenn ihr an das glaubt, was ihr gesehen habt, was ich euch vor Augen gestellt habe, dann werdet ihr ewiges Leben haben.“ Aber auch wenn ihr nicht glaubt, lebt ihr weiter, denn das ist der Wille Gottes – auch das wurde ihnen gesagt.

Jesus lehrte, indem er zeigte. Seht ihn vor seinen Richtern stehen: Schaut auf seine Haltung, werdet euch seines unverbrüchlichen Glaubens und seiner engen Verbindung zu Vater Gott bewußt. Ihr seht daran, wie ihr selbst zu jeder Zeit eures Lebens glauben, suchen und handeln sollt. Jesus vergab den Menschen. Seine Worte waren: „Vater, vergib ihnen, denn sie wissen nicht, was sie tun“ (Lukas 23,34). Jesus vergab allen, und im Vergeben wußte er, daß ihm vergeben war. Er war sich auch bewußt, daß dieses Schauspiel der öffentlichen Demonstration der Ewigkeit allen Lebens dienen sollte. Die Menschen hatten die Wahrheit ihres Wesens aus den Augen verloren und folgten einem Weg, den sie selbst nicht mehr verstanden. Alles geschah nach Gottes Willen.

Wenn ihr auf Jesu Leben zur Zeit seines Todes zurückblickt, dann seht die Hoffnung, die er allen Menschen gab. Seht, wie er das ewige spirituelle Leben zur Anschauung brachte, als er den Freunden nach seiner Auferstehung erschien. Lest über das Leben und die Zeit Jesu in eurer Bibel nach, aber laßt neue Gedanken in euch ein. Seht die Haltung Jesu, die Kraft seines Glaubens an Gott, dann habt ihr ein Vorbild für euer Leben.

In der spirituellen Welt feiern wir zu dieser Zeit die Vollendung und Erfüllung des Lebens Jesu. Jesus konnte in einem Leben seine Ziele erreichen. Er war ein Mensch wie ihr. Er war denselben Versuchungen und denselben Gefühlen ausgesetzt wie ihr. Er konnte mutlos werden; er hätte krank werden können, aber er wurde nicht krank, weil er fest mit Gott verbunden war. Er und Gottes Bewußtsein waren eins. Seht ihr nicht, daß ihr auch eins mit Gottes Bewußtsein werden könnt? Das ist euer Potential! Was unterscheidet euch von diesem Jesus, als er auf der Erde weilte? Daß er, obwohl Mensch wie ihr, sich seines Ziels und seiner Gottverbundenheit unabänderlich bewußt war!

Ihr versteht den Begriff Gottesbewußtsein vielleicht nicht ganz. Es ist Gott in Seinem reinen, unpersönlichen Denken. Es ist der Ort, an dem alle Energie und alle Kreativität gespeichert sind. Jesus war also in direkter Verbindung mit diesem großen Denken Gottes, und Er stand auch in direkter Verbindung mit dem ganz persönlichen Vater-Bild Gottes. Das feiern wir also, die Einheit mit Gott, die eure Zukunft ist.

Seht jetzt die Verhaltensweisen des Nazareners, seht seine Sanftmut und Güte. Das ist euer Potential, so werdet auch ihr einst sein. Feiert mit uns den Erfolg und die Treue eures großen Bruders Jesus.

Die Bruderschaft

Kapitel 11

Das Allerbeste erwarten

Streicht Fehler aus: Erwartet das Gute

Maria, 26. März 1989, Ostersonntag

Ja, auch hier (im Geistigen) ist dies eine festliche Zeit wie auf der Erde. Für uns ist dabei besonders wichtig, daß Jesus sein Ziel innerhalb eines einzigen Erdenlebens erreicht hat, und das gelang ihm nur, weil er eng mit Gott verbunden blieb. Manche Leute würden vielleicht sagen, Jesus litt unter einer Gesichtsfeldeinengung, aber manchmal ist diese Art von Vision nötig, um ein Ziel zu erreichen. Jesus hatte eine Mission. Er war damit betraut, der Welt die Wahrheit zu sagen.

Auf der Erde haben die Religionen diesen Ostertag zu dem gemacht, was er jetzt ist. Sie haben einige Wahrheiten bewahrt, lassen andere jedoch außer acht. Dem Sterben Jesu wird zuviel Wichtigkeit beigemessen. Zu viel wird über seine letzten Worte gesagt, zu viel Betonung liegt auf dem Kreuz. Dies sind einfach Symbole, die im spirituellen Leben schon seit Jahrhunderten diese Bedeutung haben.

Das Kreuz ist ein Symbol für das Ausstreichen von Irrtümern. Dieses Symbol sagt euch: **Sünde ist ein spiritueller Fehler.** Und Jesus starb aus vielen Gründen am Kreuz, aber es ist Gott der Vater, der Sünden vergibt. Jesus vergab Sünden auf der Erde, weil er von Gott dazu ausersehen war, seine Vollmacht anzuwenden. Alle Fehler können ausgestrichen werden. Gott ist nichts unmöglich, und deshalb ist Verzeihung zu erhalten nicht schwieriger als ein Ausstreichen.

Jesu Körper war kein besonderer Körper, aber Jesus war sich über seine geistigen Ziele klar. Sein Körper und sein Blut waren genauso wie euer Körper und euer Blut. Er war sehr menschlich; es tat ihm weh, wenn er blutete. Er fühlte Schmerzen, er war müde, und er hattte all die anderen Empfindungen. Er war einfach ein Mensch, aber als er seine Ziele verwirklichte und anfing, das Volk zu lehren, da wurde er zum Christus. Jesus als der Christus ist etwas Besonderes auf allen Ebenen und in allen Welten. Wenige haben die Ebene des Christusseins erreicht, aber alle Menschen tragen die Möglichkeit dazu in sich.

In unserer Zeit war das Kreuz ein Mittel, Gewalttäter zu demütigen. Man dachte, wenn ein Mörder gedemütigt werde, dann werde das andere davon abhalten, Verbrechen zu begehen. Doch es war nicht so. Nur die ganz gewöhnlichen Gesetzesbrecher starben am Kreuz, die allergewöhnlichsten Leute, wenn man das so sagen kann. Niemand, der am Kreuz starb, war ein geachteter Mensch. Jesus starb symbolisch am Kreuz, um zu zeigen, daß er ein ganz gewöhnlicher Mensch war. Als Christus lehrte er die Wahrheit und lebte die Wahrheit des ewigen Lebens.

Freut euch und seid glücklich. Was Jesus Christus tat, sollte der Menschheit beweisen, daß das Leben ewig ist. Er nahm dem Sterben das Mysteriöse.

Seht euch Jesu Lehren an und lernt mit Gottes Hilfe, die wahre Bedeutung seiner Worte zu verstehen. Wenn ihr Gott den Vater sucht, kommt Er in euer Herz und Denken. Er ist die absolute Wahrheit, deshalb ist Er niemals wankend. Was am Anfang der Zeit die Wahrheit war, ist auch jetzt die Wahrheit. Das Leben ist immer ewig gewesen, und es wird weiter ewig sein.

Jetzt will ich euch ein wenig davon erzählen, was zu dieser Zeit in unserer Familie geschah. Wie ihr wißt, war uns immer klar, daß Jesus von Gott zu dieser Aufgabe ausersehen war. Nicht alle unserer Kinder verstanden, daß das Lehren seine Arbeit war. Manche von ihnen hörten nicht auf, darauf zu warten, daß er sich niederlassen und heiraten würde. Andere fragten sich, warum Gott wollte, daß Jesus so lebte, ohne ein Zuhause oder irgendeinen Ort, den er sein eigen nennen konnte. Bei den wenigen Malen, wo wir mit ihm allein sprechen konnten, erklärte er uns folgendes:

Vater Gott wollte, daß Jesus gerade dieses Leben führte, damit er mit allen seinen Bedürfnissen vollständig von Ihm abhängig war. Auf diese Weise konnte er zeigen, daß Gott der Vater für alle seine Bedürfnisse sorgte, ganz gleich, wie alltäglich sie waren. Der Mensch heiratet, um eine Partnerin oder einen Partner zu haben, jemanden, der ihm hilft, seine Lebensziele zu erreichen. Zur Ehe gehört ein bestimmter Lebensstil, der verlangt, daß Ehe und Familie vorrangig sind. Jesus hatte keine Zeit für eine solche Verpflichtung. Er war bereits Gott und seinen Lebenszielen verpflichtet. Jesus wußte, daß sein Leben auf der Erde kurz sein würde. Er wußte, daß er die Autoritäten und die Priester gegen sich aufbringen würde, indem er die Wahrheiten lehrte, die jene außer acht gelassen hatten.

Zu jener Zeit enthielt das Erden- oder Rassenbewußtsein der Menschheit viele Denkfehler – das ist bis heute nicht anders. Es waren die Wahrheiten[3] im Erden- oder Rassenbewußtsein, auf die die Priester sich ab und zu beriefen. Wenn ein Mensch eine Aussage macht wie: „Das weiß doch jeder...“, kann man sicher sein, daß er sich auf das Erdenbewußtsein beruft, daß das Erdenbewußtsein die Quelle seiner Wahrheiten ist.

Jesus erklärte uns, seiner irdischen Familie, auch, daß er im Leben und im Sterben unter den gewöhnlichen Menschen weilen werde – und daß wir nicht an den Schein in seinem Leben glauben, sondern um göttliches Verstehen beten sollten. So würden wir die Antworten in unserem Innern bekommen. Er erinnerte uns daran, daß das Leben ewig sei, daß die irdische Sicht der Wahrheit nicht immer übereinstimme mit der Wahrheit im Geiste und daß das, was auf der Erde geschehe, nicht immer das sei, was im „Himmel“ geschehe, wobei Himmel ein anderes Wort für Gott sei. Jesus betonte, daß mich und seine Geschwister unwandelbar liebe. Er schätzte mich als seine Mutter unverbrüchlich, und er schätzte ebenso seine Geschwister und ihrer aller gemeinsame Kindheit.

---

[3] Das Erdenbewußtsein enthält einige spirituelle Wahrheiten

Wir als Familie beteten viel für Jesus und sein Werk auf der Erde. Wir liebten ihn über alles und schauten immer zu ihm auf. Jesus war unser Sohn, Bruder und Onkel, so wie ihr es füreinander seid. Aber wir wußten auch, daß Jesus zum Christus geworden war, der eine gewaltige Aufgabe zu erfüllen hatte: der Welt die göttliche Wahrheit zu offenbaren und der Menschheit Aufschluß über die Kräfte und Fähigkeiten zu geben, die in ihnen brachlagen. Das war zuvor noch niemals gelehrt oder enthüllt worden!

Dennoch litten wir und beteten zu Gott um Verstehen, als Jesus wie ein gewöhnlicher Verbrecher ans Kreuz geschlagen wurde. Es quälte uns der Gedanke, daß jedermann ihn nun als einen Missetäter abtun konnte. Doch als Jesus dann an jenem Sonntagmorgen im Grabe nicht mehr aufzufinden war, da war ich überglücklich. Er hatte die Ewigkeit des Lebens bewiesen! Alles, was Jesus mir und Joseph gesagt hatte, war die reine Wahrheit gewesen, und das zeigte sich jetzt. Jesus lebte und würde auf die Erde zurückkehren, um sein Werk fortzusetzen.

Es wurde jedoch bald klar, daß er nicht so auf die Erde zurückgekommen war, wie ich es mir vorgestellt hatte, sondern als verklärter Geist. Danach konnten seine Jünger in seinem Namen heilen. Sie fuhren damit fort, Jesu Lehren zu verbreiten, so wie sie ihnen im Gedächtnis geblieben waren, denn die Ewigkeit des Lebens war eindeutig bewiesen. Jesus lebte und lebt bis auf den heutigen Tag. Er benutzt den Körper, den er im Geistigen trägt, bis auf den heutigen Tag, um auf der Erde zu wandeln. Jesus kann unter euch weilen und mit euch sprechen. Er läßt nicht davon ab, die Menschen, wo immer er sie antrifft, zu unterweisen. Er als der Christus hat die Fähigkeit, sich in viele Fragmente aufzuteilen und dennoch eins zu bleiben. Er kann an vielen Orten und auf vielen Ebenen sein und dennoch im Himmel. Dieses Vermögen benutzt er bis auf den heutigen Tag, um auf der Erde zu sein.

Die heutige Lektion ist subtil. **Schaut nicht auf den Anschein eures äußeren Lebens, sondern auf die Realität eures inneren Lebens mit Gott.** Wie oft sprecht ihr mit Gott? Wie ehrlich seid ihr

Gott gegenüber? Schaut euch eure Erwartungen an: Erwartet ihr wirklich, daß Gott für jedes eurer Bedürfnisse sorgt, ganz gleich, wie alltäglich es sein mag? Er kann es und Er tut es!

Benutzt im Geiste das Kreuz, um alle Fehler im Denken und im Glauben auszustreichen. Streicht das Erdenbewußtsein der Menschheit aus. Setzt alle eure Erwartungen ins Gottesbewußtsein. Benutzt das Kreuz folgendermaßen mit den Worten: **„Ich streiche diesen Anschein von Krankheit, Armut oder Angst mit der Hilfe Jesu Christi aus meinem Bewußtsein. Er ist jetzt vollständig gelöscht.“** Sagt euch von diesem Augenblick an, daß er gelöscht ist und euch nicht mehr beunruhigt, ganz gleich, wie der äußere Anschein sein mag.

In der Hauptsache geht es uns heute jedoch um eure Erwartungen. **Setzt eure Erwartungen in das Gottesbewußtsein.** Nehmt eure Erwartungen genau unter die Lupe. Wenn ihr diese Worte glauben und wenn ihr erreichen wollt, daß sie die erwünschten Ergebnisse bringen, dann müßt ihr hohe Erwartungen haben und eure alten Denkmuster fallenlassen. Damit meine ich folgendes:

Wenn du (Annie) aus dem Fenster schaust und „etwas in der Luft“ siehst, dann gerätst du in Panik und meinst, es sei an der Zeit, allergisch auf die Elemente zu reagieren. Segne die Bäume und alles in der Natur. Sie ist nicht dein Feind, sondern dein Freund. An einem bewölkten Tag wie diesem erwartest du, Gelenkschmerzen zu bekommen. Das sind die Erwartungen, die ich meine.

Andere beten für ihre Finanzen, aber ihr erwartet, kein Geld zu haben. Wenn ihr an eure Brieftasche denkt, dann erwartet ihr, daß sie leer ist. Wenn ihr eine Rechnung bekommt, deren baldige Zahlung ansteht, dann setzt euer Herz erst einmal aus, und ihr erwartet, sie nicht rechtzeitig bezahlen zu können. Nehmt die Rechnungen in die Hand und bekräftigt die Wahrheit: **„Gott sorgt für das Geld, um diese Rechnung bezahlen zu können, jetzt. Ich brauche nur das Allerbeste zu erwarten, damit diese Worte die Wahrheit sind.“** Seht ihr, nicht Gott ist es, der etwas tun muß, sondern ihr selbst. Ihr müßt euch und euer inneres Leben in Einklang bringen mit

Gott. Die Veränderungen müssen in eurem Innern vor sich gehen. Betet um diese Veränderungen in eurem Bewußtsein, eurem Herz und eurer Seele, damit ihr ein Leben leben könnt, in dem Gott alles für euch ist.

Erwartet das Gute. Erwartet Gesundheit. Erwartet viel Geld, um jedes eurer Bedürfnisse zu befriedigen. Erwartet spirituelles Wissen. Das ist die Lektion für heute.

Maria, die Mutter Jesu

Trinkt die Substanz Gottes in euch hinein

Jesus, 31. März 1989

Ich grüße euch. Erwartungen sind der Plan für euer Leben. Das, was ihr in eurem Leben erwartet, wird geschehen. Wenn ihr ein Haus baut, dann laßt ihr Pläne dafür zeichnen. Nun, auf dieselbe Weise sind eure Erwartungen die Pläne für euer Leben. Bringt eure Erwartungen in Übereinstimmung mit euren Wünschen und erwartet dann, daß Gott noch viel mehr durch euch gibt.

Gott der Vater wirkt durch euch und nicht für euch. Er wirkt durch eure Erwartungen. Wenn ihr um Gesundheit betet und Krankheit erwartet, was meint ihr, wird in eurem Leben geschehen? Wenn ihr um finanziellen Wohlstand betet und erwartet, ständig Schulden zu haben, was wird da sein? Denkt daran, daß eure Erwartungen euer Plan sind. Eure Gebete sind wichtig, und Gott erhört Gebete, aber eure Erwartungen entscheiden darüber, wie weit die Tür geöffnet wird, wieviel ihr annehmt.

Nehmen wir zum Beispiel die Gesundheit. Annie bittet um Gesundheit im Körper, im Denken und im Fühlen. Sie hat ihre Erwartungshaltung jetzt auf einen Stand gebracht, wo sie emotionale Gesundheit empfängt. Es gab eine Zeit, wo sie um emotionale Gesundheit betete, was sie jedoch erwartete, waren Tränen, Ärger und Ängste. Nun, da sie angefangen hat, Ärger und Ängste aus ihrem inneren Leben zu entfernen, steckt sie ihre Erwartungen höher. Ihre Gefühle sind geheilt, und sie ist emotional stabil. Jetzt muß sie an ihren Erwartungen hinsichtlich körperlicher Gesundheit arbeiten. Achtet auf die flüchtigen Gedanken, die euch durch den Kopf gehen. Seht ihr, wenn Annie merkt, daß Regen im Anzug ist, dann erwartet sie Schmerzen in ihrem Körper.[4] Sie bereitet ihren Körper auf Schmerzen vor. Das geschieht ganz unbewußt. Es ist so in ihr Bewußtsein eingegraben, daß Schmerz mit aufziehenden Wolken Hand in Hand geht, daß sie nicht bemerkt, wie sie sich verspannt. Nehmt euch die Zeit, unangenehme Erwartungen aus eurem Herzen und Denken zu entfernen. Geht in euren Tempel, nehmt in der Meditation Licht zu Hilfe, um derartige Erwartungen abzubauen oder auszuwischen, so wie man eine Tafel abwischen würde. Dann füllt euer Herz und Denken, indem ihr eure Erwartungen mit allem erfüllt, was ihr euch wünscht. Dies ist ein Vorschlag, doch bedarf es der Übung.

Schätzt die geistigen Übungen, die ich euch gebe, nicht gering; Beten ist eine geistige Übung. Es ist ein geistiger Vorgang, einer, von dem ihr schon wißt, daß er Ergebnisse hervorbringt. Der Denkprozeß verbindet euch mit dem Göttlichen. **Durch euer Denken und Fühlen habt ihr die Kraft, euer Leben zu ändern.** Beten, Meditation, die Gedanken zur Ruhe bringen sind alles geistige Vorgänge. Könnt ihr das fassen?

Durch diese geistigen Übungen entwickelt ihr die Fähigkeit, euer Leben zu ändern. Fordert euer Denken heraus, eure Erwartungen auf dieselbe Stufe zu heben wie eure Wünsche. Wenn eure Erwartungen und eure Wünsche eins werden, dann werdet ihr in eurem Leben und in eurer Welt Wunder erleben.

Nun, laßt uns einen Blick auf eure Geldangelegenheiten werfen. Ihr alle bittet um Geld. Aber schaut euch eure Erwartungen an. Ich benutzte das Beispiel, wie ihr euch fühlt, wenn ihr eine Mahnung erhaltet. Achtet darauf, ob ihr euch beim Empfang dieser Mahnung anspannt oder euch niedergeschlagen fühlt. Wenn

---

4 Annie hat eine Art von Arthritis.

das so ist, dann erwartet ihr Mangel statt Fülle. Wenn ihr an euer Geld denkt, denkt ihr dann: „Ich werde reichlich Geld haben“ oder denkt ihr vielmehr: „Ich werde nicht genug Geld haben, um...“? Wenn ihr erwartet, nicht genug Geld zu haben, dann ist das euer Plan, den ihr der Substanz des Universums übergebt und den sie euch liefert.

Achtet auf eure Gedanken und Worte. Sagt ihr: „Das geht mir immer so“, wenn ihr irgendeinen Rückschlag erleidet, oder: „Ich komme aus den Schulden nie heraus“ oder vielleicht: „Ich wünschte, ich hätte viel Geld“? Dies sind Gedanken und Worte, die eure Erwartungen vermindern. Eure Erwartungen setzen sich aus all euren Gedanken und Worten zusammen und daraus, wie ihr euch selbst seht.

Übernehmt von diesem Augenblick an die Verantwortung für eure Erwartungen. Bemüht euch bewußt, sie zu korrigieren. Übernehmt Verantwortung für eure Gefühle, für die kleinen Gefühle beim Geldausgeben oder beim Denken an Geld. Hier ist ein Vorschlag, wie ihr das tun könnt.

Begebt euch ruhig an euren besonderen Platz in eurem Innern. Nehmt im Geiste ein Bad und spült damit alle Ängste und allen Ärger aus eurem Herzen und Denken und aus euren Erwartungen. Stellt euch vor, unter einem Wasserfall zu stehen, und laßt das Wasser über euch strömen. Das Wasser stellt hier die Substanz Gottes dar. Nun legt den Kopf zurück, öffnet den Mund und trinkt die Substanz Gottes in euch hinein. Nur so wird sie durch euch wirken. Dies ist meine Botschaft an die Welt. Gott drängt euch nichts auf, nicht einmal euer Wohl. Ihr müßt Gott durch euch wirken lassen. Leute, die viel Geld haben, erwarten, daß sie immer viel Geld haben werden. Wenn sie diese Erwartung aufgeben, verlieren sie es. Wenn sich Angst, Wut oder Haß in eure Geldangelegenheiten einschleichen, dann entsteht Mangel. Vielleicht wird immer noch Geld da sein, aber keine Freude – etwas fehlt jedenfalls. Das Geld ist dann kein Segen mehr, sondern eine Quelle von Schmerz und Ärger.

So wie Gottes universale Substanz sich in eurem Denken und Herzen auszubreiten beginnt, so öffnen sich die Türen zu mehr Geld und zu mehr Glück.

Das Glück liegt nicht darin, viel Geld zu haben, sondern darin, in eurem Leben den Willen Gottes zu tun. **Wahres Glück liegt darin, Gottes universales Gesetz geistigen Wachstums zu erfüllen.** Erwartet ein glückliches Leben. Erwartet, reichlich alles zu haben, was ihr braucht. Erwartet, daß eure Bedürfnisse befriedigt werden; ihr allein könnt wissen, was ihr wirklich braucht. Der eine braucht einen gesunden Körper, der andere braucht eine große Wohnung, wieder ein anderer ist vielleicht ganz zufrieden mit einem kleinen Heim und wenig Besitz. Das, was ihr zu haben oder womit ihr zu leben erwartet, entscheidet darüber, was ihr bekommt. Hebt bewußt eure Erwartungen auf eine höhere Ebene. Mit Gott ist alles möglich. Mit Gott als eurem Ratgeber und Verbündeten könnt ihr nicht fehlgehen. Öffnet euer Herz und Gemüt für alles, was Gottes ist. Hier liegt euer Wohl.

Macht eine Woche lang die Übung mit dem Wasserfall. Laßt den Wasserfall die Erfüllung aller eurer Bedürfnisse und Wünsche darstellen, trinkt die Fähigkeit in euch hinein, Geld zu verdienen, glücklich zu sein, zu sein, was ihr sein möchtet. Benutzt euer Denken und eure Gefühle, um eure Erwartungen zu erhöhen. Ich bin für euch da, wenn ihr Hilfe braucht – ruft mich an.

Jesus

Versteht euren wahren Wert

Die Bruderschaft, 8. April 1989

Wir segnen alle Bemühungen, die ihr unternehmt, um spirituelles Bewußtsein zu erlangen. Versucht nicht, euer spirituelles Wachsen zu beschleunigen; es läßt sich nicht überstürzen. In eurem Herzen muß zuerst eine bestimmte Bewußtheit erwachen. Ihr müßt alles über das Gottesbewußtsein und die Essenz Gottes herausfinden und euch eures Platzes in Gottes großem Plan bewußt werden wollen.

Steht jeden Tag mit dem Gedanken auf und nehmt ihn während des Tages mit euch:

„Es gibt eine lebendige Gegenwart und eine lebendige Macht im Universum. Diese Gegenwart und Macht ist Gott, der mich über alle Maßen liebt. Ich bin nach dem Bilde und zum Gleichnis dieser einen Gegenwart gemacht. Ich bin ein individueller Funke des Göttlichen. Diese eine Gegenwart und Macht ist mein Funke der Göttlichkeit.“

Wenn ihr das wirklich glauben könnt, seid ihr um Jahrhunderte vorangekommen. Ihr werdet in dieser Lebensspanne euren wahren Wert im Leben finden. Wenn ihr erkennt, wenn euch wirklich klar wird, daß ihr mit Gott und allem, was Er repräsentiert, verbunden seid, dann habt ihr eine Vorstellung von eurem wahren Wert. Euer Wert kann niemals von irgend etwas kommen, was ihr tut oder was euch eigen ist. Euer Wert ist euch von Gott gegeben.

Während der letzten zwei Wochen haben wir euch gelehrt, eure Erwartungen zu erhöhen. Jeder von euch muß zu einem Verständnis seines wahren Wertes im Leben gelangen. Wenige Menschen haben erkannt, was die Worte „Gott schuf den Menschen Ihm zum Bilde“ bedeuten. Werdet euch klar, wer ihr seid!

In einem Gedicht, das Annie vor einiger Zeit empfing, stand die Zeile: „Erinnere dich, wer du bist!“ Wenn jeder von euch sich seines Ursprungs und seiner Zukunft erinnert, dann wird es euch nicht schwerfallen, euren wahren Wert richtig einzuschätzen.

Ursprünglich sind wir alle von Gott dem Schöpfer gekommen. Wenn wir also nach Seinem Bilde geschaffen sind, dann **verfügen wir über folgende Eigenschaften**, und es liegt an uns, ob wir sie suchen oder ignorieren:

Liebe – eine Liebe tief in unserem Innern zu allem Leben, zu uns selbst, zu unserer Welt und unserer Zukunft. Wenn ihr keine Liebe zu eurer Zukunft hättet, würdet ihr euch nicht stets von neuem auf die Zukunft freuen. Die Liebe, die in uns ist, ist göttlicher Natur.

Diese mächtige Liebe heilt und nährt uns und bewirkt, daß es uns gutgeht.

Weisheit – die Weisheit der Zeitalter ist sie genannt worden, aber in Wirklichheit ist sie die Weisheit Gottes. Es ist die Weisheit, die alle Antworten kennt und weiß, wie man sich in jeder Lage richtig verhält. Dieses Vermögen liegt tief in jedem von uns. Es ist stets gewärtig, daß wir danach verlangen, es in unseren Dienst zu nehmen.

Ordnung – in der gesamten Schöpfung drückt sich durchgängig Gottes Ordnungssinn aus. Die Ökologie zum Beispiel ist ein Ausdruck göttlicher Ordnung. Für alle Geschöpfe ist eine Nahrungskette vorgesehen, und die Nahrungskette sorgt für den ganzen Planeten. Die Naturgesetze, d. h. die Gesetze des physischen Universums, wurden von vornherein inkraft gesetzt. Tief in eurem Innern herrscht göttliche Ordnung. Durch eure Gedanken, eure mentalen Vorstellungen und eure Suche werdet ihr der göttlichen Ordnung begegnen und sie in eurer Umwelt verwirklichen. Werdet euch der Macht der göttlichen Ordnung in eurem Leben bewußt. Gebt euch eine Affirmation wie die folgende: **„Göttliche Ordnung herrscht in meinem Leben und in meiner Welt."** Sagt euch das immer wieder, bis ihr es tief in eurem Herzen glaubt. Wichtig ist das, was ihr für wahr haltet. Wenn sich das, was ihr für die Wahrheit haltet, mit der göttlichen Wahrheit vereint, dann werdet ihr zu dem Punkt gelangen, wo ihr eure Wünsche manifestiert.

Leben – ihr seid immer lebendig. Wir alle leben ewig. **Dies ist die Ewigkeit, sie ist im Jetzt.** Ihr braucht nicht auf ein anderes Leben zu warten, um etwas zu sein oder zu haben. Ihr habt alles, was ihr braucht, um jetzt ein volles Leben zu leben. Das Leben kann nur jetzt gelebt werden; es gibt kein „Später" oder „Nachher", Leben wird nicht in der Zukunft gelebt. Das ist die Wahrheit.

Kraft – ihr seid eins mit der Urkraft selbst. Euer Ursprung ist Kraft, denn ihr kommt von Gott. Erinnert euch daran: Ihr seid stark, denn ihr seid stark in Gott.

Macht – es lebt eine Macht im Universum, und diese Macht lebt in euch. Ihr und die göttliche Macht seid eins, seid eine Einheit.

Glaubt euch nicht machtlos. Erinnert euch daran, daß ihr eins seid mit Gott, der alle Macht ist. Ihr habt mehr Macht in euch als ein Atom. Denkt über diese Aussage nach!

Begeisterung – ihr braucht weder Alkohol noch Drogen, um eurem Leben Schwung zu geben. Ihr seid begeistert, weil ihr lebt. Denkt jeden Tag an die Begeisterung, die allgegenwärtig in euch ist und jauchzt: **„Ich bin lebendig und voll Freude, weil ich eins bin mit Gott.“**

Wille – der Wille, zu leben, zu sein und zu erschaffen. Diese Eigenschaft ist Gottes freie Zutat. Euer Lebenswille bedarf nicht der geringsten Anstrengung; rückt euch jemand zu nahe, dann steigt er machtvoll in euch auf. Seid euch eures Willens jeden Tag bewußt und gebt ihm die rechte Richtung, etwa: **„Ich will den Willen Gottes tun; Gott will nur Gutes für mich.“**

Verstehen – dieses Wort setzt voraus, daß ihr bereits wißt. Ihr habt bereits eine Vorstellung davon, was ihr und wie ihr etwas tun könnt. Das ist eine weitere Wahrheit. Ihr wißt bereits, wie ihr leben sollt, und ihr wißt instinktiv, worin euer Wohlergehen liegt. Es ist **„in euch“**. Denkt daran: **„Gottes Verstehen ist in mir. Ich kann verstehen und begreifen, worum es in meinem Leben geht.“**

Energie – ihr seid aus reiner Energie gemacht. Euer Sein selbst besteht aus reiner Energie. All euer Sein und Denken ist reine Energie. Jeder Gedanke und jedes Gefühl ist eine Freisetzung reiner Energie. Benutzt diese Energie weise. Erinnert euch daran, wer ihr seid! **„Ich benutze reine Energie, um in meinem Leben Glück, Liebe und die Situationen zu erschaffen, die ich mir wünsche.“**

Ihr wißt, daß ihr mehr seid als diese wenigen Eigenschaften, und wenn ihr zu einem echten Verständnis eures Wertes gelangen könnt, indem ihr euch eures Potentials erinnert, dann wird in eurem Leben ein Wunder nach dem anderen geschehen. Niemand kann das für euch tun. Kein anderer kann euch heilen oder für euch sorgen. **Es ist eure Verantwortung, euch mit der Wahrheit eures Seins zu vereinen.** Beginnt mit diesen wenigen Eigenschaften, und laßt euch von diesen Gedanken so durchdringen, daß ihr euch nicht mehr daran zu erinnern braucht, wer ihr seid. Ihr werdet dann eures wahren Wertes im Geiste, im Leben und in der Ewigkeit gewiß sein. Diese Wahrheiten können nur dadurch Teil eures Bewußtseins werden, daß ihr sie ständig wiederholt. Viele Stunden des Denkens werden nötig sein, bis ihr euren Platz in der Ewigkeit ganz verstanden habt. Nehmt dies als Übung, um eure Erwartungen zu erhöhen. Bittet uns um Hilfe, um diese Wahrheiten verstehen zu können. Dies ist eurer spirituelles Grundrecht:

„Ihr habt ein Anrecht auf alle Macht und Energie des Kosmos; ihr habt ein Recht auf Liebe, Stärke, Weisheit und Begeisterung; ihr dürft alles Leben und Verstehen für euch nutzen.“

Mit einer Einschränkung: **Ihr müßt zum Wohl des Ganzen wirken.** Diese Macht darf nur dazu dienen, die spirituelle Bewußtheit der Welt zu erhöhen. Wenn ihr selbst spirituell bewußter werdet, erhöht ihr die Bewußtheit der ganzen Welt. Wir sind alle durch die Lebenskraft miteinander verbunden. Ganz gleich, wo das Leben gelebt wird, wir sind eins, ein Ganzes. Die ganze Menschheit, alle Geistwesen, alle Wesen auf anderen Planeten – solange es Leben gibt, sind wir eins.

Wiederholt euch die Sätze, die ihr heute empfangen habt. Ihr könnt eure Bewußtheit auch durch eine Affirmation erhöhen, zum Beispiel: **„Ich bin durch die folgenden Eigenschaften mit Gott verbunden…“** Dann zählt ihr sie auf: **„Göttliche Liebe, göttliche Weisheit, Leben, ewige Begeisterung, göttliches Verstehen, Gottes Frieden,“** und so weiter.

So prägt ihr euch diese Wahrheit ein: Ruft immer göttliche Liebe oder göttliche Weisheit an, denn es gibt auch einfache Liebe und Weisheit, aber das, was ihr wollt, ist die treibende Kraft hinter der einfachen Liebe und Weisheit, und das drückt ihr mit dem Attribut „göttlich“ aus.

Alles, was Gott ist, steht jedem von euch jederzeit zur Verfügung. Indem ihr diese Wahrheiten in euer Leben aufnehmt, werdet ihr das, was ihr lernt, auch anwenden können. Übt und übt und übt. Dies sind Lehren, die ihr wirklich lernen und nicht nur anhören sollt. **Ihr müßt sie in euer Inneres aufnehmen, damit sie von Nutzen für euch sind.** Das ist auch eine gute Art zu beten – euch daran zu erinnern, **wer ihr seid!** Wir sind bei euch, während ihr übt. Ruft uns an, nehmt unsere Unterstützung in Anspruch; das ist unser Ziel, und dafür sind wir da. Unsere einzige Aufgabe ist, euch zu helfen, euch mit der Essenz Gottes zu verbinden und euer volles geistiges Potential zu nutzen.

Die Bruderschaft

Setzt eure Überzeugungen in die Tat um

Maria, 9. April 1989

Es gibt immer mehr über Gott und über euer spirituelles Leben zu lernen. Ich will nur bekräftigen, was die Bruderschaft schon gesagt hat, daß es wichtig ist, diese Lektionen als Thema für euer tägliches Leben zu benutzen.

Ihr seid nur zu diesem Zwecke auf der Erde – zu üben, was ihr schon gelernt habt. Während eures Lebens im Geiste, wenn ihr in den verschiedenen Tempeln des Lernens weilt, geht es immer darum, die Grundsätze von Liebe, Frieden, Weisheit usw. zu lernen. Das ist eure Wahl, im geistigen wie im physischen Leben. Die meisten Wesen entscheiden sich dafür, ewig auf der Suche zu sein, auf der Suche nach Wissen und Verständnis der wahren Natur dieses Lebens, dessen Teil ihr seid. Ihr habt immer die Möglichkeit, Fehler zu korrigieren und zu üben, um es besser zu machen. Heute lernt ihr, daß euer Leben auf der Erde einzig dem Ziele dient: das, was ihr glaubt, auch einzuüben! Wir sagen alle, ihr sollt üben; laßt mich euch ein paar Beispiele geben, wie ihr das tun könnt. Ihr wißt schon viele Wahrheiten; wiederholt sie jeden Tag. Vielleicht habt ihr etwas zu tun, was euren Gedanken Raum gibt, dann nutzt diese Zeit – ruft euch eine der Wahrheiten ins Gedächtnis, wiederholt sie wieder und wieder, bis sie eurem Herzen und Denken fest eingeprägt ist.

Alles wird zuerst mit dem Kopf gelernt, intellektualisiert, und dann spürt ihr es auch im Herzen. Manche Menschen können diese Wahrheiten sehr schnell in ihr Denken und in ihr Herz aufnehmen, andere müssen länger daran arbeiten. Vergleicht euch nicht mit anderen. **Jeder Mensch ist einzigartig und lernt in seiner eigenen Gangart und auf seine eigene Weise.**

Diese Übungen sind außerordentlich wichtig. Denn wenn ihr wirklich euren Wert vor Gott begriffen habt, euren wahren Wert, dann seid ihr an dem Punkte angekommen, wo ihr viel von eurem wahren Potential benutzen könnt. Denkt daran, was Jesus der Welt sagte: „Alles, was ich tue, werdet auch ihr tun und noch mehr" (Johannes 14,12). Auf der Erde heute leben viele Menschen nur mit der Hälfte ihres Potentials: Viele haben nicht einmal ansatzweise versucht, zu ihrer vollen geistigen Größe zu gelangen. Wenn ihr euch also diese Wahrheiten einprägt und sie wiederholt, so geschieht das nur zu eurem Nutzen. Gott ist unwandelbar, denn Er ist. Versteht ihr, daß Gott alle Macht, reine Energie und alle die anderen Eigenschaften ist, die wir für euch definiert haben, und daß Er immer derselbe war – ewig?

In eurem Denken gibt es Blockaden, und es ist unerläßlich, daß ihr, natürlich mit Gottes Hilfe, diese harten Stellen in eurem Denken auflöst. Laßt uns das in einem Vergleich darstellen. Gott ist sicher und fest wie ein starker Baum. In seiner Krone hängen viele Bänder. In unserem Vergleich ist Gott der Baum, das sichere und stabile Element in eurem Leben. Ihr, die Menschen, seid durch die verschiedenen Bänder dargestellt. Der Wind stellt eure Lebensumstände dar. Wenn der Wind der Lebensumstände sachte weht, dann werdet ihr als die Bänder sanft bewegt. Weht der Wind der Umstände jedoch stärker, dann verwirrt ihr euch, verfangt ihr euch, und es bilden sich Schleifen und Knoten.

Wir können sagen, daß Vergleichbares in eurem Leben vor sich geht. Doch könntet ihr, wenn die Winde der Umstände durch euer Leben blasen, dieselben Winde auch dazu benutzen, eure Verknotungen wieder zu lösen. Der Baum bleibt bei alledem immer sicher und fest, eine Zuflucht und ein Fels in Zeiten der Verwirrung.

Um die mentalen Vorstellungen aufzulösen, die euch davon abhalten, euer volles Potential zu leben, müßt ihr eins werden mit der Sicherheit der Gottesessenz. Benutzt eure Lebensumstände zur Auflösung aller verwirrten Gedanken. **Benutzt euer Leben, gerade so, wie es jetzt ist, um eins zu werden mit Gott und mit Allem, Was Er Ist.**

Ihr seid mentale, fühlende Wesen. Das ist die Wahrheit über euch und alle anderen lebenden Wesen. Engel, Heilige und Menschen – wir sind alle mentale Wesen, die empfinden und fühlen. Das ist die Wahrheit über euch. Es erfordert viele Bemühungen von eurer Seite, eure gedanklichen Konzepte und eure Gefühle zu ändern. Ihr müßt euch die Wahrheit oftmals wiederholen, um euer Leben von Blockaden und Verwirrungen zu befreien. Diese Wiederholungen sind auch eine Form des Gebets, doch haben eure Gedanken und Gefühle auf Gott in Wirklichkeit keine Wirkung. Er ist bereits alles. Er bleibt alles. Es sind die Menschen selbst, auf die sich ihre Gedanken und Gefühle auswirken. Ihr könnt euer Herz und Denken dazu benutzen, die volle Macht eures wahren Wertes zu erlangen. Für Gott ist jeder von uns von unschätzbarem Wert, ein Kunstwerk. Wir sind Gott so kostbar, daß Er niemals will, daß auch nur einer von uns im geringsten leidet.

Bedenkt also, daß ihr deshalb leidet, weil ihr euch eures wahren Wertes nicht bewußt seid. Ihr leidet im Leben, weil ihr zu träge oder uninteressiert seid, eure Lebensbedingungen zu verbessern. Denkt an Jesu Worte: „Trachtet zuerst nach dem Reich Gottes, und alles andere wird euch dazugegeben" (Matthäus 6,33). Sie waren vor 2000 Jahren wahr und sind es noch heute. Indem ihr zusammenkommt, um mehr über den Geist und eure Verbindung zu Gott zu lernen, trachtet ihr nach dem Reich Gottes. Indem ihr die Wahrheiten praktiziert, an die wir euch nur erinnern, wird euer Leben wie eine Blume erblühen; ihr werdet wahres Glück und wahren Frieden erfahren und ebenso all die materiellen Dinge haben, die ihr braucht.

Wenn ihr entmutigt seid, dann erinnert euch daran, daß ihr geistige Wesen seid. Ihr seid nicht nur Fleisch und Blut. Ihr seid ein Kunstwerk in Gottes Galerie. Wir alle sind nach dem Bilde Gottes gemacht. Ihr habt nichts anderes zu tun, als diese Wahrheit über euch zu akzeptieren.

Die Worte „ICH BIN" sind es, die euch mit Gott verbinden. Was immer ihr nach dem „ICH BIN" sagt, wird Wahrheit. Achtet auf eure Worte, eure Gedanken und insbesondere auf eure Gefühle. So bringt ihr eure Erwartungen auf die höchste Ebene, auf euer volles Potential und eure vollen Fähigkeiten. Seid achtsam mit den Worten, die auf „ICH BIN" folgen. Wenn ihr sagt: „Ich bin müde", dann bringt ihr diesen Zustand in euer Leben. Wenn ihr sagt: **„Ich bin von Gott gut versorgt"**, dann ist das eine spirituelle Wahrheit und wird sich rasch in eurem Leben manifestieren, sobald ihr diese Worte im Innersten wirklich glaubt.

Nehmt diese Lektionen und übt sie – übt sie immer mehr. Indem ihr euren geistigen Kontakt mit allem, was Gott ist, stärkt, werdet ihr stark. So bereitet ihr euch auf die Zukunft vor. Ganz gleich, was auf euch zukommt, ihr werdet sicher sein. Wenn die Stürme kommen und die Erde in Bewegung gerät, werdet ihr sicher in eurer Verbindung mit Gott stehen. Durch diese Verbindung werdet ihr zur rechten Zeit an sichere Orte gebracht werden. Ihr werdet einfach wissen, wie ihr für euch selbst und andere sorgen könnt. Das war Annies ursprüngliches Ziel, mit dem sie sich in dieses Abenteuer gewagt hat – mehr über die Zukunft herauszufinden. Durch eure Verbindung mit dem Gottesbewußtsein und der Gottesessenz werdet ihr sicher sein.

Maria, die Mutter Jesu

Kapitel 12

Eure Lektionen ausfindig machen

Der Segen in dem, was ist

Die Bruderschaft, 16. April 1989

Strebt danach, mehr über den Geist und über Gott zu erfahren. Das ermöglicht euch, in jeder Hinsicht zu wachsen. Viele verschiedene Existenzebenen und Bereiche eures Gesamtwesens können sich mit jeder Situation, der ihr euch stellt, zum Besseren verändern.

Kürzlich las Annie zu ihrem Erstaunen in einem Buch, daß **Entscheidungsfreiheit mit Verantwortung einhergeht.** Freiheit der Wahl ist eine von Gott gegebene Freiheit, und jede Freiheit enthält Verantwortlichkeit. Wir wollen euch das anhand der Verantwortungen, die ihr als Bürger dieses Landes habt, verdeutlichen. Ihr habt viele Freiheiten und könnt dadurch mit eurem individuellen Leben vieles tun und erreichen. Menschen in anderen Ländern können das nicht. Aber zusammen mit diesen Freiheiten trägt jedes Mitglied dieser Nation auch bestimmte Verantwortungen. Ihr seid verantwortlich für die Wahl der Führer dieser Regierung. Um diese Freiheiten weiter genießen zu können, müßt ihr die Ethik und Moral der nächsten Generation, der Regierenden und der Richter im Auge haben. Jeder Mensch muß für seine Handlungen geradestehen, niemand steht über dem Gesetz. Bürger dieses Landes haben schon Regierungschefs ihres Amtes enthoben, wenn diese den Gesetzen nicht folgten. Das ist nur in wenigen Ländern möglich. Aber was hat das mit dem Geist zu tun?

Gott in Seiner Größe hat jedem von euch die Freiheit der Wahl geschenkt. Ihr könnt alle Einzelheiten eures Lebens auf Erden wählen. Ihr wählt nicht nur die Einzelheiten, sondern auch eure grundlegenden Lebensumstände. Ihr seid der Autor eures Lebens. Ihr habt die Freiheit, in Armut oder in Reichtum zu leben. Ihr könnt einen gesunden Körper haben oder einen, der von Schmerz und Krankheit verzehrt wird.

Dieses Jahr lehren wir euch, die Lebensumstände zu ändern, die euch nicht zusagen. Jeder Aspekt eures Lebens oder eurer selbst kann zum Besseren verändert werden. Ihr braucht euer Leben nicht unter Bedingungen zu leben, die für euch unerträglich sind. Es liegt in eurer Macht, euer Denken und Fühlen über irgend etwas zu ändern. Mit dieser Freiheit der Wahl geht auch Verantwortung einher. Es ist eure Pflicht, ständig auf eure Ziele zu achten, ständig in euch die Dinge oder Umstände zu finden, die verbesserungswürdig sind. **Ihr allein könnt euer Leben verändern. Ihr allein seid verantwortlich für euer Glück, eure Gesundheit und alles in eurem Leben.**

Ihr könnt nicht länger dem Leben die Schuld für das zuschieben, was euch geschieht. Ihr könnt euch nicht mehr hilflos fühlen. Ihr könnt euch nicht mehr zurücklehnen und darauf warten, daß sich irgend etwas von selber bessert. Es hängt alles von euch ab. Wie oft habt ihr früher gesagt: „Der und der ist schuld daran, daß ich diesen Fehler gemacht habe“? Nun seht ihr, daß das nicht stimmt. Ihr selbst seid dafür verantwortlich. Niemand kann euch dazu bringen, etwas zu tun, zu denken oder zu sein, was ihr nicht seid – niemand, auch kein Karma und kein wie immer gearteter Geist. Wenn es etwas in euch gibt, was verändert werden muß, dann ist es an euch, an die Arbeit zu gehen und es zu tun. Niemand *kann* und niemand *wird* euch daran hindern. Dies ist euer Leben. Es ist ein Geschenk Gottes. Ihr müßt verstehen, daß Er nicht euer Leben für euch leben wird. Gott wird nicht die Entscheidungen für euch treffen. Ihr trefft sie selbst, entweder direkt oder indirekt. Wenn ihr euch bemüht, selbst zu wählen oder die Verantwortung für eure Entscheidungen zu übernehmen, dann seid ihr selbst am Steuer. Wenn ihr die Entscheidungen vor euch herschiebt, dann werden die Umstände sie für euch treffen. Aber in beiden Fällen habt ihr selbst entschieden. Entweder ihr habt über euer Leben Kontrolle, oder ihr gebt sie an andere oder die Umstände ab.

Wir möchten euch heute auffordern, selbst die Kontrolle über euer Leben zu übernehmen. Ändert in euch, was geändert werden muß, um das Leben zu leben, das ihr euch wünscht. Hört auf, andere für eure Situation verantwortlich zu machen. Wo fangt ihr an? In eurem eigenen Herzen und Denken. Alles Leben wird von innen heraus gelebt. **Alle Veränderungen finden in eurem Herzen und Denken statt.** Folgendes könnt ihr tun. Es erfordert eine ernsthafte und verbindliche Entscheidung.

Seht euch jede Situation in eurem Leben an und bittet sie, euch zu segnen. Jeder Umstand enthält eine ganz spezielle Lernaufgabe, die genau auf euch zugeschnitten ist. Eure Reaktion auf das Leben ist es, die entscheidet, wie ihr lebt, ganz gleich, wie die Lage ist oder wen irgend ein Vorkommnis am meisten betroffen hat. Wenn euch etwas begegnet, dann gibt es da etwas für euch zu lernen. Es gibt darin einen verborgenen Segen für euch! Der Segen liegt darin, die Lektion zu lernen. **Bittet die Situation, euch zu sagen, was die Lernaufgabe ist.** Dann werdet still und laßt Bilder, Worte oder Gedanken in euer Bewußtsein treten. Ihr werdet merken, daß ihr auf diese Weise eure Lektionen schnell und leicht erlernen könnt. Lenkt jetzt die Ereignisse in eurem Leben. Findet den Schlüssel zu dem Segen, der darin liegt. **In jedem Ereignis eures Lebens ist etwas Gutes für euch, ganz gleich, wie dunkel oder schrecklich es aussehen mag.**

Vielleicht müßt ihr lernen, ein Gefühl loszulassen, das ihr nicht mehr braucht; vielleicht müßt ihr auch euch selbst oder einem anderen Menschen vergeben. In jeder Situation muß geistig oder emotional etwas getan werden.

Beginnt diese Woche mit dem Gedanken: „**Ich übernehme die Verantwortung für mein Leben und alles, was mir geschieht. Ich reagiere auf mein Leben in göttlicher Liebe und suche in jeder Situation den Segen.**“

Damit bringt ihr euch in Einklang mit der Wahrheit. Immer bestimmt ihr selbst über euer Leben, ganz gleich, ob ihr eure Lebensumstände mögt oder nicht. Ihr reagiert auf jede Situation, und indem ihr euch in Einklang mit Gottes Liebe bringt, wird jede Situation euch segnen. Dieser Segen ist schon euer. **Nicht Gott oder das Leben ist es, was sich ändern muß; ihr seid es!**

Indem ihr euch entschließt, mit Hilfe Gottes göttlicher Liebe zu lernen, kommen alle Lektionen ganz sanft und zärtlich zu euch. So ändert ihr euer Leben zum Besseren. **Wenn ihr euch auf das innere Leben konzentriert, kommen die äußeren Gegebenheiten und Gewohnheiten in die göttliche Ordnung.** Die Gewohnheiten, die euch schaden, fallen von euch ab. Die alten Reaktionsweisen werden durch bessere ersetzt. Ihr könnt euch ändern. Ihr könnt euer Leben verbessern. Ihr könnt alles sein, was ihr sein möchtet. Das ist die Wahrheit, die Wahrheit Gottes.

Wir verpflichten uns, euch diese Worte verstehen zu helfen. Wenn ihr an dieser Lektion irgend etwas nicht versteht, dann bittet einfach um Klarheit. In Liebe leiten wir euch an, euer volles Potential in Gott zu erkennen.

Die Bruderschaft

Findet den Sinn in allem Geschehen

Die Bruderschaft, 22. April 1989

Ihr fangt an zu sehen, daß alles, was in eurem Leben geschieht, einen Sinn hat. Manchmal versteckt sich der Sinn in den Wechselbeziehungen der Menschen. Alles, was in eurem Leben geschieht, dient eurem spirituellen Fortkommen. Laßt euch nicht zu sehr von unwichtigen Einzelheiten gefangennehmen wie: an welchem Tage werde ich die Veränderungen sehen? Oder: werden meine Freunde heute den Unterschied bemerken? Das wichtigste ist, den Sinn der Ereignisse zu erkennen. **Wenn ihr in irgendeine**

Situation verwickelt seid, dann nehmt die Lernaufgabe an, die sie euch bietet. So findet ihr das Gute daran.

Nehmt zum Beispiel eure Beziehungen. Stellt euch innerlich die Frage, welche Bedeutung sie für euch haben. Wir meinen nicht nur die Beziehung zu eurem Ehepartner, sondern alle Beziehungen, die Art und Weise, wie ihr mit Menschen umgeht, die Gefühle zwischen euch und anderen Menschen. Vielleicht gibt es Unannehmlichkeiten zwischen euch und anderen. Sie werden verschwunden sein, wenn ihr gelernt habt, was es da zu lernen gibt, oder wenn ihr verzeihen könnt. Dann verändert sich die Beziehung entweder zum Besseren, oder der andere verschwindet ganz still und ohne harte Gefühle aus eurem Leben.

Die meisten Menschen verstehen das nicht. Sie glauben, daß Leute zufällig in ihr Leben treten. Das ist nicht wahr. Jede Situation dient eurem Lernen. Menschen kommen in euer Leben, um euch zu segnen oder von euch gesegnet zu werden. Sie kommen, um durch euch etwas zu lernen' oder um euch etwas zu lehren. Einfacher ausgedrückt: **Jeder Mensch kommt in mein Leben, um geliebt zu werden oder um mir Liebe zu geben.**

Liebe ist das allerwichtigste. Liebt alle Menschen, ohne ihnen verhaftet zu sein. Liebt alle Menschen, ohne euch für sie verantwortlich zu fühlen. Liebt aus vollem Herzen ohne einen Gedanken daran, was ihr zurückbekommen werdet. Liebt, weil Gott alle Menschen liebt. Liebt jede Situation in eurem Leben. Wenn ihr krank seid, dann wißt, daß die Krankheit dazu da ist, euch etwas zu lehren. Sie möchte vielleicht eure Aufmerksamkeit auf einen Bereich eures Lebens lenken, an dem ihr mit Liebe arbeiten müßt.

Annie, du hast die richtige Idee über die Krankheit, die dich plagt. Es ist eine Krankheit des Bindegewebes, deshalb denkst du, daß deine Verbindung zu Gott gestärkt werden müsse. Vielleicht nicht nur deine Verbindung zu Gott, sondern auch die Verbindung zu deiner Familie oder zu bestimmten Familienmitgliedern, vielleicht auch deine Verbindung zu dir selbst oder zu Menschen im allgemeinen? Jeder Mensch, jedes Wesen im Universum ist durch den Geist des Lebens, der uns aktiviert, mit allen anderen verbunden. Schau dir alle Verbindungen an.

Schaut bei Depressionen, was der Grund dafür ist – was so niederdrückend ist. Vielleicht bist du es selbst, der jemanden auf irgendeine Weise niederdrückt. Vielleicht unterdrückst du auch deine innere Natur. Seht ihr, Depression hat mit Niederdrücken oder Unterdrücken zu tun. Laßt eure Gedanken mit dem Wort spielen. Schaut euch an, auf wie viele verschiedene Weisen es sich benutzen läßt. In dem Wort, mit dem eine Krankheit oder ein Zustand benannt wird, liegt der Schlüssel. Benutzt diesen Schlüssel, um zu sehen, wie ihr mit anderen, mit euch selbst oder mit Gott umgeht.

Nehmt irgendein Ereignis in eurem Leben. Nehmen wir Annie als Beispiel: Sie fiel und verletzte sich ihren Knöchel und den Fuß[5]. Schaut euch diesen Satz an. Sie fiel. Zu dieser Zeit lag Annie im Kampf mit ihrem höheren Selbst, was sie mit den Informationen, die Maria ihr sandte, tun wollte. Zuerst hatte sie akzeptiert, mit Maria zu arbeiten, dann ver-fiel sie in Zweifel. Also fiel sie auch wirklich. Die Lektion war – in welchem Geiste gehst du Verpflichtungen ein? Achtest du deine Verpflichtungen, stehst du dazu? Seht ihr, selbst wenn ihr nur wenig vorankommt, habt ihr eure Verpflichtungen doch nicht fallengelassen. Ihr lernt noch immer. Ihr achtet die Verpflichtung, die ihr eingegangen seid.

Nun, vielleicht seid ihr enttäuscht von Menschen an eurem Arbeitsplatz. Welche geistige Lektion könnt ihr aus den Beziehungen mit den verschiedenen Menschen lernen? **Geistige Lektionen sind solche, die euch innerlich verändern. Sie geben euch Gelegenheit, Mut, Geduld, Achtung, Tapferkeit, Integrität, Liebe, Vergebung und geistige Werte dieser Art zu üben.** Wenn ihr nicht versteht, was es ist, dann setzt euch still hin und denkt darüber nach. Wenn auch das nichts bewirkt, dann fragt in eurem Inneren nach: was soll ich hier lernen? Laßt einen von uns euch durch euer

[5] Annie fiel 1989 die Treppe unseres Hauses hinunter und brach sich den linken Knöchel und den rechten Fuß.

Denken die Antwort geben. Euer höheres Selbst, wir oder Gott können eure Fragen beantworten. Die Antwort kommt! Sie kann je nach der Eigenart des einzelnen in Worten kommen, in Form einer Gedankenkette oder vielleicht auch durch Bilder. Wichtig ist, daß ihr eure eigenen Fragen stellt und auf die Antwort wartet. **Jeder Mensch muß lernen, seine eigenen Antworten zu bekommen.**

Wir treten dafür ein, daß diese Lektionen in Liebe gelernt werden, in Liebe zu euch selbst und in Liebe zu euren Mitmenschen. Laßt euch Zeit, seid freundlich mit euch selbst. Ihr werdet alles lernen, was ihr lernen müßt, wenn nicht in diesem Leben, dann im nächsten. Ihr habt die ganze Ewigkeit zum Lernen. Ihr könnt ein herrliches Leben haben, wenn ihr eure Lektionen schnell lernen würdet. Dann hättet ihr, genau wie ein Kind in der Schule, den Nutzen davon. In der Schule dürfen die Kinder, die ihre Arbeit erledigt haben, spielen, malen, oder sie bekommen sonst eine Belohnung. Manchmal ist es nur ein Papiersternchen, das ihnen ins Heft geklebt wird. Ihr bekommt etwas ganz Besonderes, wenn ihr eure Lektionen in einem Leben lernt. Ihr seid tief in eurem Innern versöhnt; es gibt mehr Angenehmes in eurem Leben als Unangenehmes. Auf dieser Erde wird es immer etwas zu lernen geben. Die Freude liegt darin, es schnell zu lernen, und die Belohnung sind eure Kraft und euer Vergnügen. Das ist auch eine Meditation: Betrachtet euer Leben, die Menschen, die Situationen darin. Alles enthält Schlüssel zu dem, was ihr gerade lernt. Vielleicht ist es Vergebung oder Integrität. Achtet auf das, was immer wiederkehrt. Dies ist eine Form des Gebets. **Durch das innere Sprechen kommuniziert ihr mit dem Allmächtigen.**

In Liebe bitten wir euch, diese Aufgaben zu erfüllen. Ihr lernt durch das Tun. Ihr kommt voran, indem ihr eure Aufgaben anpackt. Geht freundlich mit euch selbst um und gebt euch die Zeit, diesen Prozeß zu erlernen. Nehmt die Lektionen, die wir euch jede Woche übermitteln, und übt und setzt um, was wir euch vorschlagen. Wir arbeiten für euren geistigen Fortschritt.

Die Bruderschaft

Lernt in Liebe

Maria, 23. April 1989

Ich heiße euch in meinem Kreis von Getreuen willkommen. Jeder von euch wird sich der Liebe bewußt, die im Universum herrscht. Diese Liebe ist Gott. Sie ist die Energie und die Macht Gottes, die ihr tief in eurem Inneren spürt. Sie ist eure Verbindung zur Essenz und zum Bewußtsein Gottes.

Manchmal habe ich das Gefühl, daß wir, ich, Jesus, die Bruderschaft und die Engel, euch den Eindruck vermittelt haben, als nähmen wir euch nicht als Individuen wahr. Ich möchte euch an dieser Stelle versichern, daß wir uns jedes einzelnen von euch ganz individuell bewußt sind. Wir sehen die Fortschritte, die ihr macht. Wir helfen euch mit Ideen und mit Liebe. **Liebe ist das wichtigste Element im Universum. Das Universum besteht ganz und gar aus Liebe. Aus Gottes Liebe ist es erschaffen, und Gottes Liebe erhält es.** Vielleicht spürt ihr diese Liebe nicht als einen Teil von euch, aber ihr seid aus dieser Liebesenergie gemacht. Euer gesamtes Sein besteht aus Atomen der Liebe.

Heute wünsche ich mir, daß ihr eure Welt mit Liebe und in Liebe seht. Seht, daß eurer ganzes Leben Liebe ist. Ihr braucht nichts Besonderes zu tun, um Liebe zu haben; ihr habt sie bereits, weil euer Wesen Liebe ist, und ihr habt schon vor eurer Geburt auf der Erde Liebe gehabt. Geht freundlich und liebevoll mit euch um. Laßt göttliche Liebe euer Leben verändern. Ihr habt schon göttliche Liebe in eurem Leben, und viel kann bewirkt werden, wenn ihr dieser Liebe die Freiheit laßt, euch zu leiten und zu entfalten. Sagt euch täglich die folgende Wahrheit: **„Ich bin in göttlicher Liebe erschaffen; mein ganzes Leben ist umgeben von Gottes Liebe."**

Nehmt nun diese Worte zusammen mit der Botschaft, die die Bruderschaft euch übermittelt hat, und benutzt sie beide zusammen. Haltet in einer liebevollen Einstellung Rückblick auf euer Leben. Unterzieht eure Beziehungen einer liebevollen Betrachtung. Mit Sanftmut und Vergebung für euch und andere werdet ihr viel erreichen.

Liebt euch selbst und liebt eure Feinde. Segnet die, die euch Böses wollen. Umgebt jeden Menschen, der euch haßt, mit einem Ring aus göttlicher Liebe und sprecht dabei die Worte: **„Ich umgebe dich mit göttlicher Liebe und erlaube Gott, mich zu schützen und dir zu helfen.“** Ihr entwaffnet eure Feinde, wenn ihr für sie betet. Eure Feinde können Menschen sein, die euer Vertrauen mißbrauchen, oder solche, die einfach achtlos mit euch umgehen. Das Wort „Feind“ bezeichnet, so gesehen, jeden Menschen, der euch, euer Vertrauen oder eure Liebe oder irgend etwas, was mit euch zu tun hat, mißbraucht. Es bezieht sich nicht nur auf Menschen, die euch schaden wollen, sondern auch auf achtlose und gedankenlose Menschen.

Verzeiht euch selbst alle Fehler. Vergebt euch alles, was der Vergebung bedarf. Ihr könnt im Leben selbst euer schlimmster Feind sein. Ihr könnt anderen den Vorrang geben vor eurem eigenen Wohl. Ihr könnt so bedeutungslos für euch selber werden, daß ihr jedem gestattet, euch eure eigene Autorität zu rauben. Ihr laßt euch von anderen benutzen. Vergebt euch diese Sünde (das heißt, diesen spirituellen Fehler). Vergebt eurer Vergangenheit und eurer Zukunft alles, was euch belastet. Vergebt eurer Familie und euren Freunden, wenn sie euch auf irgendeine Weise mißbraucht haben. **Wenn ihr euch selbst und anderen vergebt, reinigt euch das von allem emotionalen Müll.** Wenn ihr euch selbst verzeihen könnt, schafft ihr viele nutzlose Emotionen und Situationen aus eurem Leben.

Bitte befolgt den Rat der Bruderschaft Gottes und schaut euch die Situationen in eurem Leben noch einmal an. Fangt an, alles, was ihr könnt, über euch selbst und eure Beziehungen zu lernen. Dadurch wachst ihr nicht nur spirituell, sondern auch emotional und mental. Meine Bitte ist, daß ihr diese Aufgabe in Liebe erfüllt, mit Sanftmut und Zärtlichkeit; daß ihr euch verzeiht, daß ihr es euch nicht zu schwer macht, wenn es um euch selbst geht. Viele Menschen nehmen einen solchen Lebensrückblick zum Vorwand, sich selbst wegen ihrer Dummheit zu schelten. Ihr seid nicht dumm, nur vertrauensvoll. Das trifft auf alle Menschen zu.

Vertrauen ist gut. Ihr müßt euch selbst und anderen in dieser Welt vertrauen. Vielleicht haben manche Leute euer Vertrauen mißbraucht, aber das bedeutet nicht im geringsten, daß ihr deswegen dumm seid. Es sagt nur, daß ihr vertraut habt und in eurem Vertrauen mißbraucht worden seid. Seid selbst des Vertrauens würdig, das man in euch gesetzt hat. Haltet euer Vertrauen in euch selbst, in das Gute im Menschen und insbesondere euer Vertrauen in Gott aufrecht.

Haltet also Rückschau, sucht nach Antworten auf die Frage, welche Lektionen ihr lernen sollt. Aber sucht in Liebe, Vergebung und Vertrauen. Wenn ihr euch selbst lieben, euch verzeihen und vertrauen könnt, dann werdet ihr sanft und freundlich mit euch umgehen. Und wenn ihr freundlich mit euch selbst seid, werdet ihr es ganz automatisch auch mit anderen sein.

Es ist wahr, daß ihr, um jemand anderen zu lieben, zuerst euch selber lieben müßt – das heißt, wenn ihr wirklich lieben wollt, wie Gott liebt. Um anderen zu vertrauen, müßt ihr zuerst euch selbst vertrauen. Euch selbst zu kennen, bedeutet Kraft und Stärke und setzt viel Energie frei. Es läßt Angst und Furcht aus eurem Herzen verschwinden. Indem ihr euer inneres Leben reinigt, öffnet ihr die Tür für eine Fülle geistigen Segens.

Nehmt diese Lektionen vor und praktiziert sie. Behaltet alles im Sinn, was die Bruderschaft euch gesagt hat. Diese Lektionen werden euch in jeder Hinsicht und unter allen Umständen zum Überleben verhelfen. **Euer inneres Leben muß in Ordnung gebracht werden, damit ihr die Anweisungen hören könnt, die euch gegeben werden. Diese Anweisungen bedeuten körperliches, emotionales und spirituelles Überleben.**

In diesen Worten ist eine Botschaft für euch alle. Ich liebe euch so, wie ich es in meinem Gedicht[6] ausgedrückt habe; es gibt wieder, was ich für euch fühle.

---

[6] Es handelt sich um ein Gedicht, das Annie ein paar Tage zuvor empfangen hatte.

Ich möchte dich aufheben und in meinen Armen halten wie ein kleines Kind.
Ich möchte deine Tränen trocknen.
Wenn ich dich nur auf irgendeine Weise die Liebe spüren lassen könnte, die ich in meinem Herzen für dich hege!
Aber wenn schon ich dich so sehr lieben und mir so sehr wünschen kann, daß du glücklich bist,
Wieviel mehr liebt uns dann Gott?
Gott in Seiner Weisheit läßt jeden von uns seinen Schmerzen begegnen und sein Leben selbst lenken.
Ich werde es auch tun, mein Liebes.
Ich werde nur hier sein und warten, ob du mich vielleicht brauchst.
Ich werde im Geiste deine Tränen abwischen und dich in meinem Herzen halten.
Durch meine Gebete werde ich dich lieben mit allem, was ich bin.

Maria, die Mutter Jesu

Kapitel 13

Sich immer wieder neu verpflichten

Ein Leben des Gebets und der Dankbarkeit

Die Bruderschaft, 6. Mai 1989

Wir haben eine Botschaft von spirituellem Wert für jeden von euch. Wir glauben, daß es notwendig ist, erneut dringlich auf eure Gebetszeit hinzuweisen. Wir sehen, daß der Frühling euch gepackt hat, der für die Menschen eine Zeit des Spielens und des Frohsinns bedeutet. Das Wetter wird weiterhin ungewöhnlich sein, aber das wird die Natur nicht daran hindern, ihre Schönheit zu entfalten. Genießt die Schöpfung und denkt daran, während ihr euch an der Schönheit der Natur erfreut, daß Gott als Schöpfer eure Liebe zu schätzen weiß.

Betet, indem ihr dankbar seid für die Natur, für das Leben und für die Landschaft, in der ihr lebt. Betet, indem ihr Dankbarkeit zeigt für alles, was ihr seht, alle Erfahrungen und alles, womit ihr zu tun habt. **Dankbarkeit ist eine Form des Gebets.** Benutzt eure Dankbarkeit zum Beten.

Seht ihr, Beten bedeutet nicht immer nur, um irgendwelche Umstände oder Dinge zu bitten. Es gibt viele Formen des Gebets. Werdet euch klar darüber, daß Beten einfach die Kommunion mit Gott ist. Bittet in jeder Situation und unter allen Bedingungen um Gottes Hilfe. Wir sind ganz sicher, daß positive Veränderungen eintreten werden, wenn ihr betet. Wenn ihr euch im Geiste an Gott wendet, wird alles Negative in Gutes verwandelt. Dieses Gute ist euer spirituelles Wohl. Bittet Gott, euch zu helfen, die spirituellen Werte leichter zu erlernen. Bittet um Seine Hilfe bei euren Lektionen und auf eurem Weg durch dieses Leben.

Kürzlich haben wir Byron und Annie die Geschichte eines unserer Brüder hier auf der Erde erzählt.[7] Sie hatten das Gefühl, durch das Lesen unserer Erfahrungen viel gelernt zu haben. Hier haben wir eine weitere Geschichte von einem unserer Brüder.

Wir haben einen neuen Bruder, der zuletzt auf der Erde gelebt hat, als euer Land noch zum größten Teil unerforscht war. Er kam auf einem der ersten Schiffe, die den großen Ozean überquerten. Hier ist seine Geschichte. Sie handelt **von einem Leben des Gebets und der Dankbarkeit.** Er erzählt sie selbst.

Ich kam als kleines Kind auf den Armen meiner Mutter in das neue Land, weil, wie mir gesagt wurde, mein Vater aus England vertrieben worden war. Er war ein Trinker, arm und faul, der seine Schulden nicht bezahlte. In jenen Tagen entledigte sich England unerwünschter Leute einfach dadurch, daß es jene einfach in die Neue Welt verfrachtete. Und dort langten wir, Vater, Mutter, ich und meine Schwester, dann auch eines Tages an. Bald nach unserer Landung kam noch ein Brüderchen hinzu.

Unsere Siedlung lag in jenem Teil des Landes, der heute New England heißt. Das Wetter war rauh, und die Leute, die bereits hier lebten, waren ebenso rauh. Die meisten von ihnen hatten bereits den Mut verloren, denn die Lebensbedingungen waren erbärmlich; die Siedlung war äußerst primitiv und die Arbeit schwer. Wir mußten Bäume schlagen, um bauen zu können, und Schlamm zu Mörtel rühren, und wir so bauten die kleinen Häuser. Wir mußten unsere Nahrungsmittel anbauen und jagen, wenn wir Fleisch essen wollten, und uns auf die langen Winter vorbereiten.

Die Eingeborenen nahmen uns unser Eindringen übel. Sie fanden, daß wir den Wald zerstörten und zu viele der kleinen Tiere für unsere Ernährung töteten. Wie ihr jetzt seht, hatten sie vielleicht recht und sahen irgendwie voraus. Da ich mich an zivilisierte Verhältnisse nicht erinnern konnte, wurde dies Land für mich, je

[7] In einer anderen Botschaft, die nicht zu dieser Lektion gehört.

älter ich wurde, zu einem Paradies. Ich liebte den Wald und schloß Freundschaft mit den Indianerkindern, die in der Nähe der Siedlung lebten. Ich unternahm gern lange Streifzüge in den Wald, um zu sehen, was jenseits der nächsten Hügelkette lag. Was hinter dem nächsten Baum war, interessierte mich immer. Ich lernte ein paar der Indianersprachen. Als ich ein junger Mann war, stolz auf meine Kraft und meinen Körper, schloß ich mich dem Indianerstamm meiner Freunde an. Vor dem Winter zogen wir nach Süden und schlugen im Wald an einem großen Fluß das Lager auf. Es schneite von Zeit zu Zeit, aber der Schnee schmolz rasch, und dann kam die Sonne wieder und wärmte uns. Das war ganz anders als die harten Winter in der Siedlung. In meines Vaters Haus gab es keine Annehmlichkeiten, kein Faß, um Wasser zu sammeln, und keinen Platz auf dem Speicher, wo wir hätten Nahrungsmittel lagern können. Die Winter dort waren also sehr lang und schlimm.

Aber in meiner indianischen Familie war ich glücklich. Sie nahmen mich als einen der ihren an. Ich wurde Weißer Bruder genannt, wegen meiner Hautfarbe. Ich saß am Abend mit ihnen am Feuer und lauschte, wenn die Alten ihre Geschichten erzählten. Ihre Augen leuchteten, wenn sie die Schönheit der westlichen Länder schilderten, die roten Felsen und die großen Berge, die so hoch waren, daß man „in den Himmel sehen" konnte. Sie erinnerten sich uralter Überlieferungen, die von längst vergangenen Welten wußten, und sprachen von dem Großen Geist, der diese Welten erschaffen hatte. Sie entsannen sich noch eines alten Stammes, der die letzte große Flut, die die Erde zerstörte, überstanden hatte. Dort waren noch Erinnerungen lebendig, die von der Niederwelt berichteten, einer Welt, die Fluggeräte kannte und fliegende Sterne. Die Geschichten der Alten entzündeten meine Phantasie wie nichts anderes. Es zog mich zu den schönen Flüssen und Seen in den westlichen Ländern hin, ich wollte herausfinden, wo der Große Geist zu Hause war. Er mußte in dem Himmel wohnen, der von den großen Bergen aus zu sehen war.

In dem Maße, wie ich mit dem indianischen Leben vertraut wurde, wurde ich auch in ein spirituelles Leben eingeweiht. Ich war so beeindruckt von dem großen Schöpfergeist. Ich lernte alles, was ich konnte, von den Alten. Ich rauchte die Pfeife des Wissens, hatte große Visionen und sprach oft mit dem Geist des Adlers und dem Geist des Wolfs. Ich schloß, sobald ich konnte, Frieden mit allen Geistern. Ich brauchte ihre Hilfe, um die großen Berge zu erreichen. Später erzählte ich dem Alten, der mein Großvater und Mentor geworden war, von meinem Vorhaben. Er schlug vor, daß ich zuvor mit den Uralten, die bei den roten Felsen lebten, sprechen solle, denn der älteste Stamm habe mehr Wissen über den großen Geist.

So geschah es, daß ich mich auf die Reise meines Lebens machte, auf die Suche nach der Heimstatt des Großen Geistes. Mit auf die Reise kamen meine Blutsbrüder, Weißer Adler und Rennender Wolf. Meine liebe Kleine Taube ließ ich zurück. Als wir schon ein paar Tage unterwegs waren, hatten wir das Gefühl, daß uns jemand folgte. Als wir den Weg zurückgingen, fanden wir Kleine Taube, die hinter uns hertrottete. Wir hielten Rat und einigten uns, daß es zuviel Zeit kosten würde, sie zum Stamm zurückzubringen. Außerdem konnte sie kochen und waschen und die anderen Frauenarbeiten tun.

Die Reise war sehr lang. Wir brauchten ein ganzes Jahr, um zur Mündung des großen Flusses zu gelangen. Dann mußten wir uns südlich halten, um das Land der Ebenen zu erreichen. Viele der Eingeborenenstämme hatten noch nie einen Weißen gesehen und waren sehr neugierig. Wir tauschten unsere Felle und Samen mit ihnen. Wir hatten auf der Reise kaum Schwierigkeiten mit anderen Stämmen. Manche waren freundlicher als andere, aber in der Regel wurden wir immer gegrüßt und durften durch ihre Gebiete ziehen. Manche ritten ein Stück mit uns. Im zweiten Winter kamen wir in das Land der roten Felsen, ein sehr verlassenes und seltsames Land. Jetzt war es bis zur Wohnstatt der Uralten nicht mehr weit. Wir erzählten ihnen von unserem Vorhaben, um dessentwillen wir so weit gereist waren. Viele Nächte brachten wir damit zu, die Überlieferungen dieses uralten Stammes anzuhören, die Geschichten von der großen Flut und jener Zeit, als Großvater Geist, der die Welt erschaffen hatte, zornig geworden war. Wir blieben ein ganzes Jahr und erfuhren viel über das Sein des Großen Geistes. Wir lernten die Rituale und die althergebrachten Gebetspraktiken. Wir erfuhren, daß es tatsächlich ein paar Berge gab, die so hoch waren, daß man ewig weit schauen konnte, ins Grenzenlose hinein.

Die großen Berge wurden von dem großen buckligen Bären bewacht, der sehr bösartig und heimtückisch war. Dieser Bär verfolgte gnadenlos jeden Menschen, der in sein Gebiet eindrang. Wir lernten, für den großen buckligen Bären Rituale abzuhalten. Wir beteten, und ich wurde auf eine Visionssuche geführt, wo ich im Geiste dem großen buckligen Bären begegnete. Ich erhaschte auch einen Blick auf die Berge und auf die Schönheit des Landes, das von der Spitze dieser großen Berge aus zu sehen war. Ich lernte von diesen Uralten das Wissen der Medizinmänner, denn es war ihnen gesagt worden, daß ein neuer Stamm zu ihnen kommen werde, um Neues über den Schöpfergeist zu erfahren. Der Führer, so war die Prophezeiung, sollte ein Mann sein, wie sie noch keinen gesehen hätten. Seine Augen seien von der Farbe des Himmels und sein Haar von der Farbe des Sandes. Ich war der Führer dieses neuen Stammes. Ich war schon gesehen worden; diese Reise war vorausgesehen worden, und es war ihnen auch gesagt worden, daß der zukünftige Führer den großen Ozean im Osten überquert habe und bis zu dem großen Ozean am Rande der westlichen Länder ziehen werde.

Wir waren beeindruckt und überrascht von diesen Neuigkeiten. Nachdem die Alten mich und die Kleine Taube zusammengegeben und gesegnet hatten, nahmen sich Weißer Adler und Rennender Wolf Frauen aus dem Stamm der Alten. So entstand der neue Stamm teilweise aus dem alten. Das Neue werde aus dem Alten kommen, wie es prophezeit worden war.

Da ich das Bedürfnis in mir spürte, die großen Berge zu sehen und ein neues Gebiet für mein Volk einzurichten, verließen wir die

Alten. Wir gingen in nordwestlicher Richtung auf die großen Berge zu; mutigen Herzens wanderten wir dahin.

Während der ganzen Reise war ich zutiefst beeindruckt von der Schönheit des Landes. Ich hatte keine Gegend gesehen, die nicht auf ihre eigene Weise schön war. Die Bäume und Büsche waren an vielen Orten verschieden, aber alle hatten ihre ganz eigene Schönheit. Ich war ständig von tiefer Ehrfurcht erfüllt. Ich liebte das Land; ich liebte die Tiere des Landes. Die Vögel und Schmetterlinge waren so wunderbar schön. In meinem Herzen sprach ich ständig mit dem Schöpfergeist aller Welten. Jeden Abend hielten wir eine Dankzeremonie ab für alles, was wir gesehen hatten, und baten um sicheres Geleit für den nächsten Tag. Auch am Morgen vollzogen wir eine kleine Zeremonie, mit der wir uns von der Schönheit des Landes verabschiedeten, das wir gesehen hatten, und den neuen Tag begrüßten, der uns in neue Länder führen würde. Dies wurde zu einem Ritual, das mich mein ganzes Leben lang begleitete.

Wir kamen schließlich zu den großen Bergen, und als wir die Gipfel erklommen, konnten wir wahrlich ewig weit sehen ins Grenzenlose hinein. Wir waren höher als jemals zuvor. Wir waren dem großen Schöpfergeist nahe. Die Berge waren purpurfarben, eine Farbe, die wir nie zuvor gesehen hatten. Es war wahrlich atemberaubend.

Als wir unserem ersten Winter in den Bergen entgegensahen, war ich ratlos, wie wir uns vor dem rauhen Wetter schützen sollten. Ich hätte wissen sollen, daß Großvater Geist für eine gute Gefährtin für mich gesorgt hatte. Kleine Taube nistete uns in einer Berghöhle ein, die nach Süden geöffnet war. Hier hatten wir fließendes Wasser in der Nähe, und es gab viel Wild, Hasen und Elche. Wir hatten mehr als genug Holz, um uns ein Feuer zu machen, und reichlich zu essen. In den Wintermonaten benutzten wir Fallen, um die kleinen Tiere zu fangen, und töteten Wild zu unserer Nahrung. Aus den Fellen machten wir unsere Kleider.

Wir blieben zwei Jahre hier und entdeckten in dieser Zeit viele neue Gegenden. Unserem neuen Stamm wurden sieben Kinder geboren, vier Jungen und drei Mädchen, eine vielversprechende Zahl.

In den beiden Jahren wanderten wir die meiste Zeit in den Bergen des großen buckligen Bären umher. Wir hatten wenig zu fürchten, denn wir waren eins mit unserer Umgebung. Wir hielten tägliche Zeremonien für den Großen Geist ab und sprachen jeden Abend mit dem Geist des großen buckligen Bären. Unser Stamm wurde zahlreicher, und wir wurden älter. Mit dem Alter wurden wir uns der Einheit dieser Welt bewußter, und so verehrten wir den EINEN Großen Schöpfergeist.

Das Beste, was ich in diesem letzten Leben lernte, war Verehrung – Gott wirklich als den Schöpfer zu verehren und die Schönheit der Natur zu sehen und zu preisen. Schätzt und anerkennt alles, was ihr besitzt, denn bis auf den heutigen Tag kommt alles her von Gott: Gott ist der Schöpfer eurer Bauten, des Glases, der Metalle; nichts stammt wirklich von den Menschen, nicht einmal die chemischen Erzeugnisse. Alles in dieser Welt ist von Gott. **Meine Botschaft ist, alles zu würdigen, es immer wieder und immer noch mehr zu würdigen, denn durch Wertschätzung und Dankbarkeit verehrt ihr Gott und betet Ihn an. Das ist wahres Beten.**

Was ihr würdigt, davon bekommt ihr noch hinzu. Was ihr in eurem Leben wertschätzt, das gewinnt an Wert. Schätzt und würdigt euer Denken, euren Körper, euren Geist, euer Leben, euer Heim, eure Partner, eure Kinder, eure Arbeit und eure Talente. Seht ihr, es gibt immer so viel, was ihr wertschätzen könnt.

Verehrt Gott durch die Anerkennung Seiner Welt. Betet zu Gott durch eure Empfänglichkeit für alles Gute und Schöne. Seid dankbar für das Gute in eurem Leben und für alles, was ihr lernt. Seid dankbar für eure Zukunft, selbst wenn die Zukunft dieser Welt unsicher ist. Eure Zukunft ist nicht unsicher, denn ihr werdet eins mit Gott.

Liebt euer Leben und seht es als Gelegenheit, geistig zu wachsen. Liebt alles, was ihr habt, und alles, was ihr euch wünscht. Liebt

Gott den Vater denn ER ist der Schöpfer all dessen, was ihr seht. Liebt eure Ehepartner, eure Kinder, eure Eltern, euer Leben, eure Arbeit und eure Möglichkeiten, geistig zu wachsen. Liebe zieht das Gute in eurem Leben an. Liebe und Anerkennung sind Gebete. Benutzt diese Form des Betens, um euer Leben zu bereichern und spirituell bewußter zu werden.

Wir, die Bruderschaft Gottes, schätzen jeden einzelnen von euch. Wir sind dankbar für diese Gelegenheit, euch bei eurem spirituellen Wachstum zu unterstützen. Wir lieben euch alle und warten nur darauf, von euch um Unterstützung gebeten zu werden.

Die Bruderschaft

Stärkt eure Verbindung mit dem Gottesbewußtsein

Maria, 7. Mai 1989

Ich möchte heute nur eine kurze Botschaft durchgeben, die euch dringend nahelegt, eure Verbindung zum Gottesbewußtsein zu stärken. Die schwierigen Zeiten kommen näher, und es ist für alle Menschen sehr wichtig, in ihrem Innern die Verbindung zu Gott zu finden. Ihr, die ihr das Privileg habt, die Gefahr im voraus zu kennen, müßt eurer Sache ganz besonders treu sein, damit ihr alles kommende Unheil überlebt.

Ich sehe, daß viele selbstzufrieden geworden sind und meinen, sie hätten mit irgendwelchen kommenden Unbilden nichts zu schaffen. Ihr und eure Kinder werdet Katastrophen erleben. **Durch eure Verbundenheit mit dem Gottesbewußtsein werdet ihr ruhig bleiben und Seine Stimme in euch hören.** Ihr sollt andere anleiten, selbst Gelassenheit in Gott zu finden. Diese Vorbereitungen dienen eurem Wohl und dem Wohle aller Menschen, denn wir ihr wißt, wird das Rassenbewußtsein angehoben, wenn ihr euer Bewußtsein anhebt. Doch das ist nicht alles. Ihr werdet inmitten von Aufruhr und Katastrophen diejenigen sein, die die anderen in die Ruhe geleiten.

Ich höre in euren Gedanken, daß ihr nicht immer daran glaubt, daß dies eine gute Methode zum Überleben ist. Glaubt mir, es ist die EINZIGE Methode. Aus eben diesem Grunde bin ich zu Annie gekommen. Ich liebe alle Menschen und alle Völker, und ich sorge mich um dieses Land, das so sehr von seiner Technik abhängig ist. Die Maschinen werden versagen, wenn die Erde in Bewegung gerät. Alle äußeren Hilfsmittel werden nutzlos sein. Die Autos werden nicht fahren noch die Züge, noch werden die Flugzeuge fliegen. Alle diese technischen Hilfsmittel werden euch im Stich lassen. Die Drähte, die Nachrichten übermitteln, werden in jenen dunklen Tagen nutzlos sein. Ich will euch keine Angst machen, aber ihr müßt euch der Ausmaße der kommenden Ereignisse bewußt sein.

Eure einzige HOFFNUNG liegt in Gott. Eure einzige Überlebenschance, die nicht ausfällt, liegt in Gott. Es ist besser, im voraus von den Gefahren zu wissen, denn dann werdet ihr nicht schwach werden. Es ist besser, Gott jetzt zu suchen als am letzten Tag, wenn alle um euch schwach werden und sterben. Wendet euch wieder euren alten Lektionen zu, betet und meditiert. **Betet auf eure eigene Weise, aber betet. Meditiert auf eure eigene Weise; alle Wege sind gut, die euch in die Gegenwart Gottes führen.** Wiegt euch nicht in einem falschen Gefühl von Sicherheit. Die Ereignisse, die sich der Erde nähern, werden überall auf der Welt zu spüren sein. Es sind Geschehnisse von globalem Ausmaß. Nicht eine ein einziger Landstrich der Erde wird unversehrt bleiben. Alle Orte und alle Völker werden von diesem Geschehen betroffen sein. Eure Technik wird die Nation nicht retten.

Es ist unabdingbar, daß ihr eurer spirituellen Suche treu bleibt. Durch diese starke Verbindung mit Gott werdet ihr in jenen Tagen alle nötigen Informationen empfangen. Es ist meine Liebe zu euch, die mich so sprechen läßt.

Maria, die Mutter Jesu

Macht mutig weiter
Die Bruderschaft, 13. Mai 1989

Wir möchten euch ein Wort der Ermutigung geben, euch ermuntern, trotz all der Herausforderungen, denen ihr euch täglich gegenüberseht, unverdrossen weiterzumachen. Beharrlichkeit kommt ans Ziel. Ihr lebt ewig. Anders ausgedrückt, ihr werdet immer und ewig weiterbestehen. Ihr habt also viel Zeit, um eure Lektionen zu lernen. Aber wie bei jedem Unternehmen im Leben ist auch hier Beharrlichkeit von Vorteil. Nur mit einer beharrlichen Einstellung könnt ihr gewinnen und den Nutzen davon haben.

Diese Art von Leben trägt euch reiche Zinsen. **Der höchste Gewinn besteht darin, daß ihr ständig dem nahe seid, der für euch sorgt.** Das empfinden wir als die größte Belohnung, daß wir uns selbst annehmen können, so wie Gott uns annimmt.

Viele Menschen lassen sich entmutigen, wenn sie nicht schnell genug Verbesserungen sehen. Aber Leben ist kein Wettrennen, es ist eine Schule, wo jeder seinen Weg macht, der beharrlich genug ist. Doch in der Realität der Wahrheit Gottes werden alle Menschen ehrenhaft ans Ziel gelangen. Nur brauchen manche Menschen länger zum Verstehen als andere. Laßt euch nicht entmutigen. Wenn ihr entmutigt seid und denkt, das habe doch alles keinen Wert, dann seid euch im klaren, daß das Erdenbewußtsein euch diesen Gedanken eingibt. Es ist euer kleines Ich, das träge und kindisch ist. Hört nicht auf seine Einflüsterungen; erinnert euch statt dessen der großen Liebe, die Gott für jeden von uns empfindet. Laßt euch vom Eifer und der Ernsthaftigkeit des Gottesbewußtseins umfangen. Denkt daran: Ihr seid mit lebensspendender reiner Liebe gesegnet, ungeachtet eurer Vergehen, eures Versagens.

Jeder Mensch, der das liest, erfährt viel Hilfe. Wenn ihr also betet, dann betet ihr nicht allein; wir sind zugegen. Jede eurer Bemühungen wird von uns und vielen anderen liebenden Geistern unterstützt. Wir sehen euer Leben und eure Bemühungen, euch mit Gott zu verbinden. Dies alles sind, verglichen mit eurem vorherigen Leben, große Verbesserungen.

Niemand von euch hat sich früher im geringsten bemüht, seine Verbindung mit Gott zu verstehen oder sein geistiges Leben zu stärken. Jetzt sehen wir, daß ihr um Gebet und Verstehen ringt. Es gelingt euch immer wieder, euch mit dem Gottesbewußtsein zu verbinden und zu Gott dem Vater zu beten. Wir sehen, wie die, die ihrem inneren Leben treu sind, vorankommen. Uns steht klar vor Augen, wie viele Veränderungen im geistigen Leben unserer Getreuen vor sich gehen, und zwar in dem Maße, wie sie verstehen.

Denkt einfach daran, daß eure Beharrlichkeit und eure ehrlichen Gefühle für Gott und euer höheres Selbst etwas bewirken. Erinnert euer inneres Selbst an die Liebe, die euch umgibt. Niemand bleibt zu irgendeiner Zeit allein und ohne Liebe. Ein Heer von hilfreichen Geistern ist um euch, die an eurem spirituellen Fortkommen interessiert sind. Nehmt euch jeden Tag Zeit, um eure Gedanken zur Ruhe zu bringen und euch zu erinnern, daß ihr tatsächlich geliebt, geehrt und gut versorgt seid. Alles, was ihr auf dieser Erde tut, dient eurem Lernen. Ihr werdet weiterhin Prüfungen unterworfen, aber ihr werdet ihnen nicht allein gegenüberstehen. Ihr sollt euch mutig dem Leben stellen und beharrlich jeden Tag eure Verbindung zum Gottesbewußtsein pflegen.

Die Bruderschaft

Kapitel 14

Harte Gefühle überwinden

Aus dem Innern heraus leben

Die Bruderschaft, 21. Mai 1989

Wir nähern uns der Halbzeit der Frist, die euch bleibt, um eure Ziele zu erreichen. Wir möchten euch dringend nahelegen, für diese Ziele zu beten. Wir wollen uns ein wenig Zeit nehmen, um euch bei den Anforderungen eures täglichen Lebens zu helfen, denn eure Ziele haben meist mit einer Verbesserung dieses irdischen Lebens zu tun.

Durch euer Beten verbindet ihr euch mit dem Bewußtsein Gottes. In diesem großen Bewußtsein findet ihr die „Dinge", die euer Glück ausmachen. Wenn ihr zuviel Gewicht auf eure irdische, äußere Existenz legt, begrenzt ihr Gott. **Es empfiehlt sich, euer Leben auf der Erde von innen heraus zu leben.** Viel zu viele Menschen leben nur durch den äußeren Aspekt. Das ist keine ausgewogene Art, durchs Leben zu gehen. Werdet euch klar darüber, daß diese irdische Existenz vorübergehend ist, daß die Güter dieser Welt nicht von Dauer sind. Wir sagen, sie sind nicht von Dauer, weil sie den Ansturm der Zeit nicht überstehen. Alle Materialien kehren schließlich zur Erde zurück. Sie kommen aus der Erde und werden wieder zu Erde. Wenige haben die Zeit überdauert. Manche, wie die Pyramiden, stehen zwar noch, haben aber, außer als Denkmal für den Erfindungsgeist des Menschen, keinen praktischen Nutzen mehr. Wenn ihr dem Materiellen zu viel Wichtigkeit beimeßt, verliert ihr euer wahres Lebensziel aus den Augen.

Lernt euer Denken vom Herzen her zu nutzen und übt, was ihr gelernt habt: Das ist euer wahres Lebensziel! Wir meinen damit nicht, daß ihr euer irdisches Leben aufgeben und euch von der Gesellschaft abkehren sollt. Ihr müßt tatkräfig an ihrem kulturellen Leben teilnehmen, um euer inneres Leben zu bereichern. Euer wahres Ziel ist nicht, in materieller Hinsicht reich zu sein, ihr ringt um spirituellen Reichtum, was den materiellen einschließen kann. Seht ihr, dem Wort „Reichtum“ geht es wie alle Wörtern; jeder versteht etwas anderes darunter. Wenn ihr also zuviel Gewicht auf jede Art Reichtum legt, wie ihn die Gesellschaft definiert, dann setzt ihr Gott in eurem Leben Schranken.

Wenn ihr durch Vergebung harte Gefühle loslassen könnt, harte Gefühle wie Wut, Angst, Groll, Neid und dergleichen, dann kommt ihr in *allen* Lebensbereichen voran, in eurem spirituellen wie im äußeren gesellschaftlichen Leben.

Ihr könnt nicht zu dem Menschen werden, der ihr sein möchtet, wenn ihr von alten harten Gefühlen erfüllt seid. Wenn ihr Groll gegen andere hegt, dann werden sie es spüren, und euer Vorankommen am Arbeitsplatz wird beeinträchtigt sein. Wenn ihr neidisch und nachtragend seid, dann könnt ihr das wohl eine Weile verbergen; aber über kurz oder lang wird jeder die harten Gefühle in euch hochkommen sehen.

Wir lieben Vergleiche, und hier ist ein solcher Vergleich: **Ihr seid auf der Erde, um die Essenz Gottes zu spiegeln**, deshalb betrachtet euch gewissermaßen als einen Spiegel. Gott kann sich jedoch nicht in euch widerspiegeln, weil euer äußeres Leben von der Wirrnis eures Innenlebens verschmutzt ist. Ihr könnt kein helles Licht zurückstrahlen, wenn eure Spiegelscheibe unrein ist, kein fehlerfreies, wenn sie beschädigt ist. Vielleicht ist euer Spiegelbild gar unfreiwillig komisch, zu groß, zu klein, zu dick, zu dünn, ein Spottbild der Wirklichkeit! Habt ihr nicht schon in solche Zerrspiegel geblickt? Man findet sie in Vergnügungsparks. Wenn der innere Spiegel verzerrt ist, hilft es nichts, die äußere Fläche zu polieren – die Verzerrungen bleiben. Wollt ihr, daß der Spiegel wieder fehlerfrei reflektiert, müßt ihr ihn von innen her in Ordnung bringen, von außen wäre eure Mühe ganz umsonst. Sie nehmen ab, sie lassen sich mit Hilfe plastischer Chirurgie körperlich verändern, sie kaufen sich Kleider, die gerade als modern gelten; viele richten sich sehr stilvoll ein! Ihr arbeitet ständig am Äußeren. Die Verzerrungen jedoch liegen innen, im Herzen und im Denken – die Arbeit am Äußeren allein wird niemals genug sein. Viele Menschen beten inbrüstig für ihr äußeres Leben: „Lieber Gott, bitte hilf mir, diese Stelle zu kriegen, dieses Haus zu bekommen, soundsoviel Gewicht zu verlieren.“ Glaubt ihr, das wird euch glücklich oder zu einem besseren Menschen machen?

Wir weisen euch auf diesen Denkfehler hin, aber wir wollen damit nicht sagen, daß jeder von euch dieses Problem hat. Jeder Mensch hat jedoch von Zeit zu Zeit diese oberflächliche Art zu denken. Damit ihr also in eurem irdischen, materiellen und in eurem inneren, spirituellen Leben vorankommt, sagen wir – begrenzt Gott nicht, indem ihr euch nur auf einen Teil von euch beschränkt. Jeder Mensch hat viele Ebenen und viele Facetten. Ihr könnt in allen Teilen eures Lebens vorankommen. Ihr könnt einen gewissen Wohlstand haben (das hängt davon ab, mit wieviel Wohlstand ihr umgehen könnt). **Wahrer Wohlstand ist eure Fähigkeit, euch auf Gott als Quelle eures Einkommens, eurer Lebenskraft, eurer Gesundheit und eures Glücks zu verlassen.** Das erreicht ihr durch Gebet und Meditation. Ihr erreicht es dadurch, daß ihr euer Leben und alle Umstände, unter denen ihr lebt, in Frage stellt.

Betet darum, leben zu lernen. Hört sich das unsinnig an? Das ist es nicht. Ihr lebt auf der Erde nur halb, wenn ihr euch auf das äußere Leben beschränkt. Um ein vollständiges und befriedigendes Leben zu haben, müßt ihr durch eure Gebete mehr über eure Verbindung zu Gott lernen. Stellt Gott Fragen. Ihr bekommt die Antworten entweder durch euer Bewußtsein, durch ein Buch oder durch einen anderen Menschen.

Beginnt jeden Tag mit einem Gebet, selbst wenn es so kurz ist wie: „Gott, hilf mir an diesem Tag.“ Beendet jeden Tag mit einem Dankgebet. Löst die harten Gefühle auf, die euch daran hindern,

Gottes Eigenschaften zu spiegeln. Wir sind nicht dafür, daß ihr euer äußeres Leben außer acht laßt, sondern daß ihr es einfach durch Gebet und Meditation ins Gleichgewicht bringt. Bittet um Gottes Hilfe, um die harten Gefühle und Gedanken in eurem Innern aufzulösen. Vergebt allen Menschen und vergebt der Welt. Vergebt euch selbst, das ist auch wichtig für euer Wachstum.

Nehmt euch wieder eine Zeit, wo ihr für euch selbst, eure Ziele und euer Leben betet. Dann betet für die Welt, für alle Menschen, und für Gottes ganze Schöpfung. Betet darum, daß eure Verbindung zu Gott stärker wird. Sprecht mit Gott wie mit einem Freund. Es gibt keinen besseren. Seid bereit, euer inneres Selbst zu verändern, um der Mensch sein zu können, der ihr auf der Erde sein möchtet. Alles soll durch euer Beten und eure Kommunikation mit Gott ins Gleichgewicht kommen.

Wir sind wie immer da, um euch zu helfen. Wir unterstützen euch bei euren Gebeten und in eurer Verbindung mit Gottes großem Bewußtsein. Alles, was ihr Gott zutragt, wird augenblicklich in Gutes verwandelt.

Gott ist gut. Wir wissen, daß ihr das schon oft gehört habt. Wir wollen damit sagen, daß alles, was ihr Gott bringt und Ihm übergebt, durch etwas Gutes ersetzt wird.

Übergebt Gott euren Zorn, und er wird sich in Zufriedenheit verwandeln. Gott verwandelt Angst in Mut und Unwissenheit in Wissen. Übergebt ihm eure „Ich-kann-nicht"-Gedanken, und ihr werdet sagen: „Ich kann." Groll wird sich in Dankbarkeit verwandeln, Neid in Frieden, Eifersucht in Vertrauen. Dies ist beim Beten ein automatischer Vorgang. Ihr braucht Gott nur zu sagen: **„Ich möchte diese harten Gefühle oder Gedanken nicht mehr in mir haben. Ich übergebe sie Dir, Gott. Alles, was ich habe, gebe ich Gott."**

Wenn ihr Gefühle in euch findet wie Verachtung, Wut, Angst, Eifersucht, Neid, Mißtrauen, Furcht – dann übergebt sie Gott. Sie werden augenblicklich in Vertrauen, Glück, Frieden, Dankbarkeit, Mut, Achtung, Tapferkeit und Wahrheit verwandelt. Was immer in euch ist, übergebt es Gott im Gebet. Ihr braucht diese Dinge nicht allein zu verändern. **Ihr braucht nicht allein oder einsam zu leben. Gott ist immer mit euch, aber Er erwartet, daß ihr Ihn in eurem Leben erkennt.** Auch wir stehen euch zur Verfügung, um euch zu helfen, diese Aufgabe zu erfüllen.

Wenn es euch gelingt, euch mit eurem ganzen Leben vollständig auf Gott zu verlassen, dann verfügt ihr über die Zeit, die Energie und das Wissen, um eure Ziele zu verwirklichen. Das ist wirklich eine leichtere Art, auf Erden zu leben. Das ist kein unglückliches oder schwieriges Leben. Es wird viel Energie darauf verschwendet, an diesen harten Emotionen festzuhalten, Energie, die euch in eine neue und fortgeschrittenere Lebensweise tragen könnte, Energie, die ihr dazu benutzen könntet, euren Körper und eure Beziehungen zu heilen und ein gutes Leben zu haben.

Wenn wir sagen, ein gutes Leben, dann seid euch im klaren darüber, daß ein gutes Leben immer davon abhängt, was man sich unter einem guten Leben vorstellt und welche Vorstellung Gott davon hat. Die guten Zeiten sind nicht immer das, wofür ihr sie haltet.

In einem guten Leben gibt es keinen Mißbrauch des Körpers, der Gefühle oder des Denkens, noch gehört zu einem guten Leben irgendein Mißbrauch von anderen Menschen. Wie auch immer ihr also ein gutes Leben definiert, wenn es mit Gottes Definition eines guten Lebens übereinstimmt, dann ist es euer. **Bittet darum, Gottes Definitionen in euer Leben zu bringen.** Gottes Definitionen sind Liebe, Erleuchtung, Licht, Mut, Tapferkeit, Vertrauen, Ordnung, Kraft, Glück, Freude, Leben, Energie, Macht, Weisheit und noch viel, viel mehr. Das ist, wonach ihr trachtet, das, was ihr euch für euer Leben wünscht. Nun lehren wir euch, wie ihr sie haben könnt, wie ihr eure Ziele erreicht. Aber wir können es nicht für euch tun, noch wird Gott es tun, es sei denn, ihr laßt Ihn ein in euer Leben. **Gott wird euch helfen, aber euch die Arbeit nicht abnehmen.**

Bringt alles, was ihr seid, in eure Gebete. Gebt Gott die Freiheit, euch und eure Lebensbedingungen zu verwandeln. Es wird nur Wunderbares, Schönes, Herrliches und Gutes dabei entstehen.

Wir sind mit unserer Liebe und Aufmerksamkeit bei jedem von euch. Wir beten darum, daß ihr die Worte und Vorstellungen, die wir euch geben, versteht.

Die Bruderschaft

Euer Blickwinkel entscheidet über euer Leben

Die Bruderschaft, 27. Mai 1989

Mehrmals haben wir versucht, zu erklären, daß wir nur hier sind, um euch zu helfen, euch mit dem Gottesbewußtsein und der Essenz Gottes zu verbinden. UNSER einziges Ziel ist, den Menschen bei ihrer Suche nach Gott zu helfen.

In der Vergangenheit hat sich das Erdenbewußtsein des Menschen angefüllt mit Angst, Zorn, Feindseligkeit, Neid, Eifersucht und Furcht. Für den normalen Menschen ist es immer schwieriger geworden, seine Gedanken aus dem Sumpf solch starker Emotionen herauszuheben. Gott wurde in seinen Augen allmählich zu einem zornigen und rachsüchtigen Monstrum. Wir als die Bruderschaft des Heiligen Geistes haben die Ehre gehabt, die Gedanken der Menschen von der bloßen Furcht vor Gott befreien zu helfen und sie darüber hinaus vor der Versuchung zu bewahren, Gott ganz und gar zu leugnen.

Unsere Hilfe besteht darin, daß wir die Gedanken, die die einzelnen Menschen von Gott haben, mit unseren Gedanken der Wahrheit umgeben. Wenn Menschen an Gott denken und anfangen, Ihn in Frage zu stellen, sind wir da. Wir helfen ihnen, über ihre Ängste hinauszusehen und die Furcht zu überwinden, die im Rassenbewußtsein so stark verwurzelt ist. Die Blockaden liegen nicht bei Gott. Sie bestehen im Bewußtsein des einzelnen Menschen und entstehen durch Angst, Furcht und Feindseligkeiten. Wenn ein Mensch anfängt, ängstlich seine Vorstellung von Gott in Frage zu stellen, dann sind wir da, um seinen Gedanken über die Angst hinwegzuhelfen und sie zur Wahrheit zu führen. Wir tun tatsächlich nichts anderes, als Wahrheit zu übermitteln. Wir sagen den Menschen die Wahrheit über Gott, so wie Jesus es tat, als er auf der Erde weilte.

Es gibt immer noch Menschen, die sich vor Gott fürchten. Manche Menschen denken, Gott könne vielleicht zornig werden und schlimme Dinge in ihrem Leben geschehen lassen. Wenn ein ängstlicher Mensch irgend etwas Unangenehmes erlebt, dann denkt er: „Gott straft mich! Womit habe ich das verdient?" Diejenigen, die die Wahrheit kennen, werden bei ihren eigenen Entscheidungen oder Nicht-Entscheidungen nach der Ursache für ihre Schwierigkeiten suchen.

Wir helfen den Menschen, über ihre Angst hinauszuwachsen, um die Wahrheit Gottes des Schöpfers zu sehen, um Gott zu sehen, wie Er wirklich ist, und nicht wie sie fürchten, daß Er ist. Wir sind nicht hier, um euch mit Dingen auszustatten, nicht einmal mit Parkplätzen! Annie bittet Gott um einen Parkplatz vor dem Laden. Mit dieser Vorstellung im Kopf scheint sie zur rechten Zeit an der rechten Stelle zu sein, damit es geschehen kann. Es ist jedoch ihr eigenes Denken, das ihr den gewünschten Parkplatz beschert.

Wir meinen, daß ihr euren Verstand und all seine Fähigkeiten noch immer nicht richtig würdigt. Ihr lebt das Leben durch eure Bewußtseinsfunktionen. Euer Bewußtsein ruft aus der Essenz Gottes das heraus, was ihr in eurem Leben zu haben wünscht. Wie ihr denkt, so seid ihr. Wenn ihr euer Leben von einem Blickwinkel der Angst oder der Feindseligkeit aus lebt, dann zieht ihr noch mehr Situationen herbei, die solche starken Emotionen in eurem Leben hervorrufen. Wenn ihr einfach den Gedanken in euch halten würdet, daß Gott Liebe ist, dann würdet ihr euer Leben von einem Standpunkt der Liebe und Liebenswürdigkeit aus leben. Alles, was in eurem Leben geschieht, würde Gottes Liebe widerspiegeln. Die Leute würden sagen: „Meine Güte, haben die ein Glück!", aber in Wirklichkeit ist es nicht Glück, sondern euer Standpunkt, der über die Geschehnisse in eurem Leben bestimmt.

Manche Menschen sagen: „Ich strenge mich so an, gut zu sein.“ **Nicht wie ihr handelt, bestimmt die Qualität eures Lebens, sondern wie ihr über Gott denkt.** Alles Leben wird vom Standpunkt der Gottesessenz aus gelebt. **Was ihr von Gott glaubt, das bestimmt euer Leben auf der Erde.** Dies ist ein schwieriger und verwirrender Gedanke, denn ihr sagt: „Meine Erziehung schränkt mich ein“ oder „Mein Gehalt ist es, das mir Grenzen setzt.“ Oder ihr schaut eure Kindheit an und sagt: „Meine Eltern sind schuld, daß ich so geworden bin.“ Das sind keine Wahrheiten! Es sind Ausflüchte, die der Mensch benutzt, um etwas aufzuschieben, wovor er Angst hat, nämlich seine eigene Angst vor Gott zu überwinden.

Wenn die Menschheit die Vorstellung eines ganz und gar und absolut liebenden Gottes in sich festhalten könnte, dann wäre ihr nichts unmöglich. Dann weiß der Mensch, daß Gott und sein Leben gut sind. Er kann anfangen, von einem Standpunkt der Liebe aus zu leben statt der Furcht.

Oh, aber ein paar Leute sagen: „Was ist mit dem Bösen im Menschen? Was ist mit den Verlockungen Satans?“ Es gibt keinen Satan oder sonst einen bösen Geist, der euch begrenzt oder verlockt, außer eurem eigenen ängstlichen Selbst. **Ihr selbst begrenzt euch!** Eure Gedanken sind es, die euch einschränken. Das Böse und die Idee eines Satans sind einfach Vorwände, die der Mensch benutzt, um eine Aufgabe aufzuschieben, die er als beschwerlich empfindet. Der Glaube des ängstlichen Menschen, sein Wesen sei begrenzt und leicht von Geistern irrezuführen, rührt von seinem falschen Selbstverständnis. Euer Bewußtsein ist vieler wundersamer und großer Erfahrungen fähig. Ihr könnt durch eure Bewußtseinsfunktionen euer Leben verändern, so daß es euch wie ein Wunder erscheint. Indem ihr eure Ängste, euren Zorn, eure Feindseligkeiten und dergleichen starke Emotionen aus eurem Leben verbannt, könnt ihr es buchstäblich in ein gutes, glückliches und behagliches Leben verwandeln.

Wie wird aus einem ängstlichen ein furchtloser, mutiger Mensch? Durch Beten, durch einen tiefen Glauben an Gottes

Güte. Dadurch, daß er die Wahrheit akzeptiert, daß Gott und die Liebe EINS sind. Wir meinen damit bedingungslose Liebe, nicht die Liebe, wie sie in euren Nachrichtenmedien dargestellt wird. Wir sagen euch, laßt euren Zorn los, euer rasches Aufbrausen, eure Gewohnheit, schnell mit Worten zurückzuschlagen. Trennt euch davon. Achtet auf eure Worte, achtet auf eure Gedanken, achtet auf die hartnäckig immer wiederkehrenden Gefühle. Auf diese Weise verändert ihr euer Leben. Legt die Neigung ab, schnippische Antworten zu geben. Legt die häßlichen Gedanken über andere ab; wir sind alle gleich, und das, was ihr an anderen nicht mögt, ist oft das, was ihr an euch selbst nicht leiden könnt.

Macht euch schnell daran, alle die kleinen Gedanken und Gefühle von Angst, Feindseligkeit, Wut, Haß, Neid, Eifersucht, Gier und Egoismus aufzuspüren. Diese negativen Reaktionen schränken euer Leben ein. Diese Art von Gedanken und Gefühlen sind das begrenzende Element in eurem Leben. Indem ihr über eure Ängste hinauswachst, indem ihr eure Wut durchschaut, werdet ihr euer Leben verwandeln.

Ruft uns zu jeder Zeit, wir sind nicht durch Raum und Zeit begrenzt. Wir sind immer da, um euch zu helfen, diese starken Emotionen zu überwinden und eure Verbindung zu Gott zu finden, der All-Liebe und all-liebend ist, immer und allezeit.

Die Bruderschaft

Selbstbild und Selbstwert

Die Bruderschaft, 3. Juni 1989

Heute wollen wir uns mit denen befassen, die ein Selbstbild des Mangels in sich tragen und darauf angewiesen sind, ihr ganzes Selbstwertgefühl durch ihre Freunde zu beziehen. Sie sind wie der verlorene Sohn. Kennt ihr noch die Geschichte, die Jesus erzählt hat, als er auf der Erde war (Lukas 15, 11-32)? Der Sohn ließ sich sein Erbe auszahlen und ging in die Stadt, um dort zu leben. Nur zu bald brachte er zusammen mit Saufkumpanen, die sich seine „Freunde" nannten, sein Vermögen durch. Solange er Geld hatte, hatte er auch Freunde, doch als der letzte Groschen durch die Kehle geflossen war, stand er allein. Bald litt er wirklich Hunger. Als er schließlich in einem Schweinestall das Futter der Tiere essen mußte, um nicht Hungers zu sterben, erinnerte er sich seiner Herkunft. Er dachte an die mahnenden Worte seines Vaters. Er dachte an das saubere Haus und an das gute Essen, das selbst die Diener im Hause seines Vaters genossen. Er dachte: „Im Hause meines Vaters leben selbst die Diener besser als ich jetzt; sie haben reichlich zu essen, ein sauberes Bett zum Schlafen und leben in Würde. Ich werde zum Hause meines Vaters gehen und ihn um Verzeihung bitten; ich werde ihn bitten, mich als Tageslöhner anzunehmen. Auf jeden Fall werde ich besser versorgt sein als hier. In dieser Stadt kümmert sich niemand mehr um mich. Alle meine Freunde haben mich verlassen. Sie waren nur so lange meine Freunde, wie ich ihnen geben konnte, was sie wollten. Sie haben sich nie wirklich etwas aus mir gemacht; sie sahen in mir immer nur den, den sie sehen wollten.

Dieses Gleichnis kann man sowohl auf Menschen anwenden, die ihren Selbstwert über ihre Freunde beziehen, als auch auf die, die an Mangel glauben. Sie leben unter verschiedenen Bedingungen, aber die Geschichte paßt auf beide. Es ist ein egoistisches Bestreben, alle seine Wünsche augenblicklich befriedigen zu wollen. Wenn man versucht, spirituelle Wünsche durch materielle Dinge zu befriedigen, entsteht Mangel. Der junge Mann in der Geschichte war sich seines Wertes nicht bewußt noch schätzte er sein eigenes Leben. Er dachte wie viele junge Menschen heute an *ich* und *jetzt.* Junge Leute haben keine Geduld mit dem Leben und akzeptieren es nicht so, wie es ist. Sie wollen alles sein, was sie sein können, und zwar jetzt gleich und ohne große Bemühung. So suchen sie zur Befriedigung ihrer Wünsche nach gleichgesinnten Freunden. Sie meinen, viele Feste, Lustbarkeiten und Freunde werden sie innerlich zufrieden machen. Sie erwarten, daß ihre Eltern ihnen die Mittel verschaffen, um ein Leben führen zu können, wie es ihnen gefällt und wie sie meinen, es zu verdienen.

In unserem Gleichnis hatte der junge Mann nie bedacht, daß der Vater schwer gearbeitet, seinen Reichtum gut verwaltet und gemehrt hatte. Er sah auch nicht, daß der Vater nicht nur ein guter Verwalter war – ihr würdet ihn heute einen Manager nennen! –, sondern auch ein guter und fürsorglicher Mensch. Erst nachdem er das Vermögen, das der Vater ihm gegeben hatte, durch sein wildes Leben verpraßt hatte, begann er, klar zu sehen. Erst nachdem er also viele Gelegenheiten, sein Leben zu bessern, verpaßt hatte, fing er an zu sehen, worum es im Leben wirklich geht. Der Vater hatte versucht, seinen Sohn die Kunst des rechten Lebens zu lehren, aber es kam nicht an. Die Lehren stießen auf taube Ohren. Der Sohn nahm sie sich nicht zu Herzen. Er dachte vielmehr: „Der Alte weiß nicht, worum es heute geht. Er lebt in der Vergangenheit. Ich gehöre zur neuen Generation. Ich bin jung. Ich habe ein Recht darauf, Spaß zu haben. Das ist meine Gelegenheit, mit meinen Freunden zusammen zu sein. Sie lieben mich mehr als mein Vater. Mein Vater schränkte mich immer nur ein und tischte mir seine altmodischen Ansichten auf. Das brauche ich nicht mehr. Ich kann meinen eigenen Weg gehen."

So ging der Sohn fort in die Stadt mit seinem niederen Selbstwertgefühl und seinen irrigen Ansichten vom Leben. Er ließ es sich gutgehen und fand viele Freunde. Alle lobten ihn und schmeichelten ihm, wie wunderbar er sei, wie schlau und intelligent, und was er für ein Glück habe, einen reichen Vater zu haben. Er war stolz darauf, nicht arbeiten zu müssen. Er hatte alles. Eine solche Einstellung begrenzt euch mehr als alle Eltern der Welt. Es ist sinnlos, euer Selbstwertgefühl von anderen bekommen zu wollen, denn niemand interessiert sich so für euch wie ihr selbst und die Menschen, die euch nahestehen. Kein Mensch oder sogenannter Freund, der in den „guten Zeiten" um euch ist, steht wirklich an eurer Seite. Der junge Mann war schließlich am Ende, hatte keine Freunde mehr, kein Geld, nichts zu essen, kein Bett, kein Zuhause. Er legte seinen Hochmut und seinen Stolz ab und nahm sich nicht mehr so wichtig. Er sah sein Leben, sein inneres Selbst und die Werte und Bedingungen, die ihn an diesen Ort gebracht hatten, klar und ehrlich an. Hier in dem Schweinestall, wo er mit den Schweinen um die Futterschoten kämpfte, dachte er wieder daran, was er früher einmal gelernt hatte. Er sah allmählich, daß sein Vater ein sehr kluger und weiser Mann war und ein guter Verwalter – er wußte, wie man mit Geld umgeht und sein Leben einrichtet, nicht nur zu seinem eigenen Nutzen, sondern zum Wohl der ganzen Familie. Der Sohn wurde sehr reumütig und wollte um Vergebung bitten. Er wollte der letzte Tageslöhner sein.

Was der Sohn fand, waren Demut, Ehrlichkeit und Wahrheit.

Was geschah nun? Der Vater, als er hörte, daß sein Sohn zurückgekommen sei, war überglücklich. Er befahl, daß man ein warmes Bad richten, saubere Kleider vom Feinsten bringen, einen Ring an den Finger des Heimkehrers stecken und ein Festmahl vorbereiten solle, um des Sohnes Rückkehr zu feiern. **Der Sohn sah die Wahrheit seines Lebens und bekannte, daß er im Unrecht gewesen war.** Sein Vater ließ ihn nicht als Diener arbeiten, sondern hieß ihn willkommen als seinen rechtmäßigen Sohn und Erben.

Nun, laßt uns schauen, wie das mit Selbstachtung und Selbstwert zusammenhängt. Sein Selbstwertgefühl von anderen zu beziehen ist sinnlos. Es ist nicht nur eine Verschwendung eurer inneren Mittel, sondern eurer Lebensenergie. Es ist Zeit-, Geld- und Energieverschwendung, zu versuchen, „es euch gut gehen zu lassen“, denn am besten geht es euch, wenn ihr wirklich in Verbindung mit Gott seid. Ihr seid aus euch selbst heraus nichts. Ihr könntet euch selbst keine Lebensenergie zuführen. Sie ist ein Geschenk Gottes. Was euer Leben kostbar macht, beruht auf der Tatsache, daß ihr von Gott erschaffen seid, nicht darauf, daß viel Geld in euren Taschen klimpert. **Ihr seid viel wert, weil Gott euch ein Bewußtsein und ein Herz gegeben hat, nicht weil ihr in Saus und Braus euer Gut verprassen könnt. Euer Wert liegt tief in eurem Innern.**

Eure Gaben sind es, die Gott euch eingepflanzt hat von Anfang an. Seht euer Leben mit klaren Augen an. Seht, daß ihr wertvoll seid, weil ihr für Gott so wertvoll seid. Seht euch, wie ihr in Wahrheit seid.

Euch in eurem Selbstwertgefühl aufzublasen ist ebenso schlecht, wie wenn ihr euch zu gering achtet. Es sind einfach die zwei Seiten ein und derselben Medaille. Die Vorderseite der Münze macht euch glauben, daß ihr wertlos seid, die Rückseite legt euch nahe, äußerer Flitterkram mache euch zu besseren Menschen als die anderen. Dabei ist doch sonnenklar, daß euer Geld, der Schlitten, den ihr fahrt, die teure Markenkleidung rein gar nichts mit eurem inneren Wert zu tun hat! **Gott schaut nur auf das, was in eurem Herzen und Denken vor sich geht.** Er schaut in die Winkel, in denen ihr euch versteckt und wo sich eure kleinen Fehler verkriechen. Schaut euch ganz gründlich und ehrlich an.

Es ist falsch, wenn ihr euch mit starken Worten, mit Wut und Haß klein macht. Es bedeutet, daß ihr keine wahre Vorstellung von eurem Wert habt. Wenn das Geschnatter in euren Köpfen sagt: „Ich wußte schon, daß ich das wieder vermasseln würde. Ich kann einfach nichts, mir geht immer alles schief. Ich muß ein schlechter Mensch sein, daß ich das verdient habe“ oder „Ich kann nicht mit Geld umgehen, also werf’ ich’s zum Fenster ’raus. Warum passiert das immer mir und nicht einem anderen? Gott liebt mich nicht so, wie er die liebt, die Geld haben…“, dann schätzt ihr die Gaben, die Gott euch schenkt, gering.

Wenn ihr euch selbst begrenzt, begrenzt ihr Gott. Ihr schlagt die Tür zu, durch die Gott eintreten und euch helfen könnte. Eure begrenzenden Gedanken sind Gebete, durch die ihr euch die begrenzenden Ereignisse in eurem Leben selbst beschert. Ihr betet also in Wirklichkeit um die Umstände, in denen ihr euch jetzt befindet. **Dankbarkeit für das, was ihr habt, öffnet euch für neue Möglichkeiten.** Es muß eine ehrliche Dankbarkeit sein, die von Herzen kommt. Seht euren Wert als wunderbare Schöpfung Gottes. Seht, daß es in eures Vaters Hause viele Wohnungen gibt.

Seht, daß es eurem Vater ein Vergnügen ist zu geben, aber daß ihr heimkommen müßt, um an dem Ort zu sein, zu dem ihr gehört. Als der verlorene Sohn heimkehrte, wurde ihm nicht nur das kleine bißchen, um das er bat, sondern alles in Hülle und Fülle. Wenn ihr euch auf Gott als die Quelle all dessen, was ihr braucht, verlaßt (in eurem physischen wie in eurem spirituellen Leben) dann wird euer Kelch randvoll gefüllt.

Deshalb sagen wir: Betet heute darum, euch selbst so zu sehen, wie ihr in Wahrheit seid. Erkennt euch selbst als Schöpfung Gottes an. Seht, daß es dieses innere Leben ist, wonach ihr euch im Leben sehnt. Die guten Zeiten sind die, die ihr mit Gott im Gebet verbringt. Die harten Getränke und Drogen dieser Generation schränken diejenigen ein, die sie zu sich nehmen, und sie beschränken Gottes Möglichkeit zu geben. Fangt heute an, euch immer wieder zu sagen: „**Ich bin eine Schöpfung des Einen Gottes.** Er sorgt für alles in meinem Leben, für Geld, Auto, Ausbildung und Wohlergehen." Wenn ihr merkt, daß ihr euch wichtig tut oder aber kleiner macht, als ihr seid, dann hört augenblicklich damit auf. Sagt euch, daß ihr euer Wohl bei niemand anderem zu suchen braucht. Es ist Gottes Vergnügen, euch alles zu geben, was ihr braucht. Vertraut und betet. Betet mit Liebe zu euch, zu eurem Leben und zu eurer Welt. Ihr seid der verlorene Sohn, der heimgekehrt ist ins Vaterhaus. Ihr werdet mit offenen Armen empfangen, mit Ringen für eure Finger und mit allem Reichtum.

Dies sind unsere Worte, und darum beten wir, daß jeder einzelne von euch seinen wahren Wert als Gottes Kind erkennt und daß ihr euer Leben im Bewußsein der Liebe lebt, die euch für immer und alle Zeit umgibt.

Die Bruderschaft

Kapitel 15

Beten in der Familie

Macht das Beten zu eurem Motto (Rückblick in der Jahresmitte)

Die Bruderschaft, 24. Juni 1989

Ihr habt getreulich gebetet und vom Geiste der Wahrheit gezehrt; hört nicht auf zu beten, dringt noch tiefer in die Geheimnisse des Universums ein. Eine Hälfte dieses Jahres ist vergangen, und in dieser Zeit habt ihr gemäß eurem inneren Willen gebetet und meditiert. Wir bitten euch, eurem Vorhaben treu zu bleiben, treu zu eurer Suche nach der Wahrheit zu stehen. Bitte nehmt euch heute vor, noch mehr als sonst die Suche nach der Wahrheit und nach Gott voranzutreiben.

Wir wollen euch nur helfen, euch mit dem großen Bewußtsein Gottes zu verbinden, seid bereit, an jedem Tage eures Lebens von ihm geleitet und genährt zu werden. Wenn ihr euch öffnet, um mehr Gottesbewußtsein und Gottesessenz in euch aufzunehmen, merkt ihr, daß ihr wacher und intuitiver werdet. Ihr wißt einfach, daß ihr wißt. Ihr merkt, daß euer Denken und Verstehen sich neuen Ideen und Eingebungen öffnet. Ihr gebt nicht mehr einfach wieder, was ihr gelesen habt, sondern es wird jetzt verinnerlicht, wird Teil eures Wesens. Die Wahrheiten, die ihr lernt, halfen euch jetzt, mehr vom Leben zu verstehen. Diese Wahrheiten bringen eine Öffnung eures Bewußtseins für neue Denkweisen mit sich, und ihr lernt, auf immer neue Weisen zu beten. In dem Maße, wir ihr im Geiste wachst, merkt ihr, daß vieles in eurem Leben sich verändert, und doch ist eine gute Beständigkeit da. In dem Maße, wie ihr euch in eurem tiefsten Innern verändert, bekommt euer Leben neuen Sinn. Eure Gebete werden jetzt schnell erhört. Diejenigen, für die ihr betet, werden geheilt. Sie gewinnen ihre innere Sicht zurück. Die Lahmen werden gehen. Das bedeutet, daß Menschen, deren Seele durch Sucht und Negativität erlahmt war, in einem neuen Lichte wandeln werden, im Lichte Gottes.

Wir möchten jeden von euch bitten, eine Liste eurer Familienangehörigen und Freunde zu machen. Schreibt alle auf, die zu eurer irdischen Familie gehören, alle eure Freunde und alle eure Feinde. So kommt ihr Marias Bitte um Gebet für diese Welt nach. Beginnt mit eurer Familie und euren Lieben. Durch die Liebe werdet ihr rasch die Verbindung herstellen. Durch eure Liebe, die euch mit Gottes Liebe verbindet, finden eure Gebete die erwünschte Antwort, so daß in jeder Situation das Beste geschehen wird. **Betet täglich für alle Menschen in eurem Familiengebetskorb.**[8] Versteht, daß ihr nur durch eure Gebete und in der Meditation geistig wachst. Nur durch den Geist stellt ihr die Verbindung zu allem Guten her, das Gott ist.

Wir wollen euch jetzt einen kleinen Ausblick auf das geben, was dieser Familiengruppe bevorsteht. Ihr seid einzigartig und ungewöhnlich, denn nicht viele Familien können heute in Frieden zusammenkommen. Nicht viele Familien leben in derselben Gegend dieses Landes. Daß ihr euch treffen und zusammen beten und etwas über Gott erfahren könnt, ist wirklich etwas Wunderbares. Es verdient, allen Menschen als Beispiel vorgehalten zu werden. Seid stolz darauf, daß ihr euch alle in dieser Familiengruppe versammelt, nicht nur in Frieden, sondern jetzt auch in Liebe; daß ihr die Differenzen beiseitelassen könnt und in jedem das innere Wesen seht; daß diese Gruppe von Menschen, die sich heute versammelt hat, gesegnet ist und ein Segen für *alle* Menschen sein wird.

Wir bitten jeden von euch, sich die Veränderungen zu notieren, die aufgrund dieser Gebetstreffen in eurem Leben geschehen. Wir bitten Annie und Byron, ein Buch zusammenzustellen, das diese

---

[8] Die Listen mit den Namen wurden in eine „Gebetsschüssel“ oder einen „Gebetskorb“ gelegt.

Treffen mit ihren Kindern und Enkelkindern beschreibt.[9] Wir möchten, daß ihr anderen als Beispiel dient, daß durch die Geschichte eurer Leben und eures Betens füreinander und für die Welt auch andere Menschen angeregt werden, dasselbe wie ihr zu tun. Ihr seid – dem Blut nach – eine wirkliche Familie; in Zukunft aber wird es nur des Wunsches und des Willens zur Zusammenkunft und zu gemeinsamem Gebet bedürfen, um eine Familie zu werden. **Alle Menschen sind eine Familie auf diesem Planeten Erde. Deshalb werden die Menschen, wenn sie zusammenkommen und miteinander beten, zu einem Glied der spirituellen Familie.** Ihr als das Beispiel jedoch seid nicht nur im Geiste eine Familie, sondern auch im irdischen Sinne.

Bald werdet ihr euch ein ganzes Jahr lang regelmäßig getroffen haben. In diesem Jahr ist jeder von euch im Geist und in der Wahrheit gewachsen. Vielleicht könnt ihr selbst das nicht entdecken, aber wenn ihr genauer darüber nachdenkt, werden euch die Veränderungen in eurem Leben nicht entgehen können – haben eure negative Gefühle nicht sichtlich nachgelassen, sind Mut und Lauterkeit nicht längst Teil eures inneren Lebens geworden? Vielleicht seid ihr sanfter geworden, geduldiger und liebevoller. Vielleicht habt ihr nicht nur Feindseligkeiten losgelassen, sondern auch Zorn, Angst und Neid. Vielleicht seid ihr nicht mehr eifersüchtig auf andere, sondern zufrieden, weil eurer Verbindung zu Gott gewiß. Dies sind die feinen Veränderungen, die in eurem Leben geschehen sind. Wir möchten euch ermuntern, eure persönlichen Veränderungen aufzuschreiben. Annie und Byron werden die Botschaft, die wir der Welt übergeben möchten, zusammenstellen – die Botschaft, daß Familienmitglieder füreinander beten müssen, einer für den anderen, daß Beten zum Motto für alle Menschen wird. Betet für den Planeten, für eine sanftere Wendezeit auf der Erde.

Die Bruderschaft

---

[9] Das wurde zu diesem Buch.

Die dringende Notwendigkeit, mehr zu beten
Maria, 24. Juni 1989

Wir sehr ich jeden von euch liebe! Worte können euch nicht einmal eine Ahnung davon geben. Ich weiß, daß ihr mich nie als einen Teil eures Lebens betrachtet habt. Ich habe mich entschlossen, mit dieser Familie zusammenzuarbeiten, die mich nie verehrt hat, wie viele Menschen es sonst tun. Ich habe deshalb euch gewählt, gerade weil ihr keiner bestimmten Kirche angehört. Ihr habt unterschiedliches Hintergrundwissen, und durch eure frühere religiöse Bildung hindurch lernt ihr jetzt die Wahrheit kennen. **Ich bitte euch, es ernst zu nehmen, wenn ich euch auffordere, mit mir für die Welt zu beten, für die Welt als Planeten, als Volk und als euer Heim.** Ich spüre, wie kurz die Zeit ist, die wir noch haben, um uns auf die kommenden Ereignisse vorzubereiten und anderen dabei zu helfen, dasselbe zu tun. Ihr wißt, wie schnell diese letzten Monate verflogen sind. Bedenkt, daß in wenigen kurzen Jahren die Schwierigkeiten wirklich da sein werden. Deshalb bitte ich euch, mir mit euren Gebeten für diese schöne Welt zu helfen.

Versteht, daß eure Gebete dringend gebraucht werden, denn durch Menschen wie euch kann ein sanfterer Umschwung bewirkt werden anstelle des Aufruhrs, den ich vorhersehe. Bittet Gott, euch beim Beten zu helfen. Sagt Ihm alles, was ihr auf dem Herzen habt. Lernt euren Zorn, eure Angst und Feindseligkeit abzulegen, die nur noch zu der Atmosphäre von Gewalt beitragen, die schon in der Luft liegt. **Ich bitte jeden Menschen, jeden Tag eine Stunde lang zu beten; diese Stunde kann aufgeteilt werden.** Ihr könnt morgens eine Viertel- oder vielleicht eine halbe Stunde beten und dann den Rest der Zeit am Abend. Oder ihr betet morgens zehn Minuten, zwanzig Minuten, wenn ihr von der Arbeit nach Hause kommt, und den Rest, bevor ihr zu Bett geht. Seht ihr, so könnt ihr euch Zeit für eure Gebete nehmen. Ihr könnt natürlich auch an eurem Arbeitsplatz beten. Die Leute werden denken, ihr seid in Gedanken versunken, während ihr euch in Gottes Welt versenkt. Beten könnt ihr den ganzen Tag über, aber zum Meditieren müßt ihr eine Zeit festsetzen. Vielleicht könnt ihr euch nur zu fünfzehn Minuten Gebet am Tag verpflichten. Das ist gut, aber betet länger, wenn ihr es allmählich lernt.

Betet für alle Menschen, für die, die ihr kennt, und für die, die einfach Teil dieses Lebens auf der Erde sind. Betet für eure Feinde. Bittet Gott, euch vergeben zu helfen. Bittet Gott, Gedanken der Liebe zu allen Menschen in euer Herz zu bringen. Bittet für die, die schlecht über euch geredet haben, und für die, die vielleicht unfreundlich oder gemein gewesen sind. Denkt daran, daß sie ihren wahren Wert als Kinder eines liebenden Gottes nicht kennen.

Vielleicht ist es sehr gut für euch, das Gebet des heiligen Franziskus von Assisi zu erlernen, der Gott bat, ihn zum Werkzeug Seines Willens zu machen – ihm zu helfen, Liebe zu säen, wo man sich haßt, Frieden zu bringen, wo Streit herrscht, Freude zu bringen, wo man traurig ist – seht ihr, das heißt beten. Es gibt viele Arten des Betens. Notiert euch die Gebete, die die Zeiten überdauert haben. Wenn euch keine andere Art zu beten einfällt, dann wiederholt immer wieder das Vaterunser. Ihr öffnet damit euer Bewußtsein und projiziert nur Gutes in die Welt.

Eure Gedanken sind sehr mächtig, ebenso wie eure Worte. Seid vorsichtig, wir ihr sie benutzt. Gebraucht diese mächtigen Elemente, über die nur ihr allein verfügt. Ihr könnt beten, indem ihr die Worte Liebe, Frieden, Hoffnung zu allen Völkern und allen Menschen aussendet. **Meditiert einfach, indem ihr euch auf die Worte Liebe, Frieden und Hoffnung konzentriert.** Stellt euch vor, daß Ballone, gefüllt mit den Essenzen von Liebe, Frieden und Hoffnung, durch die Luft in alle Teile der Welt fliegen. Schickt diese Gedanken an Menschen, an Meere, Flüsse, Tiere, Berge und Ebenen. Ihr könnt leicht viel Zeit nur auf diese eine Art von Gebet verwenden.

Dies ist heute meine Bitte an euch. Denkt jedoch nicht, daß ich einfach komme und bitte, sondern **versteht bitte, daß euer Lohn darin liegt, meine Bitte zu erfüllen. Gott segnet euch, wenn ihr mit**

mir an diesem Projekt arbeitet. Ich habe von Gott einen besonderen Segen für die Menschen erbeten, die mit mir arbeiten wollen. Eure Gebete werden von Wundern erfüllt sein, und die, für die ihr betet, die Menschen, die ihr liebt, werden geheilt werden. Versteht, daß Gott es ist, der sie heilt. Gott ist es, der die Türen öffnet. Indem ihr weiter mit mir und dem Geiste zusammenwirkt, werdet ihr gesegnet sein und ein Segen für alle Menschen. Besonders werdet ihr jedoch eure Lieben segnen, ohne daß sie wissen, woher der Segen kommt. **Bewahrt Stillschweigen über alles.** Sprecht nur in dieser Gruppe über die Ergebnisse. Versucht nicht, euch als Heilige zu sehen, sondern nur als Sucher der Wahrheit.

Ich danke euch dafür, daß ihr meinem Ruf gefolgt seid. Ich bin dankbar, so wunderbare Menschen wie euch zu Mitarbeitern zu haben. Meine Liebe ist immer mit euch.

Maria, die Mutter Jesu

Meditiert über die spirituellen Dimensionen

Die Bruderschaft, 9. Juli 1989

Wir sind glücklich, daß ihr euch weiterhin trefft und im Namen des Gottesbewußtseins und des allmächtigen Gottes zusammenkommt. Ihr habt ein großes Zeugnis eurer Treue. **Glaube ist der Eckpfeiler eures Lebens.** Wenn ihr im Geiste und in der Wahrheit wachst, braucht ihr Glauben, um eurem Leben Kraft zu geben. Im nächsten Jahrzehnt werdet ihr Glauben zum Überleben brauchen. Denkt daran, eure Gedanken und Worte zu sammeln, die demnächst veröffentlicht werden sollen. Wir möchten, daß ihr Zeugnis ablegt über euer geistiges Wachstum. Viele Menschen werden sich von eurem Glauben zum Beten und Meditieren inspirieren lassen. Fangt heute an, selbst die kleinste Eingebung, die euch in den Sinn kommt, getreulich zu befolgen.

Diese Woche haben wir eurer Mutter und eurem Vater die Worte **ewig – unendlich – Energie** gegeben. **Dies sind die drei**

Dimensionen des Geistes. Auf der Erde lebt ihr in Zeit und Raum. Wenn ihr jedoch anfangt, von einem geistigen Standpunkt aus zu leben, dann geht ihr weiter bis an eure spirituellen Grenzen. Auch auf der Erde könnt ihr in der spirituellen Dimension leben. Das ist nicht nur gut für dieses Leben und eure physischen Bedürfnisse, sondern gleichzeitig wird auch euer geistiges Leben dadurch gestärkt. **Ihr lebt euer physisches Leben gleichzeitig mit dem spirituellen.** Ihr hängt euer spirituelles Leben nicht an den Nagel, während ihr auf der Erde seid. Im Geiste und in der Wahrheit lebt ihr auf vielen Ebenen und könnt in den Bereichen der Ewigkeit, der Unendlichkeit und reinen Energie leben.

Wir möchten, daß ihr in dieser Woche diese drei Worte oder Konzepte aufnehmt und sie in eurem Bewußtsein wachsen laßt, denn alle Menschen leben in diesen drei Dimensionen. Alles Leben wird von diesem Standpunkt aus gelebt. Seht ihr, Zeit ist ewig. Zeit hat keine Begrenzung, aber während ihr auf der Erde seid, verfallt ihr der Zwangsvorstellung, dies sei das einzige Leben, das ihr je haben würdet; in Wahrheit erlebt ihr dort jedoch nur einen kleinen Teil eures gesamten Lebens.

Nicht nur ist Gott ewig, sondern als Seine Kinder und Erben leben auch wir ewig. Was sagte Jesus? „In meines Vaters Hause sind viele Wohnungen. Ich gehe, um euch einen Platz zu bereiten, so daß ihr sein werdet, wo ich bin." (Johannes 14, 2-3) Seht ihr nicht, Jesus wollte uns sagen, **daß wir in derselben Zeit, demselben Raum und demselben Rahmen leben wie Gott, in Ewigkeit, Unendlichkeit und reiner Energie.** Jesus benutzte das Wort „Wohnungen" (in der engl. Bibelübersetzung *mansions* = Herrenhäuser; Anm. d. Übers.), weil das das Größte ist, worin zu leben ihr euch vorstellen könnt. Die Worte „in Gott sind viele Wohnungen oder gar Herrenhäuser" geben uns also eine Vorstellung von der Unendlichkeit, die im Geiste vorhanden ist.

Wenn Ewigkeit eure Zeitvorstellung ist, dann könnt ihr anfangen, im Geiste und in der Wahrheit zu leben, denn alles geschieht vom Standpunkt der Ewigkeit aus. Euer Leben ist ewig. Ewig sind eure Gelegenheiten. Ewig ist die Zeit, in der ihr wirklich lebt.

Ebenso wie euer Zeitkonzept in Wahrheit die Ewigkeit ist, **ist die Unendlichkeit euer Raum. Unendlich sind eure Möglichkeiten. Unendlich ist der Raum, in dem ihr lebt, wenn ihr zur Wahrheit erwacht seid.** Ihr seid unendlich angelegt. Ihr seid nicht auf dieses eine Leben beschränkt. Es gibt unendliche Leben zu leben. **Leuchtet und nehmt dieses eine Leben nicht zu ernst.** Geht mit euch selbst leichter um. Seid freundlich zu eurem inneren Selbst und fangt an, den Blickwinkel zu ändern, aus dem heraus ihr denkt. Seht das endlose Potential, das in euch liegt. Das heißt allerdings nicht, daß ihr träge werden und die Zeit in dieser Lebensspanne verschwenden könnt. Verschwendung irgendwelcher Art zahlt sich nicht aus. Es ist verabscheuungswürdig, ein Leben zu vergeuden und sich nur eitlen kurzlebigen Vergnügungen hinzugeben. Achtet darauf, immer dankbar für den unendlichen Raum zu sein, in dem ihr wirklich zu Hause seid; diese Vorstellung mag euch die Sanftheit verleihen, die euch in Liebe leben heißt. Eure einzigen Grenzen sind die, die ihr euch selber setzt, denn jeder könnte mehr sein und mehr tun, als er wirklich ist und tut. Jeder Mensch könnte mehr beten und nach mehr Wahrheit streben. Seid euch im klaren darüber, daß ihr gerade erst begonnen habt zu leben, jetzt wo ihr die Wahrheit und eure unendlichen Möglichkeiten einseht. Laßt die Scheuklappen fallen, legt die Schranken nieder. **Nehmt euch Zeit zu beten, denn dies ist euer Leben.**

Energie ist die dritte Dimension, in der wir alle in Wahrheit leben. Reine Energie ist in der Luft, die ihr atmet, wenn ihr in dieser Vorstellung lebt. Wenn ihr mit dem Gedanken atmet, daß es reine Energie ist, die eure Lunge füllt, dann wird es so sein. Seht ihr, niemand braucht erschöpft zu sein, denn es gibt immer reine Energie im Universum. Nichts wird in Wahrheit verschwendet. Wenn eine Idee oder ein Gedanke einem Menschen nicht mehr nützt, dann verwandelt er sich einfach in reine Energie. Reine Energie ist die Gegenwart Gottes. In den drei spirituellen Dimensionen zu leben bedeutet also, ständig in Gottes Gegenwart zu sein. Ihr lebt vom Punkt der Wahrheit aus. Hier ist also eine gute Methode, eurem Leben, eurer Brieftasche und eurem Heim Energie zuzuführen. Nehmt alles und haltet es mit dem Gedanken an reine Energie. Sagen wir, ihr wollt euer Leben in irgendeinem kleinen Punkte ändern. Stellt euch nun diese Idee, euer Leben zu verändern, mit reiner Energie gefüllt vor. Denkt: „Wenn ich diese Gewohnheit ablege, werde ich mit reinem Geist aufgeladen." Haltet an diesem Gedanken fest. Wenn ihr jetzt diese Gewohnheit oder diesen Impuls in euch aufsteigen fühlt, dann füllt ihr sie mit reiner Energie, und auf diese Weise wird sie in neue Energie verwandelt.

Nehmt in den nächsten zwei Wochen die Begriffe **EWIGKEIT – UNENDLICHKEIT – ENERGIE und meditiert darüber.** Laßt sie alles in euer Denken bringen, was mit ihnen zusammenhängt. Wenn ihr nicht meditieren könnt, dann behaltet die Worte in eurem Herzen. Ihr öffnet euch unendlichen Möglichkeiten und Gelegenheiten, wenn ihr sie euch immer wiederholt. Neue Hoffnung und neuer Glaube werden euch erfüllen. Neue Arten zu leben werden euch einfallen. Seht ihr, dies ist eine mentale Welt. Was ihr denkt, ist wichtig. Es ist wichtig, womit sich euer Geist beschäftigt. Kontrolliert also euer Denken, indem ihr eurem Verstande etwas gebt, worüber er nachdenken kann. Füllt euer Denken mit diesen drei Worten und seht, was sich euch eröffnet. Seht, welche Ideen in den Vordergrund eures Lebens rücken. Jeder wird das anders erleben und andere Ideen und Vorstellungen haben. Aber denkt daran, dies ist eure ureigene mentale Welt. Es ist eure individuelle Hilfe.

Die Bruderschaft

Kapitel 16

Sich selbst ehrlich anschauen

Überprüft, bekennt und verzeiht eure Fehler

Die Bruderschaft, 22. Juli 1989

Heute wollen wir uns die Geschichte jener Frau anschauen, die als Ehebrecherin gesteinigt werden sollte, von Jesus aber vor dem Tod bewahrt wurde. Wißt ihr noch, was Jesus den Verklägern antwortete? Er sagte: „Derjenige von euch, der ohne Sünde ist, werfe den ersten Stein" (Johannes 8,7). Jesus erinnerte uns daran, **daß wir alle auf der Erde sind, um uns zu vervollkommnen.** Der ganze Zweck unseres Hierseins dient dem Ziel, irgendeinen Bereich zu bearbeiten, der verändert werden muß. Nicht bei jedem Menschen ist das offensichtlich, aber jeder hat Verbesserungen nötig. Auf der Erde ist es üblich, daß man sich der Öffentlichkeit von seiner besten Seite zeigt. Ihr laßt andere nur das Beste an euch sehen. **Gott sieht in euer Herz, und dort ist die Wahrheit über euch zu lesen.**

Vielleicht habt ihr die Wahrheit vor euch selbst verborgen. Vielleicht seht ihr wirklich nichts, was verbessert werden müßte. **Betet darum, die Wahrheit über euch zu sehen, denn nur so könnt ihr euch wirklich erkennen. Nur indem ihr euch selbst wirklich ehrlich gegenübertretet, könnt ihr wachsen.** Ein Mensch muß Größe haben, um seine Fehler zugeben zu können. Er muß reif sein und fähig, sich selbst zu prüfen. Das ist die Voraussetzung, um reifen und geistig wachsen zu können. Jeder Mensch auf der Erde hat einen Bereich, der der Verbesserung bedarf und wo vielleicht etwas ausgemerzt werden muß. Dies ist unsere Lektion für euch: **Nehmt euch Zeit in eurer Meditation, euer Inneres gründlich zu durchforsten,** prüft das Selbst, das ihr nur Gott zeigt. Auf diese Weise könnt ihr euch bessern, bevor irgendein drastisches Ereignis euch zwingt, euch ins Angesicht zu schauen. Laßt dies während der nächsten vierzehn Tage euer Gebet sein, euch eure eigenen Schwächen, Verhaltensweisen, Gewohnheiten und Gedanken sorgfältig vorzunehmen, denn alles, was geschieht, geht aus euren Gedanken hervor. Um eine bestimmte Verhaltensweise verändern zu können, braucht ihr vielleicht Hilfe von Menschen, die dafür ausgebildet sind. Um schlechte Gewohnheiten zu ändern, hilft es euch vielleicht, Gleichgesinnte zur Seite zu haben. **Jede Verbesserung beginnt mit dem Gebet, mit dem Wunsche, sich zu ändern. Alle schlechten Gewohnheiten werden dadurch verändert, daß der Mensch es sich wünscht, sie für immer loszuwerden.**

Diese Aufforderung, nach innen zu gehen, um euch zu prüfen, ist ein ständig wiederkehrendes Thema in der Bibel. Jesus hat euch viel darüber gelehrt. **Nach innen zu schauen bedeutet, auf Gott zu schauen und euch selbst ehrlich gegenüberzutreten.** Trachtet danach, euer äußeres Leben zu verbessern, indem ihr Gewohnheiten ablegt, die ihr nicht braucht. Sie bringen vielleicht euch selbst und andere in Gefahr. Vielleicht haltet ihr diese kleinen Gewohnheiten für halb so schlimm, aber gerade dadurch sind sie unkontrollierbar. Um mit euch selbst im reinen zu sein, müßt ihr diese Gewohnheiten, Verhaltensweisen oder Wünsche korrigieren; nur auf diese Weise vervollkommnet ihr euer inneres Selbst.

Laßt euch nicht entmutigen, denn ihr erfahrt viel Hilfe. Ihr habt uns, und ihr habt die Gottesessenz, die euch hilft, alle möglichen nutzlosen, zeitverschwendenden Angewohnheiten abzulegen. Wenn euer Verhalten irgend jemandem Schmerzen bereitet oder wenn es etwas ist, was ihr nicht als „Himmel auf Erden" bezeichnen könntet, dann erkennt, daß es unnütz ist. Seid ehrlich mit euch selbst. Seid ehrlich bei eurer Selbstprüfung.

Jeder von euch bessere sich selbst und bete nur für die anderen. Betet füreinander und für eure ganze Familie und eure Freunde. Öffnet euch dem Gottesbewußtsein, dem Licht des Wissens und der inneren Erleuchtung. Denkt immer daran, daß jeder Mensch in göttlicher Liebe erschaffen wurde, und daß euer Wesen aus dieser großen Liebe besteht. Wenn ihr euch öffnet, um irgendwelche Hindernisse auszuräumen, die eurem spirituellen Vorankommen im Wege stehen, dann seid euch darüber im klaren, daß es in Liebe geschehen muß. Verharrt niemals in einem Zustand des schlechten Gewissens oder der quälenden Empfingung, „schlecht" zu sein. Diese Art von Denken schadet eurem spirituellen Wachstum. Es ist gut, seine Fehler zu bereuen, aber dann müßt ihr euch und den anderen verzeihen. **Laßt die Liebe, die eure Wahrheit ist, in jeden eurer Gedanken einfließen.** Bringt Liebe, Mitgefühl und Vergebung in euer gesamtes Sein.

Um schlechte Gewohnheiten, Verhaltensweisen oder Lebensumstände aus eurem Leben auszuschalten, könnt ihr folgendes tun: Als erstes, und das ist das wichtigste, betet darum, euch selbst in Wahrheit sehen zu können, die Bereiche erkennen zu können, die der Verbesserung bedürfen, wo etwas ausgetilgt oder neu ausgerichtet werden muß. Betet darum, euch wirklich sehen zu können, euch nichts vorzumachen, damit ihr das Verhalten, welches euch vom Gottesbewußtsein abschweifen läßt, auch wirklich ändern könnt. Die Menschen sind den eigenen Mängeln gegenüber sozusagen betriebsblind, doch keiner von euch ist ohne Mängel. Betet darum, daß ihr euch selbst erkennt, dann wißt ihr, was euch not tut.

Als nächstes gilt es, das „Übel" zu erkennen. **Das Wort „Übel" soll für alles stehen, was euch vom Gottesbewußtsein fernhält.** Wißt, daß ihr aus euch selbst heraus nichts dagegen unternehmen könnt. Es bedarf einer gewissen Reife, sagen zu können, ich kann das nicht allein. Bittet Gott, euch zu helfen, die betreffenden Bereiche abzuklären.

Der dritte Schritt besteht darin, **euch eure Fehler zu vergeben, nicht darin zu verharren, sondern euer Denken mit der Liebe Gottes zu füllen.** Vergebt euch selbst, und dann vergebt den anderen ihren Anteil an der Sache. Laßt eure schlechten Gewohnheiten los, übergebt sie dem Gottesbewußtsein zur Verwandlung. **Gott richtet euch nicht, sondern Er nimmt alles an sich, was ihr seid,**

und macht es gut. Wenn ihr voller Angst zu Gott kommt, dann nimmt Er eure Angst und verwandelt sie in Mut. Wenn ihr also mit irgendeinem Zustand oder einer Angewohnheit, die nichts Gutes einbringt, zu Gott kommt, dann übergebt ihr sie Ihm, damit Er sie in etwas verwandelt, was für euch und andere gut ist.

Lernt, euch selbst zu lieben, nicht so, wie ihr meint zu sein, sondern wie ihr wirklich seid, mit allem, was an euch verbessert werden muß, denn so liebt uns Gott. So wirkt Gott, um uns zu helfen. Liebt euch selbst, wie Gott euch liebt.

Die Bruderschaft

Verbessert euch in Liebe

Maria, 22. Juli 1989

Ich komme, um euch alle inständig zu bitten, euch mehr Zeit zum Beten zu nehmen. Bedenkt, daß es jetzt eure Aufgabe ist zu beten. Durch das Gebet verbindet ihr euch mit dem einen großen Bewußtsein Gottes, und in dieser Verbindung seid ihr alles, was ihr sein möchtet. In dieser großen Verbundenheit werdet ihr alles, was ihr euch zu sein wünscht. Nur so könnt ihr euer Leben leicht und spirituell leben. **Ihr seid zuallererst eurem spirituellen Wachstum verpflichtet, dann kommt eure Verpflichtung gegenüber euren Lieben und als letztes eure Verpflichtung, für die Welt zu beten.** Ich erinnere euch daran, daß jeder von euch die Aufgabe übernommen hat, mehr über das geistige Leben zu lernen. Jeder von euch hat sich seinen eigenen Bedürfnissen und seiner Verbindung zu Gott dem Vater verpflichtet.

Wenn es etwas gibt, woran ihr in dieser Woche denken sollt, dann ist es euer Beten, daß ihr die Liebe spürt, die euch umgibt. Nur sie führt euch zum Erfolg. Die Bruderschaft hat euch diese Woche zu verstehen gegeben, daß jeder etwas in sich hat, was der Vervollkommnung bedarf. Ich komme mit einer ähnlichen Botschaft: **Arbeitet in Liebe an euren Mängeln, seht euch liebevoll an**

und betrachtet euch als geliebte Wesen, denn Gott Vater liebt jeden Menschen auf der Erde. Doch jeder Mensch, der von sich aus den Schritt zur engeren Verbindung mit dem göttlichen Bewußtsein tut, gewinnt über die Liebe Gottes hinaus noch seine Anerkennung und Unterstützung.

Seht ihr, ihr braucht dieses Leben nicht allein zu leben. Ihr braucht euch nicht selbst abzumühen, um euch zu verbessern – ihr bekommt Hilfe. Ihr seid deshalb auf die Erde gekommen, um euer spirituelles Selbst zu vervollkommnen, aber es braucht keine einsame Reise zu sein und auch kein schwieriges Unternehmen. Schwierig wird es, wenn ihr versucht, es allein zu machen. Ihr werdet es merken, wenn ihr mit dem Geiste oder mit Vater Gott zusammenarbeitet, daß ihr leichter lernt und euch schneller entwickelt. Jeder von euch hat ein verborgenes Programm in sich, jeder von euch hat einen Bereich, in dem er sich vervollkommnen muß. Bei manchen ist es vielleicht eine Gewohnheit, die sie hindert, sich ganz und gar Gott zu überlassen, bei anderen kann es Kritiksucht oder Ungeduld sein oder mangelndes Verständnis für andere Menschen. Jeder Mensch auf der Erde muß in irgendeiner Weise an sich arbeiten, seht ihr, jeder muß irgendeinen Bereich seines Lebens vervollkommnen.

Durch Beten verändert ihr euch am mühelosesten. Betet und übergebt Vater Gott alles, was ihr seid, einschließlich aller Dinge, die euch abträglich sind. So werdet ihr schlechte Gewohnheiten, Lebensbedingungen und Situationen überwinden und ändern. Übergeben bedeutet auch, euch mit allem, was ihr seid, Vater Gott anzuvertrauen. Auf Seine Weise und mit Seinen unendlichen Möglichkeiten wird Er euch helfen, der Wahrheit eurer selbst ins Auge zu sehen. Er wird euch zeigen, was verändert werden muß, und so werdet ihr diese Gewohnheiten schließlich bereitwillig loslassen. Vater Gott nimmt euch nichts, was ihr behalten möchtet. Auch wenn gewisse Gewohnheiten eurem spirituellen Wachstum schaden, so unternimmt Vater Gott doch nichts, sie euch einfach wegzunehmen, bis ihr bereit seid, sie von euch aus loszulassen. Er schenkt euch mehr geistiges Wissen und Verständnis, und in dem

Maße, wie ihr an Einsicht und Verständnis wachst, seht ihr selbst, wo etwas zu verändern ist. Wenn ihr euch verändert, wird Er euch helfen, die alten, nutzlosen Gewohnheiten durch neue und konstruktive zu ersetzen.

Indem ihr euch ganz und gar Vater Gott überlaßt, helft ihr Ihm, in eurem Leben Bedingungen zu schaffen, die eurem Wachstum dienen. Ihr könnt auf ganz sanfte Weise lernen oder unter Schwierigkeiten, versteht ihr? Ihr braucht nicht krank zu werden oder einen Unfall zu erleiden, um aufmerksam zu werden. **Schenkt Gott eure Aufmerksamkeit, und laßt euch von Ihm ganz sanft in die nötigen Veränderungen führen.** Oft muß ein Mensch erst dem Tode nahekommen, ehe er begreift, daß er eine Veränderung oder Verbesserung nötig hat, aber das muß nicht immer sein. Wenn ihr euch Vater Gott übergebt, könnt ihr auf sanftere Weise lernen.

So könnt ihr beten: **„Vater Gott, hilf mir, mich so zu sehen, wie ich wirklich bin. Hilf mir, in meinem Leben die Dinge zu verbessern, die sich verbessern lassen, und die zu akzeptieren, die nicht verändert werden können.“** Es ist ein ähnliches Gebet wie das Gebet der heiteren Gelassenheit, das sagt: **„Gott, gib mir den Mut, die Dinge zu ändern, die ich ändern kann, die Gelassenheit, die Dinge zu ertragen, die sich nicht ändern lassen, und die Weisheit, das eine vom anderen zu unterscheiden.“** Ihr braucht um nichts anderes zu beten, seht ihr. Wenn ihr euch jeden Tag mit allem, was ihr seid, Gott übergebt, werden die Dinge, die verändert werden müssen, in den Vordergrund eures Bewußtseins gelangen. Ihr werdet euer Leben in Wahrheit sehen können, wie es wirklich ist.

Oftmals sorgen sich die Leute um Dinge, die nicht wichtig sind, wie zum Beispiel um ihr Aussehen, ihre Kleidung oder auch ihr Alter. Nehmen wir einmal dieses Beispiel. Euer Aussehen könnt ihr mit etwas Geschick verändern, auch bei eurer Kleidung läßt sich einiges tun. Doch an eurem Alter könnt ihr nichts ändern. Ihr seid einfach, was ihr seid, also nehmt es in heiterer Gelassenheit an. Ihr könnt eure Größe, eure Intelligenz oder eure Talente nicht verändern. Wenn in euch kein schöpferischer Künstler schlummert, dann könnt ihr soviel Unterricht im Zeichnen oder Malen nehmen, wie ihr wollt, ein Michelangelo wird niemals aus euch werden. Was eure Intelligenz anlangt, so könnt ihr immer noch dazulernen, aber ihr werdet bleiben, was und wer ihr seid. Konzentriert euch auf das, was verändert werden kann, auf die wichtigen Dinge in eurem Leben.

Das wichtigste ist euer geistiges Wachstum. Das ist euer wahres Leben. Das ist euer wahres Ziel auf Erden, eure Verbindung zu Vater Gott zu stärken. Lernt und übt, alles, was ihr seid, Gott zu übergeben. Laßt euch von Vater Gott leiten und in eurem Leben helfen. Das Gebet ist es, das euch mit Vater Gott verbindet, durch das Gebet könnt ihr mit Ihm sprechen. In der Meditation hört ihr Vater Gott zu. Nehmt eure täglichen Gebete und Meditationen ernst. **Beginnt jede Meditation damit, zu bekräftigen, daß ihr Vater Gott zuhört. Das ist die Absicht, mit der ihr meditiert.** Euer spirituelles Selbst wird sich mit Vater Gott verbinden. Durch alle eure Gebete seid ihr mit Gott verbunden, und dies ist die Quelle alles Guten.

Meine lieben Kinder, ich liebe euch und wünsche mir, daß ihr jeden Tag um euer eigenes spirituelles Wachstum und für diese Welt betet. Es wird bald lebenswichtig für euch sein, diese starke Verbindung zu haben. Ihr werdet es brauchen, die Stimme Gottes in eurer Seele zu hören. Übt es täglich. Verpflichtet euch einfach eurem eigenen geistigen Wachstum. Und dann seid dankbar und betet für die Welt.

Maria, die Mutter Jesu

Die Ursprünge des Mißbrauchs

Die Bruderschaft, 13. August 1989

Wenn wir uns heute über die Ursprünge des Mißbrauchs klarwerden wollen, müssen wir zunächst von den verschiedenen Körpern des Menschen sprechen. Erinnert ihr euch noch seiner Körperschichten?

Da ist zuerst der physische Kern des Menschen, der Körper, dessen ihr euch bewußt seid und den ihr sehen und betasten könnt. Er ist Schicht für Schicht von sieben weiteren Körpern umgeben, dem Emotionalkörper, dem Mentalkörper, dem übersinnlichen Körper, dem Astral-, dem Protoplasma- und dem Ätherkörper; sie alle umgibt dann der spirituelle Körper. Bedeutungsvoll ist noch die Tatsache, daß es in allen Körpern Punkte, sogenannte Chakras, gibt, die jeden Körper mit dem anderen verbinden und Informationen in Form von Gefühlen und Gedanken austauschen.

Auf der Erde wütet jetzt eine Krankheit, die in vielen Formen auftritt. Man spricht deshalb von verschiedenen Krankheiten, obwohl es sich in Wahrheit um eine einzige große Erkrankung handelt, deren Ursache in einem Ur-Fehler zu suchen ist.

Annie hörte den Arzt der Reha-Klinik[10] sagen, daß es offenbar schon im Jahre 6000 vor Christus Alkohol gegeben habe. Das ist nicht ganz richtig, denn der Ursprung dieses Mißbrauchs liegt viel früher. Im Land des Friedens (heute wird es Lemuria genannt) lebten die Menschen über Äonen hinweg in Frieden und Glück und eins mit ihrer Umgebung und sich selbst. Obwohl sie alle ihre Sinne nutzten, gab es keinerlei Mißbrauch; man verging sich weder an sich selbst noch an anderen noch an der Erde, die sie trug. Die Welt jener Tage war wirklich eine Welt des Friedens und des Glücks. Drogen und Alkohol wurden ausschließlich zur Heilung von Krankheiten angewendet. Sie waren die Medizin jener Zeit. Außer gelegentlichen Verletzungen gab es kaum Krankheiten, sie denn in sehr hohem Alter. Dies war die Zeit, wo die Menschen Hunderte von Jahren in guter Gesundheit und großer Kraft lebten. Ein Mann von hundert Jahren wurde als junger Mann betrachtet, so ähnlich wie heute eure Dreißigjährigen. Der Mensch durchlebte eine lange glückliche Kindheit und hatte ausreichend Zeit, um alles über seine Gefühle und die Kraft seiner Gedanken zu lernen. Die Menschheit befand sich auf der Höhe ihrer Entwicklung.

---

[10] Annies Sohn war in einer Reha-Klinik zu einer Alkoholentziehungskur

Unglücklicherweise begann jemand, die Medizin nicht nur zur Heilung körperlicher Leiden zu benutzen, sondern auch zur Erleichterung emotionaler Beschwerden. Der erste Grund für diesen Mißbrauch eurer selbst war Scham. Scham ist die Wurzel jeden Mißbrauchs auch in der heutigen Zeit. Erst kam die Scham, dann Angst, dann folgten Ärger und Selbstsucht. Im weiteren Verlaufe spalteten sich diese Emotionen in viele andere auf, in Wut, in Sorgen, Depressionen und so weiter.

Was ihr heute erlebt, ist das Endergebnis der Erbsünde, deretwegen der die Menschheit aus dem Garten Eden verbannt wurde. Der Mensch mißbrauchte mit der Zeit nicht nur sich selbst, seine Familie und seine Umwelt, sondern er stand am Rande der Zerstörung des gesamten Planeten. Die Technik war damals viel weiter entwickelt als heute. Es gab viele praktische Einrichtungen, die aber nur einen Bruchteil jenes Arbeitsaufwandes erforderten, die ähnliche Einrichtungen euch heute abverlangen. Es war leicht, das Volk zu regieren. Jeder Mensch stand in Einklang mit dem Gottesbewußtsein und empfing die Entlastung von seinen Fehlern (Sünden) unmittelbar von Gott. Die Stimme Gottes war über dem Land, und jeder konnte Gott in seinen Gedanken und Gefühlen sprechen hören. Auch sprach Gott zur Menge, und alle Menschen hörten Ihn. Der Mensch benutzte seine Geisteskräfte, um sich zu versorgen, sich zu unterhalten und zu lernen. Es waren zum Beispiel keine Fahrzeuge notwendig, weil die Menschen frei schweben und sich mit Hilfe ihrer geistigen Kräfte an jeden gewünschten Ort begeben konnten.

Man brauchte keine Brennstoffe, und das Klima war vollkommen. Es waren auch keine Heimlichkeiten nötig, denn alle Menschen waren Brüder und Schwestern. Jemanden bestehlen hieß sich selbst offen zu berauben. Da jeder des anderen Gedanken lesen konnte, gab es keine Täuschung, keine Verschwörungen oder geheimen Angriffspläne.

Bevor diese Ära zu Ende ging, warnte Gott selbst die Menschen. Er sprach mit ihnen und versuchte, sie zur Einsicht zu bewegen.

Gott hatte dem Menschen freien Willen gewährt, wie ihr schon wißt. Er konnte in Seiner Güte nichts anderes tun, als mit den Menschen zu reden, sie zu lehren und zu warnen. Den Menschen aber gefielen ihre Rauschgefühle, und sie wollten nicht auf die Warnung hören. Das war die erste Gottesverleugnung. Man sagte: „Gott hat uns noch nie bestraft, und Er ist immer da und paßt auf uns auf. Er würde es nicht zulassen, daß wir die Menschheit vernichten." Gott sagte: „Hört mir zu! Euer Handeln wird zum Untergang der Menschheit führen. Ihr mißbraucht jetzt nicht nur euch selbst, sondern alle zukünftigen Generationen." Die Menschen glaubten Ihm nicht, denn sie lebten in einem Zustand der Verneinung. Sie meinten weiter: „Gott würde das nie tun. Das ist nur eine Drohung". Der Mensch, so wie ein Halbwüchsiger in der Pubertät, wollte nicht hören und schlug alle Warnungen in den Wind. So geschah die erste Verschiebung der Erdachse. Alles auf der Erde wurde durchgeschüttelt und das Unterste zuoberst gekehrt. Nur die Menschen reinen Herzens durften dieses Geschehen überleben.

Durch die Gene wurde das Potential des Mißbrauchs jedoch weitergetragen. Gott wollte die Menschen damit nicht strafen; es war die Folge ihres Verhaltens. Wenn man seinen Körper mißbraucht, mißbraucht man alle nachfolgenden Generationen, bis die Zeit kommt, wo wie heute die Kinder schon süchtig geboren werden. Dies waren die Anfänge des Mißbrauchs. Heute ist die Zeit, wo aller Mißbrauch auf der Erde für Generationen geheilt werden wird.

Das Gen des Mißbrauchs ist heute in allen Menschen, und es manifestiert sich auf viele verschiedene Weisen, zum Beispiel im Alkoholismus, in der Drogenabhängigkeit, in Zwanghaftigkeit oder Besessenheit, in Eßsucht und was sonst noch benutzt wird, um sich selbst mit all seinen Fehlern nicht wahrnehmen zu müssen. Es gibt auch Menschen, die ihr inneres Selbst durch zu starre Religiosität, strenge Diätpläne oder unbeugsame Verhaltensregeln mißbrauchen. Andere wieder mißbrauchen sich durch völlige Zügellosigkeit und alle möglichen Perversionen. In dieser Zeit herrscht Mißbrauch in jedem Lebensbereich. Der physische Körper wird auf viele verschiedene

Weisen mißbraucht, durch Schlankheitskuren und Freßgelage, Trinkorgien und Drogensucht, durch Leistungssport und Sex.

Ihr mißbraucht den Emotionalkörper, wenn ihr euch das Fühlen versagt. Wer keinen Schmerz fühlt, kann auch keine Erleichterung und keine wahre Liebe empfinden. Wer seinen Ärger nicht auf natürliche Weise zuläßt, verschafft sich auf unnatürliche Weise Luft, wie zum Beispiel durch Mißbrauch von Kindern, Ehefrauen, Müttern oder Vätern, und zwar auf allen Ebenen. Der Mentalkörper wird ebenfalls mißbraucht, nicht nur durch Vernachlässigung, sondern auch durch übermäßige Nachgiebigkeit. Die Geisteskrankheiten, die es heute gibt, sind darauf zurückzuführen. Der spirituelle Körper wird durch zu strikte Religiosität und Regeln mißbraucht, die eurer Fähigkeit, euch direkt mit Gott zu verbinden, im Wege stehen. Wenn Menschen sich in ihrer Spiritualität und ihrer Vorstellung von Gott nach anderen richten, mißbrauchen sie sich selbst. Kein Mensch auf Erden macht darin heute eine Ausnahme. Alle Menschen mißbrauchen etwas oder jemanden, und alle mißbrauchen sie die Erde.

Nun, der Kern allen Mißbrauchs liegt also im physischen Körper. Ihr erlebt Mißbrauch zuerst in euch selbst, wenn ihr eure Gefühle nicht an die Oberfläche kommen laßt, jene Gefühle, die wir als schwächend bezeichnet haben, weil sie eure Energie erschöpfen. Zuerst erschöpft ihr eure physische Energie und werdet körperlich krank. Dann erschöpft ihre eure emotionale Energie und bekommt emotionale Krankheiten und Phobien aller Art. Ihr erschöpft eure mentale Energie mit diesen Emotionen, wenn ihr nicht loslaßt. Statt dessen grübelt ihr über die Zwischenfälle nach, die den Ärger, die Furcht, die Schuldgefühle oder die Scham in euch ausgelöst haben. Wenn ihr bei dem Gefühl der Erschöpfung verharrt, mißbraucht ihr euren Mentalkörper. Die Menschen haben ihren übersinnlichen Körper in einem solchen Maße mißbraucht, daß es jetzt als seltene Ausnahme gilt, wenn ein Mensch in Kontakt mit seinen übersinnlichen Fähigkeiten ist. Der Mensch hat auch seinen Astralkörper mißbraucht; abhanden gekommen ist euch die

Fähigkeit, euch im freien Schweben fortzubewegen und sonstige Dinge zu vollbringen, die ein heiler Astralkörper euch erlaubte. Euer Protoplasmakörper befindet sich in einem äußerst gestörten Zustand. Das zeigt sich auf der Erde in Krankheiten wie Krebs, AIDS, Arthritis, Gehirnkrankheiten, Behinderungen und Gebrechen aller Art. Seit Jahrhunderten gibt es Blindheit, Taubheit und Mißbildungen auf der Welt. Jetzt erlebt ihr viele neue Krankheiten und viele neue Varianten der alten Leiden. Die Ärzte kämpfen einen verlorenen Kampf an der falschen Front; es will ihnen nicht gelingen, an die Wurzel aller Krankheiten vorzudringen.

Die Heilmittel, die heute benutzt werden, wirken nicht, weil sich alle Menschen in einem Zustand der Gottesverleugnung befinden. Wie oft habt ihr Sätze gehört wie: „Na, ich bin nicht so schlecht wie Hans Müller, ich esse nur zuviel" oder „Ich trinke nur ein bißchen" oder „Ich gehe jeden Sonntag in die Kirche." Die Leute gehen in die Kirche, aber es wird ihnen nie bewußt, daß die Kirche oder das, was sie lehrt, nicht ihr Herz erreicht. Manche Leute denken auch: „Ich bin ja schlank, deshalb gilt das nicht für mich; es ist nur für die Dicken." Oder die Leute verleugnen ihre schwächenden Emotionen und sagen: „Der Teufel hat mich dazu gebracht. Der Teufel ist auf die Welt losgelassen, und wir müssen ihn bekämpfen." Der Teufel ist in jedem von euch, in Gestalt des Mißbrauchs. Der Kampf gegen Satan und seine Werke findet im Innern des Menschen statt, und jeder Mensch kann nur an sich selbst arbeiten. Der Gedanke an ein unsichtbares, mächtiges Wesen wurde nur erfunden, um die Schuld auf etwas abzuschieben, was außerhalb der Menschen liegt. Im Teufel hat die Menschheit einen Vorwand, ein Alibi für den Mißbrauch. Es ist nicht eine dieser Krankheiten besser als irgendeine andere. Der Alkoholiker ist nicht schlechter als der Mensch, der sich überißt, oder der Sport- oder Religionsfanatiker. Alle Handlungen, die im Grunde nur Reaktion auf Ärger, Furcht und Scham sind, sind gleich zu bewerten.

Die ganze Menschheit ist des Mißbrauchs schuldig, und der einzige Weg, damit aufzuhören, beginnt bei sich. Kein Krieg gegen

Kriminalität, Drogenhändler, Armut und dergleichen wird das geringste ausrichten. Wenn ihr etwas bekämpft, gebt ihr ihm Macht über euch. Aller Mißbrauch wird dadurch beendet, daß ihr in euch geht, euch vor Gott dem Vater bekennt und mit Seiner Hilfe heil werdet. Er hat den Menschen ihren Mißbrauch schon verziehen. Gott verzeiht, was die Erde heute erleidet, aber **jeder Mensch ist für seine eigene Heilung verantwortlich.** Jeder Mensch muß sich um seine eigenen Fehler kümmern. Wenn jeder Mensch sich bemüht, seine eigenen Fehler auszumerzen, dann braucht er sich um die Fehler der anderen nicht zu sorgen. Ihr seid nicht verantwortlich für das Tun der anderen, nicht für das, was eure Kinder, Eltern, Ehepartner, Geschwister oder Freunde tun, und nicht für das, was die Menschheit alles anrichtet. Dies ist ein Problem, das jetzt gelöst werden muß.

Liebe Kinder, auf diese Weise werdet ihr anderen ein Vorbild sein. Ihr werdet lernen, andere in dieser Gruppe auf ihrer inneren Suche zu unterstützen, ihnen eure Liebe zu geben und für sie zu beten. **Jeder Mensch trägt die Verantwortung, auf seine eigene Weise alle schwächenden Emotionen loszulassen.** Wir können euch helfen, wenn ihr durch euren Geist und euer Schreiben mit uns oder mit Gott sprechen möchtet. Jeder von euch kann das im Namen der Menschheit tun. **Seht ihr, in den nächsten tausend Jahren werden nur die überleben, die frei von Süchten sind,** denn um zu überleben, müßt ihr in engem Kontakt mit euren Gefühlen und Gedanken sein. Ihr müßt in der Lage sein, die innere Führung, die euch gegeben wird, zu spüren und zu hören. Nirgendwo anders werdet ihr Führung bekommen. Kein Buch und keine Karte wird euch während der Neuausrichtung der Erdachse sichere Plätze nennen können. Die Anweisungen werden in alle Gedanken und alle Herzen kommen, aber nur die, die frei sind von Mißbrauch aller Art, werden vorbereitet sein, diese Anweisungen zu hören. Um eures eigenen Überlebens willen müßt ihr euch euren Gefühlen, euren Einstellungen und Überzeugungen stellen. Die Menschheit muß ihr Herz und Bewußtsein von allem Mißbrauch reinigen. Der Mensch muß nüchtern und ernst mit seinem inneren Leben umgehen.

Jetzt ist die Zeit, aus eurem Zustand der Gottesverleugnung herauszukommen. Niemand ist ausgenommen, denn alle haben schwächende Emotionen tief in ihrem Innern verschlossen. Wir würden sagen, wenn ihr trinkt, dann schließt euch einer Gruppe Gleichgesinnter an, einer Gruppe von Leuten, die auch Trinker sind und die gesund und nüchtern bleiben wollen. Es gibt jetzt auf der Erde viele Selbsthilfegruppen, viele Bücher, Seminare und Kurse. Es gibt keinen Grund, im Zustand der Verleugnung zu verharren. Wenn der Mißbrauch nicht offensichtlich ist, dann seid dankbar und laßt alles offen zutage treten. Wartet nicht, bis ihr ganz unten angelangt seid, dafür ist keine Zeit. Besorgt euch die Hilfe, die ihr braucht. Wenn ihr Drogen benutzt, sucht von ihnen loszukommen; huldigt ihr allzu sehr den Tafelfreuden, findet zum rechten Maß zurück; neigt ihr zu sexueller Ausschweifung, zügelt eure Gier; werden religiöse Rituale zu einer Droge, setzt sie ab. Werft die Krücken fort, die euch erlauben, den Stolpersteinen eurer Emotionen auszuweichen, denn diese Krücken fördern den Mißbrauch.

So viel Hilfe steht euch zur Verfügung, im Geistigen wie im Physischen. Wenn ihr ein Opfer seid, dann schließt euch einer Gruppe von Opfern des Mißbrauchs an. Wenn ihr auf irgendeine Weise vergewaltigt wurdet, sexuell, emotional, mental oder spirituell, dann geht in euch hinein und klärt euer Herz und Bewußtsein von Ärger, Frustration, Scham und Schuldgefühlen. Die Menschen, die vom Mißbrauch geheilt sind, werden die Überlebenden sein.

Dies wird zur Grundlage des Friedens während der nächsten Ära werden. Diese nächste Ära auf der Erde ist eine Ruheperiode für die Menschheit. Diejenigen, die sich die Ruhe verdient haben, werden sich auf der Erde inkarnieren dürfen; die anderen müssen tausend Jahre warten, bis sie wieder auf der Erde inkarnieren dürfen. Deshalb sagte Jesus in den Seligpreisungen: „Die, die reinen Herzens sind, werden die Erde erben.“

Legt ein Notizbuch an und schreibt täglich die Gedanken und Gefühle auf, die ihr ändern möchtet. Wenn ihr meint, ihr hättet keine schwächenden Emotionen oder Süchte, dann betet, denn ihr verdrängt. Wie aber wollt ihr geistig wachsen, wenn ihr eure schädlichen Gefühle vor euch selbst verhehlt? Diese Emotionen an die Oberfläche kommen. Ihr könnt sie nicht länger in euch halten, sonst verliert ihr nicht nur euer physisches Leben, sondern seid auch spirituell behindert, wenn ihr auf die Erde zurückkehrt, und das für eine lange Zeit. Das ist nicht Gottes Wille, sondern der eure, nicht Gottes Entscheidung, sondern eure eigene. Wenn ihr zu träge seid oder zu stark verdrängt, wird es euer Verderben sein. Jeder ist für sich selbst verantwortlich. Ihr könnt es euren Kindern oder Ehepartnern nicht abnehmen. Ihr könnt ihnen nur helfen, indem ihr euch selbst helft. Niemand kann sagen: „Ich habe keine dieser Süchte." Jeder Mensch hat sie, denn jeder trägt sie in seinen Genen. Bittet Gott, euch eure Fehler zu zeigen. Bittet Ihn um Hilfe, die Irrtümer und Fehlgriffe der Vergangenheit zu bereinigen.

In der letzten Lektion haben wir davon gesprochen, wie ihr euch entweder verändern oder so akzeptieren könnt, wie ihr seid, und wie ihr entscheiden könnt, was von beiden angebracht ist. Die Dinge, die ihr nicht verändern könnt, sind die, die sich so tief in die Menschheit eingegraben haben, daß ein einzelner Mensch keine Kontrolle darüber hat. Ihr könnt der Menschheit nur helfen, indem ihr eure schwächenden Gefühle in solche verwandelt, die euch Kraft geben. Akzeptiert die Dinge, auf die ihr keinen Einfluß habt. Euer Alter, die Kultur, in der ihr lebt, euer Geschlecht, sexuelle Vorlieben, Talente, Intelligenz, Statur... Dies sind nur ein paar der Dinge, die sich nicht ändern lassen. Den Ärger aber, die Scham und die Angst in eurem Herzen und Denken könnt ihr verändern. Schreibt in euer Notizbuch eure Fehler hinein und gesteht euch ein, daß ihr nicht wißt, wie ihr euch ändern sollt. Bittet das Gottesbewußtsein, euch zu zeigen, auf welche Weise ihr euch mißbraucht. Vielleicht versucht ihr nur, einen anderen Menschen zu beherrschen. Gott tut das nicht, und auch ihr dürft es nicht tun. Vielleicht liegt euer Fehler darin, kritisch zu sein. Gott kritisiert nicht, und auch ihr sollt es nicht tun. Gott trifft keine Entscheidungen für euch, und auch ihr könnt keine Entscheidungen für andere treffen. Solche Einstellungen und Haltungen müssen verändert werden. Ihr müßt alle eure Fehler in eurem Herzen und Bewußtsein aufstöbern, vom kleinsten bis zum größten.

Nehmt alles, was ihr bereut, eure Scham, eure Schuldgefühle, eure Depressionen, euren Ärger, und schreibt es Gott. Wenn ihr die Ursache kennt, dann schreibt sie auf. Wenn ihr nicht mehr wißt, warum ihr traurig oder wütend seid oder auf negative Weise überreagiert, dann schreibt es Gott. Sagt Ihm, daß ihr euch nicht erinnern könnt, und bittet Ihn, euch von diesen hinderlichen Gefühlen zu erlösen. Schüttet dem Gottesbewußtsein wirklich euer Herz aus, denn auf diese Weise kann in der Seele Heilung beginnen.

Jeder von euch soll beten, einer für den anderen, und niemals sollt ihr die Unzulänglichkeiten der anderen kritisieren oder anprangern. Ihr könnt euch jedoch in aller Ehrlichkeit im Gespräch unter vier Augen sagen, was euch am anderen Sorgen macht. Ihr könnt sagen: „Ich sehe dieses schwächende Gefühl in dir, weil ich es von mir kenne." Liebt einander und betet miteinander. In dem Maße, wie jeder von euch sich selbst bessert, helft ihr all den Menschen, deren Namen ihr in eure Gebetsliste eingetragen habt. Fügt der Liste jede Woche die Namen der Menschen hinzu, die euch in dieser Woche schwächende Gefühle verursacht haben. Fügt auch die Namen neuer Menschen hinzu, die ihr kennenlernt. Euer Gebetskorb wird bald sehr groß werden. Alle Menschen, deren Namen ihr in euren Gebetslisten aufgeschrieben habt, werden von jedem Schritt, den ihr zur Heilung eurer eigenen Seele unternehmt, den Nutzen ziehen.

Die Bruderschaft

Betet um Hilfe und erwartet, sie zu bekommen

Die Bruderschaft, 27. August 1989

Heute beginnen glückliche Zeiten für uns, für euch und für Gott. Heute wiederholen wir eine Lektion, die wir euch schon früher gegeben haben, die Lektion über Erwartungen. Wir wollen den Gedanken der Erwartung mit der Lektion verbinden, die wir euch über das Korrigieren eurer Gedanken und Gefühle erteilt haben.

Ihr habt die Wahl, ob ihr euer Leben in Qual oder in Frieden verbringen möchtet. Um in Frieden zu leben, braucht ihr euch nur auf euren persönlichen Fortschritt in euren Gedanken und Gefühlen zu konzentrieren; dann entschließt ihr euch, alle schwächenden Emotionen loszulassen und sie durch göttliche Liebe und alles, was von Gott ist, zu ersetzen. Diese Wahl habt ihr immer, und ihr allein herrscht über euer Leben und die Umstände, in denen ihr lebt. Die Menschen machen sehr oft ihre Eltern, ihre Ausbildung und Erziehung für ihre Fehler verantwortlich. Ihr müßt verstehen, daß es eure Wahl ist! Alles, was in eurem Leben geschieht, ist eure Wahl: eure Laufbahn, eure Ausbildung, eure Einstellung zu den Eltern.

Zuerst müßt ihr euch entscheiden. **Ihr wählt, was ihr erwarten wollt oder wie ihr euch euer Leben vorstellt.** Eure Erwartungen müssen realistisch sein. Es ist nicht realistisch zu erwarten, daß ihr eines Morgens aufwacht und so reich wie Rockefeller seid. Eure Erwartungen sollen also eine realistische Grundlage haben. **Erwartet, euch gesundheitlich und finanziell zu verbessern, glücklicher und erfolgreicher zu sein.** Unter erfolgreich verstehen wir heute, schwächende Emotionen wirksam abbauen zu können. Die schwächenden Emotionen sind es, die euch eurem Wachstum im Wege stehen. Ihr könnt nicht wachsen, wenn ihr gegen alle anderen Ärger, Angst, Groll und Neidgefühle hegt. Ihr könnt jedoch wachsen, wenn ihr Gott bittet, euch zu helfen, diese Gefühle abzulegen und sie durch Seine Liebe, Seinen Frieden und Seinen Reichtum zu ersetzen. Dies ist der Schlüssel zum Erfolg in diesem Prozeß.

Nur wenn ihr alle diese Emotionen, die euch Energie rauben, an Gott abgeben könnt, werdet ihr geistig wachsen. Ihr müßt verstehen, daß dies kein Prozeß ist, der von heute auf morgen geschieht. Ihr werdet euch eine ganze Zeit lang bewußt damit befassen müssen. Ihr müßt lernen, euch auf Gott und auf uns zu verlassen, damit wir euch dabei helfen. Das ist nicht leicht, aber es wird schließlich sehr gewinnbringend sein. Das wichtigste wird sein, Gottes Stimme hören zu können, die euch in Sicherheit führt.

Stellt euch als Beispiel die Leute vor, die mit einem großen Kofferradio auf der Schulter herumlaufen, das ihnen so laut wie möglich ins Ohr dröhnt. Seht ihr, welche Isolation und welch vollständigen Realitätsverlust das bewirkt? Sie sind sich ihrer Umgebung und der liebenswerten Menschen um sie herum nicht bewußt, und, was das wichtigste ist, wie kann Gott ihre Aufmerksamkeit gewinnen oder ihnen Führung zuflüstern? Menschen dieser Art haben es schwer, innerlich zur Ruhe zu kommen. Nur wenn Herz und Bewußtsein ruhig sind, kann Gott mit euch sprechen.

Man kann sagen, daß eure schwächenden Emotionen das gleiche sind wie so ein großes Radio. Ihr habt dann so etwas wie ein Tonband in eurem Denken und Herzen laufen, das euch immer wieder alles erzählt, was euch geschehen ist, was euch verletzt oder geärgert hat. Euer Herz und Gemüt sind übervoll von solch schwächenden Gefühlen, die Liste all der Ängste und Ärgernisse quillt über von den Gedanken an euer „armes kleines Ich“. Euer Selbstmitleid raubt euch nicht nur Energie, sondern hindert euch letztendlich auch daran, rechtzeitig die Stimme Gottes in euch zu vernehmen.

Um diesen Teufelskreis zu beenden, sollt ihr beten und Gott bitten, euch aus diesem Karussell aussteigen zu helfen. **Bittet Gott um Hilfe, daß ihr euch den Gefühlen, die angeschaut werden müssen, stellt und sie dann auflöst.** Es gibt eine Haltung, die euch hindert, in dieser sehr wichtigen Übung voranzukommen, und das ist Verdrängen. Denkt nicht einen Augenblick, daß ihr diese Emotionen nicht tief in euch hättet. Sie sind da und können sich sehr leicht in eurem Herzen und Gemüt breitmachen. Bevor ihr es wißt, werdet ihr ihr Spiel mitspielen. Wenn ihr denkt: „Ich habe keine solchen Gefühle mehr", dann täuscht ihr euch. Wenn ihr denkt, ihr hättet euer Inneres ganz und gar von allen schwächenden Emotionen gereinigt, dann täuscht ihr euch. Sie sind so tief in der Menschheit verwurzelt, daß es der Bemühungen eines Herkules bedarf, um euch davon zu befreien.

Aber verzweifelt nicht, denn ihr habt Ihn, der euch helfen kann und will, ihr habt Gott, den Vater und Schöpfer aller Dinge. Betet jeden Tag für euch selbst und für andere, die sich auch in diesem Prozeß befinden. Betet füreinander, und durch eure vereinten Bemühungen im Gebet werden alle es schaffen. Versteht jedoch, daß dies täglich geschehen muß. Es wird nicht eines der Gebete sein, das ein für allemal erhört wird. Die Gewohnheit, auf schwächende Weise zu denken, ist in euren Genen festgelegt. Es ist die Krankheit, von der wir das letztemal gesprochen haben. Sie ist von den Urseelen verursacht. Jetzt müßt ihr die Reaktion bekämpfen, die ihr seit Jahrhunderten erlernt habt, Millionen und Millionen von Jahren der Übung in diesen Gefühlen. Nur mit Gott und seiner Hilfe kann jeder einzelne darüber Herr werden.

Bittet zuerst darum, diese Emotionen in euch zu erkennen. Diese Art von Gefühlen kann sich sehr gut vor euch verstecken. Es geht um Verdrängen! Um das, was sagt: „Ich bin nicht so schlecht wie Hans oder Franz! Sie sind es, die wirklich verdrängen! Ich sehe ihre Angst, ihren Ärger und ihren Groll!" **Versteht, daß ihr in anderen nur euer eigenes Inneres gespiegelt seht.** Wenn ihr die Wut eines anderen leicht sehen könnt, dann deshalb, weil sie in euch ist und ihr sie erkennt. Wenn ihr Angst oder Verdrängung in anderen Menschen seht, dann deshalb, weil sie auch in eurem Herzen und Gemüt vorhanden sind. Vielleicht stellt sich eure Angst als „gute" Angst dar, als eine, die euch vom Feuer fernhält oder euch vor großen Höhen warnt. Vielleicht habt ihr diese Ängste in einer übertriebenen Form. Es ist dennoch eine unrealistische Angst, über die ihr keine Kontrolle habt.

Wenn ihr erkannt habt, daß auch ihr wie all die anderen verdrängt, könnt ihr besser für euch selbst und für alle Menschen in der Welt beten. Bittet darum, von euren Süchten und Unzulänglichkeiten befreit zu werden, und fangt an, sie aufzustöbern, ganz gleich, wie unschuldig sie euch erscheinen mögen. Dann arbeitet ihr daran, euer Bewußtsein für die Zeit zu reinigen, wo ihr die Stimme Gottes hören müßt, für die Zeit, wo es lebenswichtig für euch sein wird, Seine Führung zu hören. Diese Arbeit kann jeder einzelne nur für sich selbst tun. Eltern können ihren Kindern diese Aufgabe nicht abnehmen. Was die Frau tut, um sich selbst von ihren Süchten und Fehlern zu befreien, wird ihrem Mann nichts nützen. Niemand kann sich leisten, hier selbstgefällig oder träge zu sein. Jeder Mensch muß diese Aufgabe für sich selbst erfüllen. **Alles, was ihr für eure Lieben tun könnt, ist, Gott um Gnade für ihre Seele und ihr inneres Wesen zu bitten. Betet, daß sie die Wahrheit ihres Seins erreichen.**

Faßt euch ein Herz; seid dankbar dafür, daß ihr, wenn ihr zusammenkommt, um euch auf die Zukunft vorzubereiten, viele Geister um euch habt, die mit euch beten. Ihr habt spirituelle Wesenheiten um euch, die an eurem persönlichen Fortschritt genügend interessiert sind, um euch für alle Zeiten zur Seite zu stehen. Wenn ihr aus den Ängsten, dem Ärger und dem Groll herauskommt, sind wir gleich da, um diesen Raum mit Liebe aufzufüllen. Bittet uns um Hilfe bei dieser überaus wichtigen Aufgabe. Ruft uns an, damit wir euch warnen, wenn ihr dabei seid, in alte Denkweisen zurückzufallen. Wir lieben euch dafür, daß ihr euch wirklich auf die Zukunft vorbereiten wollt. Ihr müßt verstehen, daß dies nur spirituelle Vorbereitungen sind. Es ist Zeit für spirituelle Vorbereitungen, für innere Arbeit, und bald werdet ihr die Stimme Gottes hören, die euch anleitet zu tun, was auf der Erde an Vorbereitungen nötig ist.

Diese Reinigung eurer selbst ist so wichtig, daß Gott diesen Gedanken vielen Menschen in vielen verschiedenen Lebensbereichen eingibt. In den Religionen setzt sich diese Idee durch. In

Selbsthilfegruppen ist dieser Prozeß im Gange. In den Schulen wird er den Kindern zusammen mit Lesen, Schreiben und Rechnen beigebracht. Es geht um die Fähigkeit, zu wählen und zu sagen, was in eurem Leben geschehen soll. Das Programm „Sag' einfach Nein“ zu Drogen ist ein Teil dieser Lektion. Es gibt den Kindern den ersten Gedanken darüber ein, daß sie es sind, die über ihr Leben entscheiden, und daß sie sich nicht an die Zeit oder die Lebensweise ihrer Kameraden anzupassen brauchen. Dieselbe Lektion wird denen gegeben, die daran arbeiten, sich von ihren Süchten zu befreien. Es hat sich als lebenswichtig herausgestellt, mit diesem Konzept der Selbstbeherrschung und der eigenen Entscheidung zu arbeiten, aber nur mit der Hilfe einer höheren Macht.

Nun sollt ihr dieselbe Botschaft in euer Herz und Gemüt aufnehmen. Erwartet, daß es wirkt. **Erwartet gute Ergebnisse. Jetzt ist die Zeit, alles aus eurem Herzen und Denken zu entfernen, was euch daran hindert, die Stimme Gottes zu hören.** Das ist euer Ziel. Darauf arbeitet ihr hin – um euch auf die Zeiten vorzubereiten, wenn die Erde erschüttert und Chaos auf ihr herrschen wird. Aufgrund dieser inneren Vorbereitungen werdet ihr ruhig und sicher bleiben in dem Wissen, daß Gott euch führt. Ihr werdet immer in Gottes Liebe und Fürsorge sein. Betet viel für euch selbst und für andere. Betet füreinander, während ihr alle daran arbeitet, alles auszumerzen, was die Stimme Gottes daran hindert, zu euch durchzudringen.

Die Bruderschaft

Kapitel 17

Die Macht des Gebets

Die beste Hilfe für andere ist das Gebet (Herbstrückblick)

Die Bruderschaft, 9. September 1989

Es ist Zeit, einen Rückblick auf alles zu halten, was ihr gelernt habt. Es ist immer gut, Rückblick zu halten und sich an die Wahrheiten Gottes zu erinnern. Folgendes habt ihr schon gelernt und über Wochen als Wahrheit verinnerlicht.

Gott ist der Schöpfer alles Sichtbaren und alles Unsichtbaren, alles Bekannten und alles Unbekannten. Er ist gleichzeitig reine Energie, reine Liebe, absolutes Licht und noch viel, viel mehr. Gott ist mehr als irgend jemand sich vorstellen kann, und Er ist viel liebevoller, als ihr erkennen könnt. Gott ist in allem und ist alles. Gott lebt in allen Welten und ist zu allen Zeiten in jedem Geschöpf. Gott ist die Lebenskraft, die Seine Welt beseelt. Gott ist Vater und Mutter des Universums. Gott ist Geist, und nur im Geiste könnt ihr euch mit Ihm verbinden.

Euer wahres Leben ist geistiger Natur, und ihr weilt nur für kurze Zeit auf dieser Erde. Das Leben, wie ihr es auf Erden kennt, ist eine Lebensschule. Diese Welt ist das Schulhaus, in dem ihr eure geistigen Lektionen lernen sollt. Es gibt das Gesetz von Ursache und Wirkung, das alle Welten regiert. Es ist ein spirituelles Gesetz und als solches unveränderlich. **Was ihr auf der Erde denkt, ist das, was ihr auch leben werdet. Wie ihr euch auf dieser Erde fühlt, entscheidet darüber, in welchen Umständen ihr euer Leben lebt. Das Leben selbst währt ewig.** Ihr lebt seit Anbeginn der Zeit und seid viele Persönlichkeiten gewesen. Während all eurer Leben habt ihr vieles getan, was sich in eurem heutigen Leben widerspiegelt. Ihr seid ein Zusammenschluß all dessen, was ihr mit der Zeit gelernt habt. Die Bedingungen eures Lebens sind vor eurer Geburt beschlossen worden.

Ihr habt absolute Willensfreiheit. Es ist euer Recht und eure Pflicht, für euch selbst zu entscheiden. Diese Entscheidungsfreiheit ist ein göttliches Recht, das euch zu keiner Zeit entzogen werden kann. **Aufgrund dieser Willensfreiheit wird Gott nur dann in euer Leben eingreifen, wenn ihr ihn darum ersucht.** Und dann tut Er nur, worum ihr Ihn bittet. Er übernimmt nicht das Steuer und lebt nicht euer Leben für euch. Das selbst zu tun ist nicht nur eure Verpflichtung, sondern euer göttliches Recht.

Zeit und Raum sind Erscheinungen, mit denen ihr auf der Erde zu tun habt, doch gehören sie nicht zum spirituellen Leben. Für Gott sind sie kein Thema, und deshalb antwortet Er, **wenn Er eure Gebet erhört, immer sofort. Im Geiste ist immer JETZT.** Selbst wenn ihr auf der Erde lebt, lebt ihr im Jetzt, es ist nur euer Eindruck, in der Vergangenheit und in der Zukunft zu leben. Das gehört zu dem dreidimensionalen Leben, das ihr auf der Erde lebt.

Ihr seid vor allem eurem eigenen spirituellen Wachstum verpflichtet. Ihr müßt verstehen, daß das nur scheinbar eurer Selbstsucht dient; in Wahrheit schenkt es euch die Freiheit, den anderen im rechten Geist zu dienen. In dem Maße, wie ihr in eurem spirituellen Wachstum voranschreitet, helft ihr auch, das Rassenbewußtsein zu heilen. In dem Maße, wie ihr an euren eigenen Gedanken und Gefühlen arbeitet, werdet ihr klarer in eurem Bewußtsein, eurem Denken und Handeln. Versteht, daß ihr in Wirklichkeit nur euch selbst verbessern könnt. Ihr habt keine Kontrolle über irgend jemand anderen. **Ihr könnt anderen Menschen und euren Lieben am besten dadurch helfen, daß ihr für sie betet.** Denkt daran, daß ihr verbessern sollt, was verbessert werden kann, und einfach annehmen sollt, was sich nicht ändern läßt.

Denkt auch daran, daß ihr nie allein seid, wenn ihr Gott den Vater um Hilfe anruft. **Gott kann euch in jedem Augenblick zur**

Hilfe kommen. Seine Liebe kommt in einer Weise, die nur Er kennt. Wenn ihr jeden Tag Gott den Vater bittet, mit euch zu sein, wird Er euch helfen, alles, was nötig ist, anzunehmen oder es zu verbessern; und Er wird euch das Wissen schenken, was an welcher Stelle angebracht ist. Ihr werdet im Geiste und in der Wahrheit Gott näher und deshalb vollkommener sein. Ihr könnt euch mit Gott verbinden, wenn ihr alle Furcht, allen Ärger und derlei Gefühle aus eurem Innern tilgt.

Ihr wißt auch, daß ihr Ärger, Neid, Eifersucht und alle schwächenden Gefühle am besten dadurch überwindet, daß ihr sie Gott übergebt. Laßt Seinen Geist in euer Leben ein. **Übergebt alles, was ihr seid, an Gott, und laßt Seine große Weisheit in euer Leben ein.** Es ist euch klar, daß dies ein fortlaufender Prozeß ist, ein Prozeß, der jeden Tag von neuem in Gang gesetzt werden muß.

Ihr versteht auch, daß eure Bibel voller Wahrheiten ist, die euch leiten, wenn ihr nur daran denkt. Bittet Gott, euch die Botschaften hinter den Worten zu erklären. Der Mensch hat die Fähigkeit, Gott durch sein Denken und seine Gefühle sprechen zu hören. In dieser Weise spricht Gott mit uns allen. Ihr denkt auch daran, daß Beten bedeutet, mit Gott und allem, was Gott ist, zu sprechen. Meditation ist euer Vermögen, innerlich still zu werden und Gott sprechen zu hören.

Dies ist eure Aufgabe auf der Erde – danach zu trachten, Gott kennenzulernen und durch euer Herz und Denken Verbindung mit Ihm aufzunehmen. Ihr sollt alles, was ihr seid, Gott übergeben: all eure Gefühle, all eure Gedanken, all eure Überzeugungen und Verhaltensweisen. Ihr braucht nicht erst irgend etwas zu werden, bevor ihr mit Gott in Verbindung treten könnt. **Gott liebt euch genau so, wie ihr in diesem Augenblick seid.** Er erwartet keinerlei Vollkommenheit von euch, nur eure Bereitwilligkeit. Gott kann und will euch in allem vervollkommnen, was der Vervollkommnung bedarf. Ihr braucht euch nur auf Gott zu konzentrieren und auf eure geistige Verbindung mit Ihm. Macht euch keine Sorgen um Geld, Freunde, nahestehende Menschen oder sonstige Umstände. Wenn ihr euch Gott ganz übergebt, wird für alles in eurem Leben gesorgt sein.

Euer erstes Ziel im Leben ist, die Verbindung mit Gott ständig aufrechtzuerhalten. Wenn ihr euer Leben so leben könnt, wird es glücklich und dauerhaft sein. Denkt an Jesu Worte: **„Trachtet zuerst nach dem Reich Gottes, und alles andere wird euch dazugegeben“ (Matthäus 6,33). Dies ist das erste Gebot, und es ist die wichtigste Regel von allen.**

Versteht also, daß alles, was ihr im Leben braucht, eine starke Verbindung zum Gottesbewußtsein ist. Trachtet danach, dieses Leben mit Hilfe des Gottesbewußtseins spirituell zu leben.

Die Bruderschaft

Gebete für das Wohlbefinden

Maria, 9. September 1989

Die Liebe, die ich in meinem Herzen fühle, ist da, weil Gott zuerst uns alle geliebt hat. **Es ist in Wirklichkeit Gottes reine Liebe, die wir in Seinen Welten weitergeben.** Ja, ich habe eine Bitte. – „Schon wieder“, sagt ihr vielleicht – aber in Wirklichkeit ist es dieselbe Bitte, die ich seit Monaten an euch richte. Ich bitte euch, für euch selbst, eure Lieben und die Bevölkerung der Welt zu beten. Ich bitte euch, dieses Gebet folgendermaßen oder in ähnlicher Form zu beten:

„Vater Gott, ich bitte Dich auf Mutter Marias Wunsch, in die Herzen und Gemüter aller Männer, Frauen und Kinder dieser Welt Deine Liebe zu senden. Ich bitte Dich, daß Du uns allen unsere falschen Gedanken und Überzeugungen vergibst. Vergib uns unser Unwissen, unser falsches Denken, wenn wir meinen, es gäbe viele Götter, wo es in Wirklichkeit nur Dich gibt, Vater.

Hilf uns allen auf der Erde, die Irrtümer einzusehen, die wir durch den Mißbrauch unseres Landes, unseres Denkens und unseres

Herzens begehen. Hilf uns allen, alles zu berichtigen, was uns daran hindert, das Licht Deiner Liebe zu sehen.

Vater Gott, hilf uns allen, in unserem eigenen Leben das zu ändern, was geändert werden muß, das anzunehmen, was sich nicht ändern läßt, und vor allem, Vater Gott, gib uns die Weisheit, das eine vom anderen zu unterscheiden. Wir bitten darum, Vater Gott, daß unsere Arbeit an uns selbst dem kollektiven Bewußtsein der Menschheit helfen möge. Möge dies bald die normale Denkweise sein – daß die Menschheit nur an Dich und Deine Liebe denkt.

Sende Deinen Frieden in die Welt und in die Teile der Welt, die von Krieg zerrissen sind. Hilf jedem Menschen, deinen Frieden in seinem Herzen und seinem Denken und Leben widerzuspiegeln. Ich übergebe alles, was ich bin, Dir, Vater Gott. Ich übergebe alles, was ich zu sein hoffe und was ich sein kann, Deiner Liebe. Danke, Vater Gott, daß Du mein Gebet erhörst. Amen."

Wenn genügend Menschen die Wirkungen der Krankheit, die auf der Erde wütet, aus ihrem Denken und Herzen entlassen haben, werdet ihr alle spirituelle Freiheit und geistige Erlösung erfahren. Dann wird euer Herz und Denken klar werden, um durchdrungen zu sein von Gott und allem, was Gott ist. Die Menschen werden euch sehen, erfüllt und strahlend von Licht. Dieses Licht ist Gott, wenn Er in euch lebt.

Wahrlich, Gott ist Licht, und wo Licht ist, kann keine Dunkelheit sein. Nehmt das ganz wörtlich. Wenn ihr mich gesehen habt, dann habt ihr gesehen, daß ich von Gottes Licht durchdrungen war. Es ist nicht einfach eine Widerspiegelung, sondern die Quelle allen Lichts, die in mir ist. Das Licht Gottes schließt alle dunklen, schwächenden Gefühle, alle Krankheit und alles Gewalttätige aus. Die Süchte dieser Welt werden verschwunden sein und ebenso ihre Auswirkungen. Nicht nur die Süchte sind eine Auswirkung dieser ursprünglichen Krankheit, sondern auch alle anderen körperlichen, mentalen und emotionalen Krankheiten, die es heute auf der Erde gibt. Die Menschheit wird frei sein von aller Krankheit und allen Behinderungen. Ihr werdet frei sein von allen Formen der Schwächung, von Hunger, Krankheit, Kriegen, Kriminalität und Korruption. Das ist wahre Freiheit. Keiner dieser Zustände hat im Lichte Gottes Bestand. Es sind Zustände der Dunkelheit, und diese Dunkelheit verschwindet im Lichte Gottes.

Meditiert über Liebe, Frieden und Freiheit. Behaltet diese Worte in euch. **Meditiert über eure Verbindung zum Gottesbewußtsein; das hilft allen Menschen, sich mit Gott zu verbinden.**

Ich bitte auch jeden von euch, darum zu beten, daß meine Botschaft an die Welt veröffentlicht wird.[11] Ich verstehe, daß nicht alle Menschen glauben werden, daß dies meine Botschaft ist, denn sie wird als zu stark betrachtet werden. Die Menschen denken an mich nur als die Liebende, und das ist gut, aber selbst die liebevollste Mutter muß zuweilen streng sein mit ihren Kindern, wenn diese Kinder in Gefahr sind. Auch im Geiste gibt es „strenge Liebe". Es gibt Zeiten, wo eine Mutter sagen muß: „Wach auf Kind, und sieh, wohin du gehst. Schau dir dein Leben an und höre meinen Rat." Helft mir beten, daß die Menschen dieser Welt die Warnung hören und in meinen Erscheinungen die Wahrheit sehen.

In dem Maße, wie diese Familiengruppe wächst und mehr Menschen kommen, um die Botschaften zu hören, die ihr empfangt, wächst die Aufnahmebereitschaft in eurem Rassenbewußtsein. Betet viel für die Menschen, die euch nahestehen. Immer mehr Menschen werden anfangen, sich ihrer eigenen inneren Vorstellung von Gott zuzuwenden. Macht euch niemals lustig über anderer Menschen Art, Gott anzubeten, versucht es ihnen nicht auszureden. Es gibt Menschen, die sich zu sehr auf die äußeren Elemente ihrer Religion versteifen. **Betet statt dessen, daß jeder Mensch auf Erden mit spirituellen Augen das sehen kann, was wichtig ist.** Betet für alle Mormonen, Moslems, Juden, Hindus, Buddhisten, Katholiken, Protestanten und für alle Menschen. Betet für die Atheisten und die Agnostiker und für jene, die bei ihrer Suche nach Gott den eigenen Weg vorziehen.

---

[11] Das Buch *Marias Botschaft an die Welt* (Christa Falk Verlag, 1992)

Es gibt nur einen Gott, einen Himmel und eine geistige Welt. Alle Menschen kommen früher oder später in diese geistige Welt. Nicht eine Seele wird verloren sein. Wir haben die ganze Ewigkeit, um darauf zu warten, daß die Seelen vorankommen, aber wenn jeder von euch und jeder von uns betet, wird es schneller gehen. Diese Zeit des Einsseins mit Gott wird wie ein Blitz kommen, denn wenn das Rassenbewußtsein die Idee des Einsseins mit Gott begriffen hat, geschieht es im selben Augenblick.

Meine Sorge gilt heute dem körperlichen und spirituellen Wohlbefinden der Völker der Erde. Wenn in den Zeiten der Veränderung in ihren Herzen zuviel Angst ist, werden sie im Geiste zurückfallen. Diese Angst muß getilgt werden. Aus diesem Grunde bete ich viel für die Menschen der Erde. Ich bete darum, daß sich jeder mit Gott und Seiner reinen Liebe verbindet. Aus diesem Grunde bitte ich euch, mir beim Beten zu helfen, **denn die Gebete wirken von Natur aus zusammen, und alle Gebete dienen diesem einen Ziel.**

Meine Liebe ist mit euch allen. Jesus und ich sind bereit, euch zu helfen, und wir sind dankbar für eure Hilfe bei dieser großen Aufgabe. Ihr könnt helfen, und wenn ihr helft, dient es eurem eigenen Wohl. Betet täglich und allabendlich darum, daß meine Botschaft die Welt erreicht. Ich danke euch für eure Bemühungen und eure Liebe.

Maria, die Mutter Jesu

Das Leben ist ein Spiel: Feuert euch an!

Die Bruderschaft, 24. September 1989

Unsere Freude ist in euch und mit euch, ebenso wie unsere Liebe. Wir spüren, daß wir euch eine große Aufgabe gestellt haben. Denkt nicht, daß ihr die Veränderungen in eurer eigenen Persönlichkeit bald erzwingen könnt. Das ist eine immerwährende Aufgabe, eine, die ein ganzes Leben in Anspruch nimmt. Aber es ist auch eine

Aufgabe, die ihr nicht allein vollbringen müßt. Gott als göttliche Liebe ist bei jeder Veränderung immer mit euch. Er ist immer gegenwärtig, und Er ist sich eures Kampfes stets bewußt.

Wir bitten euch, euch in Freude zu verändern. Lebt jeden Tag in Freude und Liebe, so verändert ihr euch allmählich und ohne große äußere Mühe. Zuerst müßt ihr euch innerlich verändern, und immer mit Gottes Hilfe. Auch wir stehen zu rascher Hilfe bereit, aber ihr müßt uns und Gott anrufen. Lebt jede Minute so, als wäre es eure letzte Minute auf Erden. Lebt jede Minute dicht bei Vater Gott, bei Jesus und bei uns. So habt ihr bei euren täglichen Aufgaben unseren Beistand. Lebt in dieser Minute oder in dieser Stunde, und macht euch keine Sorgen darum, ob ihr gut seid. **Diese Methode, immer nur jetzt, nur in dieser Minute oder Stunde zu leben, wird euch durch viele Veränderungen tragen. In kurzer Zeit werdet ihr es geschafft haben, nur im Hier und Jetzt zu leben.** Es wird euch ohne Schwierigkeiten gelingen, in der jeweiligen Stunde zu leben, macht diese Stunde zu einer vollkommenen spirituellen Erfahrung.

Gebt acht, daß ihr niemals, wirklich niemals mit euch rechtet. Seid freundlich mit euch. Wenn ihr nicht genügend motiviert seid, werden euch Vorhaltungen noch weniger motivieren. Seid euer eigener bester Ansporner. Macht euch Affirmationen, so wie es heutzutage die jungen Damen tun, um ihr Football-Team anzufeuern. Ihr, Jesus, Gott und wir sind ein Team. **Feuert euch mit positiven Leitsätzen an.** Gebt euch etwas, das euch beglückt. Selbst wenn ihr niedergeschlagen seid, feuert euch an! Dieser Vergleich mit den „Cheerleaders“, den jungen Damen, die die Sportmannschaften anfeuern, gefällt uns. Ihr seid das Team, wenn ihr jeden Tag in seiner ganzen Fülle lebt. Ihr seid die Anfeuerer, und das Gottesbewußtsein ist euer Trainer. In dieser Jahreszeit ist, wie wir sehen, der Sport sehr wichtig. Seht euch als Spieler in einem spannenden Spiel. Es ist das Spiel des Lebens. Es wird nur kurze Zeit gespielt.

In diesem Lebensspiel gibt es natürlich Zeitabschnitte, die Kindheit, die Jugend, die Zeit als junger Erwachsener. Es gibt die Zeit, wo ihr Kinder großzieht oder ein reifes Leben führt. Dann kommt die Zeit des Alters. Jeder von euch ist sein eigener Schiedsrichter. In Wirklichkeit spielt ihr in jeder Position, aber wenn ihr das Gottesbewußtsein zum Trainer nehmt, zeigt es euch die besten Methoden, den Gegner zu überwinden. **Bedenkt, daß der Gegner nicht irgendein schlechter oder böser Geist ist, sondern einfach die Aspekte eurer Persönlichkeit, die geändert werden müssen. Der Kampf findet in eurem Innern statt!**

Wir möchten euch einfach bitten, diese Zeitspanne eures Lebens mit der Spannung und Freude eines aufregenden Spiels zu leben. Gleich, wie das Spiel verläuft – mitreißend, ermüdend oder gar enttäuschend –: Die rechten Anfeuerer lassen sich nicht beirren, sie ermutigen ihre Spieler unentwegt: „Kommt 'raus und gewinnt! Wir wissen, daß ihr's könnt! Kämpft, kämpft, kämpft! Versucht es noch mal! Ihr könnt es! Ihr könnt es!" Das ist die Ermutigung der Freude. Das ist die Ermutigung der Liebe.

Ermutigt euch selbst mit Freude und Liebe. Seid euch eurer Fortschritte bewußt. Dies ist vielleicht ein schwieriges Spiel, aber macht es wie die *Cheerleaders,* jubelt immer weiter für eure Mannschaft. Bleibt dem Trainer treu, vertrauensvoll und gläubig ergeben. Wißt, daß es die da oben gibt, die jedem Spiel zuschauen, das sind wir. Arbeitet mit uns, und wir geben euch die persönlichen Botschaften, um euch bei dieser großen Aufgabe beizustehen. Wir können das nur in der privaten Kommunikation mit euch. Wir bitten jetzt jeden von euch, das automatische Schreiben zu erlernen, damit wir euch helfen können.

Versteht, daß jeder von euch in dieses Leben eingetreten ist, um einen bestimmten Aspekt seines inneren Selbst zu schleifen und zu polieren. **Ihr seid mit einer Absicht gekommen, und diese Absicht war nicht, die Menschen um euch herum zu korrigieren, sondern euch selbst. Ihr seid gekommen, um an euch selbst zu arbeiten!** Denkt daran, vor allem für euch selbst zu beten. Bittet Vater Gott jeden Morgen, während des Tages mit euch zu sein, damit ihr den Tag in einer Haltung der Veränderung leben könnt. Lebt voller

Ermutigung und Liebe. Konzentriert euch auf das, was ihr erreichen möchtet. Laßt die Gedanken, die mit „ich sollte“ anfangen, die Gedanken an Versagen und die Selbstanklagen beiseite. Wenn ihr merkt, daß ihr in solche Gedankenmuster zurückfallt – euch zu sagen, daß ihr so dumm seid, daß ihr es wieder nicht geschafft habt, daß ihr dies oder jenes hättet tun sollen –, dann hört auf damit! Diese Gedanken müßt ihr sofort fallenlassen. Ersetzt sie durch einen ermunternden Zuruf, etwa: „Du bist gestolpert und gefallen, steh wieder auf! Nimm den Ball (dein Ziel) und renn' auf das Ziel los! Lauf, lauf! Und schau nicht zurück! Schau nur auf das Ziel!“

Vergeßt nicht, daß ihr nur die Dinge ändern könnt, die veränderbar sind. Findet also zuerst heraus, ob diese Angewohnheit oder jene Denkweise überhaupt veränderbar ist. Vielleicht versucht ihr ja etwas Unmögliches. Wenn sich diese Angewohnheit oder jener Charakterzug nicht ändern lassen, dann ist es nur eine Verschwendung von Mühe, Zeit und Energie. Findet heraus, wer der Gegner ist. Was ist das Ziel? Wie sind die Regeln dieses Spiels? Dies sind die Richtlinien für euer Spiel des Lebens, die Richtlinien, die euch ins rechte Denken bringen werden. Hört auf eure Ansporner. Hört ihre ermutigenden Zurufe. So spannend und aufregend ist das Leben. Auch wir sind euer Ermutigungsteam, wir feuern euch an, jeden von euch, denn daß ihr das Spiel gewinnt, ist uns und dem Rassenbewußtsein unendlich wichtig.

Wir meinen das ganz wörtlich. Findet irgendeine Art von Affirmation, mit der ihr euch jeden Tag anspornt – etwas ganz Einfaches wie: „Du kannst es! Du schaffst es! Du kannst heute in ... leben.“ Setzt in die Lücke etwas ein wie Nüchternheit, Einklang mit dem Universum, Frieden, Abstinenz, Liebe oder Freude, und seid euch bewußt, daß ihr mit eurem Ziel nie allein seid. Ihr könnt dieses Leben in seiner ganzen Fülle leben. Ihr könnt es schaffen, euer Herz und Gemüt von allem Ärger, aller Angst und allen schwächenden Gefühlen zu befreien. Ihr könnt euer Herz und Gemüt still machen, um die Stimme Gottes zu hören.

Die Bruderschaft

Die Kraft der Gebete summiert sich

Maria, 24. September 1989

Liebe Kinder, ich komme heute, um euch meiner Liebe zu versichern, wenn ihr euch im Glauben an Vater Gott und in Liebe zu Ihm versammelt. Ihr werdet bald schwierige Zeiten erleben. Ich bitte euch, eurem Ruf treu zu sein. Bleibt eurer inneren Suche nach einer klaren Zwiesprache mit Gott treu. Diejenigen, die in sich eine Veränderung bewirkt haben, werden die Stimme Gottes hören, die sie an sichere Orte geleitet. Ich verstehe, daß es nicht einfach oder angenehm ist, sich zu verändern, aber die Wirkung einer solchen Veränderung ist groß. Eure Veränderungen kommen nicht nur euch selbst, sondern auch euren Kindern und deren Kindern zugute, das heißt, selbst wenn ihr keine Kinder habt und niemals haben werdet, wirken sich die Veränderungen, die jetzt in jedem von euch geschehen, auf die kommenden Generationen aus.

Bleibt eurer Suche nach dem Gottesbewußtsein und der Essenz Gottes treu. Bleibt beständig in eurem Streben nach Überleben. Damit werdet ihr geistig sehr viel erreichen. **Seid euch im klaren darüber, daß sich die Kraft der Gebete summiert, daß jedes Gebet zu den Gebeten hinzukommt, die ihr oder wir schon ausgesandt haben.** Betet jeden Tag nicht nur für euch selbst, sondern auch darum, daß die Gemüter der Menschen, der Regierungen und der Führer der Welt gereinigt werden. Ich bete darum, daß die Menschen, wenn sie meine Erscheinungen in dieser Welt sehen, verstehen mögen, daß ich komme, um sie zu warnen, um sie aufzurütteln und auf die großen Veränderungen aufmerksam zu machen, die ganz sicher geschehen werden.

Manche Regierungen werden sich bereits der klimatischen Veränderungen bewußt. Die Völker sehen allmählich, daß in diesem oder jenem Teil der Welt etwas geschieht, worüber der Mensch keine Kontrolle hat. Die Stürme sind bereits stärker und häufiger geworden. Es gibt Anlaß, aufmerksam zu werden, und ich bin gekommen, um die Warnsirenen ertönen zu lassen. Ich komme, um die Gläubigen zum Beten und Dienen aufzurufen, zum Dienst der Selbstveränderung, damit sich die Welt auf sanfte Weise verändern kann.

Die riesigen Geldsummen, die für Untersuchungen der klimatischen Veränderungen ausgegeben werden, sind reine Verschwendung. Die Untersuchungen sagen euch nichts voraus. Die Untersuchungen, die die Regierungen in Auftrag geben, bewirken nichts außer noch mehr Verwirrung. Achtet nicht auf die Warnungen der Menschen, sondern hört auf die leise kleine Stimme in eurem Innern. Denkt daran zu beten, während ihr euch auf die Veränderungen konzentriert, die ihr bewirken könnt. **Denkt daran, daß durch Gebet und Meditation im Äther vieles erreicht wird.** Nehmt euch etwas Bestimmtes vor und bekräftigt es immer wieder. Sagt euch zum Beispiel: „Ich bete soundso oft das Vaterunser, und damit bete ich für die Erleuchtung der Welt." Oder betet für den Weltfrieden oder dafür, daß die Hoffnungslosigkeit ein Ende findet. Betet darum, daß die göttliche Liebe jeden Süchtigen erreicht und ihm von Veränderung spricht. Nur auf diese Weise finden wahre Veränderungen statt.

Die Regierungen der Welt konzentrieren sich darauf, Drogenhändler zu bestrafen, aber sie sollten sich lieber an die Menschen halten, die die Drogen benutzen. Wenn niemand mehr Drogen nimmt, haben die Händler keinen Markt mehr. Wenn genügend Süchtige sich geändert haben, sehen immer mehr von ihnen das Licht von Ermutigung und Hoffnung. Viele Menschen in der heutigen Gesellschaft sind ohne Hoffnung. Sie sagen: „Diese Sucht ist stärker als ich. Ich bin schwach. Ich habe nicht das Vertrauen, mich ändern zu können." Alle Menschen verdrängen sehr viel. Sie sagen: „Bald werde ich mich ändern. Bald, in ein, zwei Wochen, werde ich an die Folgen meiner Handlungen denken." Aber sie wissen wenig davon, daß die Zeit kurz ist und daß Veränderungen dieser Größenordnung ein langer und langsamer Prozeß sind. Betet für die Menschen, die ihre kleinen Süchte verheimlichen, und für die, die ihren Körper mißbrauchen, daß sie das Licht sehen. Wenn das

Licht der Wahrheit in das Bewußtsein der Menschen gedrungen ist, werden sie ihre Gewohnheiten nicht mehr verleugnen.

Betet für die Süchtigen, für die Regierungen der Welt, für die Angehörigen der Süchtigen, für die Gesellschaft der Welt. Jeder Mensch ist auf irgendeine Weise von diesem überall wütenden Mißbrauch betroffen. Jeder Bereich der Gesellschaft ist geschädigt; selbst diejenigen, die mit Drogen und Alkohol gar nichts zu tun haben, mißbrauchen ihren Körper durch zuviel Essen, Sex, Arbeit oder andere Gewohnheiten, die sich in ihrem Leben breitmachen. Die Menschen können auch religiös süchtig werden. Wenn ein Mensch mehr Zeit für Angelegenheiten seiner religiösen Auffassung verwendet als für das Gebet, dann mißbraucht er sein Bewußtsein. Es ist gleichgültig, welche Religion die meisten Leute in die Kirche zieht oder welche das meiste Geld hat. Die Gewänder der Priester oder die Ausstattung einer Kirche zählen nicht. Was zählt, ist der Geist der Religion. Es ist der Geist der Menschen, auf den es ankommt.

Maria, die Mutter Jesu

Selbstloses oder egoistisches Beten

Jesus, 7. Oktober 1989

Ich begrüße euch, liebe Kinder. Ich möchte mit euch über das Gebet sprechen. Ich verstehe, daß viele Unklarheiten über dieses Thema herrschen. Es gibt zweierlei Art von Gebet: Ihr könnt in einer bestimmten Form mit Gott sprechen, wie zum Beispiel im Vaterunser, oder aber formlos. **Es ist eine Sache des Herzens und nicht der Worte. Es ist die Absicht, die zählt. Auf keinen Fall geht es um das Hersagen bestimmter Sätze.** Gott schaut in euer Herz, wenn ihr betet, und sieht eure wahre Absicht.

Während der letzten Wochen wollte Annie immer einmal nach egoistischem oder selbstlosem Beten fragen. Sie wollte wissen, was der Unterschied ist. Die Organisationen (AA und AL-Anon), denen sie und David angehören, propagieren selbstloses Beten. Das verstand sie nicht.

Es ist alles ganz einfach. Was heißt Egoismus im allgemeinen? Egoismus will immer alles nur für sich und ist stets darauf aus, die eigenen Bedürfnisse erfüllt zu sehen. Egoismus ist ganz und gar mit sich selbst beschäftigt, andere zählen nicht, außer daß sie es euch schuldig sind, eure Wünsche zu erfüllen. Egoismus kennt nur sich selbst, und das ist wichtiger als alles andere in der Welt.

Wenn ihr egoistisch betet, wollt ihr, daß eure Bedürfnisse, Wünsche und Hoffnungen erfüllt werden, ohne daß ihr irgend etwas dazu tut, einfach weil ihr darum gebeten habt. Ihr denkt niemals an irgend jemand anderen. Ihre Bedürfnisse oder Wünsche werden unwichtig, und es dreht sich immer und zuerst alles um euch selbst.

Um selbstlos beten zu können, müßt ihr verstehen, daß jeder Mensch auf der Erde dieselben Bedürfnisse und Wünsche hat. Was ihr für wichtig haltet, hält jeder andere auch für wichtig. Wenn ihr selbstlos betet, laßt ihr Gott euch das geben, was ihr wirklich braucht und wünscht. Ihr wißt zuweilen nicht, was ihr braucht, und zuweilen nicht einmal, was ihr euch wirklich wünscht.

Alles hat seinen Preis! Um selbstlos zu beten, müßt ihr bereit sein, den Preis zu zahlen. Der Preis wird nicht immer in Geld bezahlt, sondern in Form von Verhalten oder anderen Folgen.

Eine Frau zum Beispiel betet um ein Kind. Sie möchte schwanger werden und das Kind zu Hause entbinden. Die Konsequenz ist, daß sie die Schwangerschaft mit all ihren möglichen Risiken akzeptieren muß. Dann muß sie die Mutterrolle mit all ihren Verantwortlichkeiten auf sich nehmen. Sie muß auch wissen, daß dieses Kind achtzehn bis zwanzig Jahre lang in ihre Verantwortung und Obhut gegeben ist. Dies ist der Preis für die Erhörung ihres Gebetes um ein Kind.

Vielleicht bittet ihr um ein Geschäft. Seid ihr bereit, lange, harte Stunden zu arbeiten, ohne anfänglich dafür bezahlt zu werden? Seid ihr bereit, für das Wohl eurer Untergebenen verantwortlich zu sein und sie während der Geschäftsstunden zu führen? Seid ihr bereit, dem Geschäft euer Privatleben zu opfern? Seid ihr bereit, am Anfang keine Freizeit zu haben?

Alles hat seinen Preis, und ihr müßt bereit sein, den Preis für das, worum ihr gebeten habt, zu zahlen, damit euer Gebet erhört wird.

Nun, kehren wir zum selbstlosen Beten zurück. Wenn ihr selbstlos betet, bittet ihr darum, daß die Gebete aller Menschen ebenso erhört werden wie die euren. Betet darum, daß alle Geschöpfe glücklich sind. Betet um Gesundheit, Wohlstand und Glück für alle. Das ist selbstloses Beten. Ihr müßt bereit sein, allen Menschen, allen Wesen, die Erhörung ihrer Gebete zuzugestehen.

Ich betete selbstlos, als ich im Garten Gethsemane war. Ich betete: „Wenn es möglich ist, daß dieser Kelch an mir vorübergehe (die Kreuzigung), dann laß es geschehen“ (Matthäus 26,39). Dann betete ich um den Mut, diese Aufgabe durchzustehen. **Das ist selbstloses Beten – wenn ihr es dem Gottesbewußtsein überlaßt, die letzte Entscheidung zu treffen.**

Manchmal müssen Menschen körperlich leiden, um ihr Karma abzutragen. In diesem Falle sollte man um den Mut bitten, diese Aufgabe zu meistern. Vielleicht müssen sie auch, wie im Fall von Annie[12], verzeihen und Ärger loslassen, der viele Jahre lang innerlich festgehalten wurde.

Doch zuerst muß der Schmerz bewußt gemacht werden, um verziehen werden zu können. Ein egoistisches Gebet wäre in einem solchen Falle: „Ich möchte um keinen Preis Schmerzen erleiden. Bitte nimm den Schmerz weg, auch wenn ich nichts daraus lerne.“ Ein selbstloses Gebet wäre: „Gib mir den Mut, den Schmerz zu ertragen, damit ich verzeihen kann.“

Gott wird das selbstlose Gebet zuerst erhören. Gott schenkt euch den Mut und verkürzt die Zeit des Schmerzes, wenn ihr selbstlos betet. Gott wird den Eheleuten, die sich selbstlos darauf vorbereiten, Verantwortung für ein Kind zu übernehmen, dieses Kind auch schenken.

---

[12] Das bezieht sich auf Annies Heilung von Inzest.

Um selbstlos zu beten, betet zuerst und vor allem für andere. Dann erbittet für euch selbst, was ihr möchtet. Wenn ihr nicht wißt, wie ihr beten sollt, dann bittet um Führung. Wenn ihr nicht recht wißt, was ihr wirklich wollt, und Klärung braucht, um eine Entscheidung treffen zu können, dann bittet um Führung und Weisung. **Gott ist nichts unmöglich, es sei denn, ihr verschließt euch selbst vor Ihm.** Gott kann nicht in ein Bewußtsein eindringen, das sich vor Ihm verschlossen hat. Gott kann nicht mit einem Herzen oder Bewußtsein sprechen, das alle Antworten in sich selbst sucht.

Vergeßt nicht, darum zu beten, daß für die Bedürfnisse und Wünsche aller Menschen gesorgt werden möge. Bittet zuerst und vor allem um ihre spirituelle Heilung. Das ist das wirklich selbstlose Gebet. Betet für eure Lieben und ganz besonders für eure Feinde. Betet einfach für alle Menschen, die euch kritisieren, euch lächerlich machen oder beleidigen. Dies ist die reinste Form selbstlosen Betens. Betet für euren Heimatplaneten Erde. Betet für alle Menschen.

Gott wird nicht die Macht an sich reißen und euch gegen euren Willen geben, was euch not tut. Wenn Er das täte, würde Er euch zu Robotern machen. Er beraubte euch damit euer Willensfreiheit und eurer Selbstbestimmung, und das würde bedeuten, daß Er Sein Versprechen bräche. Gott nimmt Seine Versprechen allen Welten gegenüber äußerst ernst. Er bricht Sein Wort und Sein Versprechen nie. Gott leidet, wenn Seine Kinder die Warnungen, die ihnen übermittelt werden, nicht beachten. Er leidet, wenn die Menschen sich von Ihm abwenden, denn Gott weiß, daß jeder dieser Menschen über Äonen hinweg viel Leid erfahren wird. Er wünschte, jeder Mensch wäre von Drogensucht und allen schädlichen Gewohnheiten frei. Diese Abhängigkeiten sind die Früchte des Sündenfalls, als sich die ersten Seelen von Gott dem Vater abwandten.

Mit Gott zu sprechen, wie ihr mit euresgleichen sprechen würdet, ist die höchste Form des Gebets. Sprecht mit Gott über alle eure Sorgen, alle eure Nöte und alles, was euch beschäftigt. Sagt Gott, was euch betrübt, was ihr in diesem Leben gerne hättet, was ihr erreichen möchtet. Sprecht ungeschminkt mit Ihm, in euren eigenen Worten. Erzählt Gott von euren Nöten, euren Freuden, euren Bedürfnissen und Wünschen. Vor allem stellt Ihm eure Fragen. Er kann und wird all eure Fragen beantworten. Betet förmlich oder formlos, wie ihr wollt. Geht in irgendeine Kirche oder setzt euch einfach ins Freie und betet Ihn an.

Dem Wort „anbeten“ hat Gott folgende Bedeutung verliehen: **Er möchte, daß ihr anbetet, indem ihr EINS mit IHM werdet.** Bemüht euch, all das Geschnatter aus eurem Kopfe zu verbannen und wirklich still zu werden in der Erwartung, daß ihr und Gott euch begegnen und eure Kräfte in Liebe vereinen werdet.

Gott weiß, daß ihr unterschiedliche Vorstellungen von Ihm habt. Wißt jedoch, daß Gott alles ist, also ist Er auch das, was ihr euch unter Ihm vorstellt. Er ist auch, was sich insgesamt alle Menschen unter Ihm vorstellen. Er kann ganz klein werden oder Er selbst sein und riesengroß. Er ist als Energie zu spüren oder einfach als Angenommensein. Gott nimmt jeden Menschen an. Er versteht deine (Annies) Not und weiß, daß du dir wünschst, daß alle Kinder lernen, was du lernst. Aber bete für all diese Kinder, Annie, und laß ihnen die Freiheit, ihren eigenen Weg zu gehen.

Gott verspricht nicht, euer Leben zu erleichtern. Er verspricht, in jedem Teil eures Lebens mit euch zu sein. Er gibt euch, worum ihr Ihn bittet, in Form von Hilfe. **Versteht, daß Gott wartet, bis ihr Ihn um Hilfe bittet. Er wartet, bis ihr Ihn anruft.** Bevor Gott euch rein materielle Besitztümer überläßt, wird Er euch etwas für euer Herz und Bewußtsein geben.

Als erstes werdet ihr euer Problem verstehen, eure Feinde liebenlernen, freundlich zu allen Menschen, nachsichtig mit euren Kindern zu sein. Gott schenkt euch Vorstellungen, wie ihr eure Arbeit, euer Zuhause und euer Leben verbessern könnt. Gott macht euch empfänglich für Gedanken, die euch helfen werden, eure eigenen Probleme zu lösen. Das ist Seine Erste Hilfe.

Viele Menschen beten wie im Lied: „O Herr, bitte schenk mir einen Merzedes Benz.“ So wirkt Gott nicht. Er teilt nicht einfach zu, sondern Er führt euch in die richtige Richtung. Gott gibt euch Lehrer, die euch unterweisen werden, wenn ihr dazu bereit seid. Er zeigt euch, wie ihr euch selbst helfen könnt, und, was das wichtigste ist, Er bringt euch zur rechten Zeit zum rechten Ort. Das sind Gottes Versprechen. Er hilft euch, eure Herzenswünsche zu erfüllen, und darunter versteht er die Wünsche eures tiefinnersten Wesens, nicht des Herzens, an das ihr denkt, wenn ihr etwas unbedingt zu haben wünscht.

Denkt immer daran: Sprecht ungekünstelt mit euren eigenen Worten in der euch eigenen Sprache zu Gott. Das ist wahres Beten. Betet und werdet eins mit Gott.

Jesus

Die Freude, eine Verpflichtung einzugehen

Die Bruderschaft, 21. Oktober 1989

Heute wollen wir von Verpflichtung sprechen und von allem, was dies umfaßt. Es ist keine Lektion, die euch belasten soll; sie soll euch nur daran erinnern, eure Verpflichtung euch selbst, Gott und den anderen gegenüber zu erneuern.

Wenn ihr eine Verpflichtung eingegangen seid, herrscht eitel viel Freude und eine festliche Stimmung. Nehmt zum Beispiel das Hochgefühl einer feierlichen Hochzeit. Alle Menschen lieben diese Art von Feierlichkeit, denn sie ist ein Neuanfang, der Beginn eines neuen gemeinsamen Lebens. Selbst wenn ihr schon eine Zeitlang verheiratet seid, wird euch warm ums Herz, wenn ihr in eurem Innern die Ehegelübde auffrischt. Es gibt auch andere Arten von Verpflichtungen und Einweihungen, die einer Hochezeit ähnlich sind, weil sie den Übergang in ein neues Leben markieren, wie zum Beispiel die Taufe, Schulabschlußfeiern oder Examensfeste. In manchen Religionen gibt es auch die Feier zum 15. Geburtstag der Mädchen. All dies sind Feste des Übergangs in ein neues Leben.

Jeder von euch ist sich selbst und Gott gegenüber eine neue Verpflichtung eingegangen, als ihr in dieses neue Leben der Suche nach geistigen Botschaften eingetreten seid. Schon seit vielen Monaten strebt ihr danach, euch selbst und eure Zukunft besser zu verstehen. Ihr habt dadurch allmählich mehr vom Gottesbewußtsein und Seinem Wesen kennengelernt. Ihr versteht jetzt, daß das Leben in Wirklichkeit eine Schule ist, in der ihr lernt und übt. Ihr versteht, daß euer Leben in Wirklichkeit im Geiste und nicht auf der Erde gelebt wird. Wir bitten euch, eure Verpflichtung gegenüber euch selbst und Gott zu erneuern. Beginnt mit neuer Hingabe, spirituelles Wissen und Verständnis zu erwerben.

Wir haben euch vielleicht mehr gegeben, als ihr aufnehmen konntet. Doch wir glauben nicht, daß dies wirklich der Fall ist. Es ist nur manchmal überwältigend und zu viel, als daß ihr es in euer bewußtes Denken aufnehmen könntet. Euer Unterbewußtsein erkennt und versteht die Wahrheit. **Die Wahrheit ist, daß ihr in Liebe empfangen wurdet, daß ihr euer Leben in Liebe lebt und weiter spirituell in Liebe leben werdet. Diese Liebe ist Gott, ist göttliche Liebe.**

Verpflichtet euch jetzt, in diesem Augenblick, immer daran zu denken, wie sehr ihr geliebt seid, wieviel Liebe in jedem eurer Gedanken und Gefühle ist. Jeder Mensch auf Erden verstrickt sich manchmal in seinen Alltag und vergißt. Ihr vergeßt, daß dies eine Schule ist, und nehmt das Leben zu ernst. Ihr vergeßt, daß es darum geht zu üben und daß jeder Tag eine Übungsstunde ist. Ihr verfangt euch in dem Gedanken, daß dieses Leben alles ist. Ihr hört die Worte, aber ihr versteht ihre Bedeutung nicht und nehmt ihren Sinn nicht wirklich in euch auf.

Erneuert jetzt eure Verpflichtung gegenüber euch selbst. Jeder von euch verpflichte sich, dieses Leben in Freude und mit Geduld zu leben. Verpflichtet euch, jeden Tag daran zu denken, daß ihr in Liebe empfangen und erschaffen wurdet und in wirklicher Liebe lebt. Wenn ihr das tut, werdet ihr verstehen, daß das, was euch so ungeheuer ernst und wichtig scheint, es in Wahrheit gar nicht ist. Fragen, die euch verwirren, werden euch auf einmal sonnenklar. Geheimnisse werden euch enthüllt, und dieses Leben wird zu einem Leben der Freude.

Vater Gott wollte nicht, daß irgend jemand von euch leidet oder sich so sehr in dieses Leben verstrickt, daß ihm die Wahrheit aus den Augen gerät. Dies ist eine Schule, und deshalb habt ihr Unterricht in verschiedenen Fächern, zum Beispiel in Geduld, Vergebung, Vertrauen, Ehrlichkeit, Duldsamkeit und Liebe. Dies sind nicht nur spirituelle, sondern ganz reale Lektionen. Wo Nachsicht geübt wird, wirken Liebe und Vergebung. Wo Geduld das Zepter führt, herrscht Toleranz. Wo Ehrlichkeit sich zeigt, stellt sich Vertrauen ein. Es gibt noch viele Lektionen dieser Art. Aber denkt immer daran, daß ihr geliebt seid. Ihr habt nicht nur Vergebung zu erlernen, sondern auch Gottes Vergebung anzunehmen. Er handelt an euch so, wie ihr lernen sollt zu handeln.

Freut euch und seid euch bewußt, daß unsere Vorhersagen die lautere Wahrheit sind. Dies ist der Anfang vom Ende. Es wird zunehmend große Erdbeben und Stürme geben. Dann geht es darum, euer Wissen anzuwenden: Richtet euer Hauptaugenmerk auf das geistige, nicht auf das irdische Geschehen!

Wie setzt ihr das nun in die Tat um? Verpflichtet euch, euer Leben im Geiste und in göttlicher Liebe zu leben und euch täglich oder, wenn es sein muß, jeden Augenblick an die große Liebe zu erinnern, die euer Erbe ist und euch jetzt gehört. Tut, was ihr könnt, um ein zufriedenes Leben zu führen, und trachtet danach, euer spirituelles Verständnis zu erweitern. Räumt den weltlichen Gütern nicht zu viel Wichtigkeit ein, denn in ein paar Jahren werden sie nicht mehr so sein, wie sie jetzt sind. Alles wird sich verändern.

Lebt dieses Leben in seiner ganzen Fülle, und denkt immer daran, was wirklich ist und was nicht. Manche von euch stehen vor dem Problem, berufliche Ziele festzulegen. Tut, was ihr könnt, um das Geld zu verdienen, das ihr bekommen könnt. Verstrickt euch jedoch nicht in Wettbewerbs- oder Führungskämpfe. Auf der Erde geht es darum, mit euren Mitmenschen auszukommen und diejenigen besser zu verstehen, die nicht wissen, was ihr wißt. Verdient, was ihr könnt, und strebt auch danach, gut zu verdienen, aber nicht auf Kosten der Zeit, die ihr für Gebet und Meditation benötigt. Das Spirituelle soll immer das wichtigste bleiben.

Vergeßt nie, wie wichtig Gebet und Meditation sind. Laßt nichts und niemanden euch davon abhalten. Wenn ihr beten und meditieren könnt, übersteht ihr gut die Zukunft. Die Erschütterungen der Erde beginnen schon jetzt. Schon jetzt wird das Klima von Menschen mit Sorge beobachtet, die sich in der Vergangenheit dafür entschieden hatten, die Veränderungen zu übersehen. Es ist spät, liebe Kinder; die Zeit eurer Reifeprüfung rückt nahe. Bereitet euch vor und seid auf die letzte Prüfung gefaßt, die Prüfung des Vertrauens in Gott den Vater.

Vergebt jeden Tag und, wenn nötig, jeden Augenblick allen Menschen in eurer Vergangenheit und Gegenwart alle Kränkungen und Indiskretionen. Verzeiht allen, die euch angegriffen haben, sei es in Worten, in Gefühlen oder körperlich. Vergebt allen Menschen augenblicklich. Vergebt denen, die die Wahrheit nicht erkennen; aber vor allem vergebt euch selbst, liebt euch und seid nachsichtig mit euch selbst. **Verpflichtet euch heute, so zu lieben, wie ihr geliebt werdet, so zu vergeben, wie euch vergeben wird, und so verständnisvoll zu sein, wie ihr verstanden werdet. Verpflichtet euch, dieses Leben in Freude, Frieden und Liebe zu leben.**

Verpflichtet euch, euer Verständnis von den Dingen des Geistes zu erweitern und die spirituellen Lektionen, die ihr schon gelernt habt, zu üben. Übt euch darin, euch von Gott leiten zu lassen, der euch in Wahrheit und immer in Liebe führt. Verlaßt euch darauf, daß das Gottesbewußtsein euch hilft, immer mehr zu wissen und zu erfahren.

Manche von euch sehen sich Lektionen gegenüber, die sie sehr schwierig finden. Die Schwierigkeit besteht darin, sie Gott zu übergeben, einer höheren Macht, als ihr selbst es seid. Die Lektionen, die wir euch in diesem letzten Jahre übermittelt haben, sind sehr real. Alle diese Worte sind die Wahrheit. Deshalb möchten wir euch dringend bitten, euch diese Lektionen immer wieder vorzunehmen und euch daran zu erinnern, was ihr schon gelernt habt. Übt das Gelernte. Aber wißt, daß es in dieser Schule keine schlechten Noten gibt und daß ihr nicht getadelt oder auf irgendeine Weise bestraft werdet. Die Strafe liegt darin, daß ihr euch vom Gottesbewußtsein abwendet und euch auf eure eigenen Kräfte verlaßt. Eure Kraft aber wird nicht ausreichend sein.

Viele von euch sind jetzt verwirrt, wie sie dieses Leben leben sollen mit all dem Wissen, das ihr jetzt habt. **Lebt dieses Leben in seiner ganzen Fülle. Gebt den geistigen Dingen den Vorrang, aber seid euch dessen bewußt, daß die geistigen Dinge im Leben zu praktizieren sind.** Indem ihr eure Macht und Herrschaft an Gott abgebt, gewinnt ihr. Indem ihr von euch selbst gebt, empfangt ihr. Betet jeden Tag beim Aufstehen und dankt immer Vater Gott. Das bringt euer Herz und Denken in die rechte Verfassung. Es bringt euch in Einklang mit der All-Energie. Dann geht in euren Tag hinein und widmet euch allem, was getan werden muß, in Liebe.

Plant diese Woche und bittet Vater Gott, euch alles zu geben, was ihr braucht, um das Leben zu leben, das ihr euch wünscht. Denkt jedoch immer daran, daß Vater Gott euch feine Hinweise auf Gelegenheiten gibt. Es ist an euch, sie zu ergreifen. Wenn ihr zum Beispiel den Gedanken habt, eure Stelle zu wechseln oder eure beruflichen Ziele zu ändern, dann geht ins Gebet und bittet um Erhellung dieses Punktes. Vertraut darauf, daß euer inneres Selbst euch das Nötige enthüllen wird, so daß ihr wißt, was zu tun ist.

Achtet auf euren Körper und tut alles, um ihn zu stärken. Achtet auf euer Denken und denkt die Gedanken, die euch Kraft geben. Sprecht mit euch selbst und erzählt euch von der Liebe, die in euch ist, und von der Kraft, mit der ihr verbunden seid. Ihr könnt alles schaffen, aber ihr müßt auf Gott vertrauen, euch in allem auf Gott den Vater verlassen. Betet um das Verständnis, das Wahre von dem unterscheiden zu können, was nur wahr erscheint. Auf der Erde gibt es viel falschen Glanz. Mit Gottes Hilfe werdet ihr in jeder Lage das wahre Gold aufspüren.

Verpflichtet euch dazu, dieses Leben vom heutigen Tage an in der Wirklichkeit des Geistes zu leben. Verpflichtet euch zu einem Leben des Gebets und der Meditation. Verpflichtet euch, die geistigen Dinge als das Wichtigste in eurem Leben zu betrachten, und alles, was ihr lernt, in Liebe zu erlernen. Verpflichtet euch, euch zu bessern, euer Denken, euren Körper, euer Herz nicht mehr zu mißbrauchen. Trennt euch von allen Arten des Mißbrauchs. Wenn ihr das schwierig findet, dann betet um Kraft und Erleuchtung.

Denkt immer daran, daß Gott den Mißbrauch wirklich verabscheut. Liebt statt zu mißbrauchen. Bedient euch für euer Leben auf der Erde spiritueller Mittel. Seid sehr sorgsam mit eurem inneren Selbst und sucht die innere Führung, die jedem Menschen zur Verfügung steht. Behandelt euch selbst und alle anderen Menschen liebevoell, selbst die, die euch beleidigt haben. Vergebung ist etwas ganz Wesentliches. Liebe ist für euch auf der Erde ebenso lebenswichtig, wie sie es für uns im „Himmel" ist. Benutzt alle Gebete, die für euch eine Bedeutung haben. Benutzt alle Meditationen, die eurem inneren Selbst etwas bedeuten. Denkt immer daran, daß wir, genauso wie Vater Gott und Jesus, nur die Spanne eines Gedankens von euch entfernt sind. Wir sind auf der Stelle da, wenn ihr uns ruft. Aber ihr müßt uns rufen, ihr müßt rufen nach Gott dem Vater, dem Schöpfer und Allmächtigen.

Die Bruderschaft

Anhang

Automatisches Schreiben

Die Bruderschaft, Jesus und Maria sprechen während der „Botschaften an unsere Familie" immer wieder davon, daß die Mitglieder der Familie das „Schreiben" erlernen sollten, und zwar auf dieselbe Weise, wie Annie ihre Botschaften empfing. Ursprünglich nannten wir diese Art des Empfangens „automatisches Schreiben", später aber, wie schon in der Einleitung gesagt, „kosmisches Diktat". Annie sagt oft: „Automatisches Schreiben hat gar nichts AUTOMATISCHES an sich." Niemand kommt herein und bewegt deine Finger, so daß sie schreiben oder tippen. Man schreibt einfach auf, was einem in den Sinn kommt.

Annie lernte das automatische Schreiben aus Jean Fosters Buch *The God Mind Connection.* In der neuen überarbeiteten Ausgabe erzählt Jean in Kapitel 14 „Ein Team mit der Bruderschaft bilden", wie sie lernte, durch ihr Bewußtsein mit der Bruderschaft zu kommunizieren. In diesem Kapitel wird auch erklärt, daß wir alle „automatisch schreiben" könnten, wenn wir uns nicht durch das Ego unseres „Erdenbewußtseins" selbst von dieser kosmischen Informationsquelle abschneiden würden. sWenn wir uns öffnen und ernsthaft danach streben, uns mit dem Gottesbewußtsein zu verbinden, dann hilft uns die Bruderschaft, nicht nur diese Verbindung herzustellen, sondern auch die Wahrheiten des Gottesbewußtseins zu verstehen, die jedem Menschen zur Verfügung stehen.

Im Jahre 1981 hatte ich (Byron) den Impuls, aufzuschreiben, auf welche Weise ich für unsere Familienmitglieder Botschaften durch automatisches Schreiben aufnehme. Ich finde auch jetzt noch, daß meine Fähigkeit in dieser Hinsicht nicht besonders ausgeprägt ist, aber diese Botschaft war die klarste, die ich je empfangen habe.

Hier teile ich sie mit in der Hoffnung, daß sie Ihnen helfen wird, über die Bruderschaft Ihre eigene Verbindung zum Gottesbewußtsein herzustellen.

Byron Kirkwood, 4. Juni 1989

Ich rufe die Bruderschaft Gottes an. Ich möchte etwas darüber veröffentlichen, wie das automatische Schreiben vor sich geht. Ich weiß nicht genau warum, aber ich habe den Eindruck, es könnte nützlich sein. Könnt ihr mir dabei helfen? Ich habe ein paar Ideen, wie ich es anpacken sollte, aber ihr habt einen größeren Blickwinkel, und das hilft mir vielleicht.

Ja, Byron, dein Vorhaben kommt zur rechten Zeit; als dir der Gedanke kam, haben wir, wie du schon vermutet hast, mit dir zusammengearbeitet. Ja, wir wollen dir helfen; danke, daß du darum bittest. Nun, wie fangen wir an? Laß uns darüber nachdenken, wie wir das Verfahren am besten einführen. Sprich dein Gebet und rufe uns so an, wie du es normalerweise tust, während wir einen Augenblick nachdenken.

Automatisches Schreiben

Automatisches Schreiben ist ein neuer Begriff, der eine Art der Kommunikation mit Gott und anderen Wesen in der geistigen Welt beschreibt, die seit Jahrhunderten in Gebrauch ist. Auch die Bibel ist auf diese Weise jenen übermittelt worden, die die Worte Jesu und der Jünger in lesbare Form brachten.

Dies ist nur eine Art, mit Gott zu kommunizieren. Es gibt viele Arten – Channeling ist ein weiterer „neuer Begriff" für eine sehr alte Kommunikationsweise. Channeling ist genausowenig neu wie automatisches Schreiben. Es ist die Art, wie Gott durch die Propheten des Altertums sich kundgab. Beides sind einfach

Wege, die Gott eingerichtet hat, damit der Mensch mit Ihm kommunizieren kann. Man muß dabei sein Bewußtsein leeren, und Gott, die Bruderschaft, Jesus oder irgendein Wesen in der geistigen Welt anrufen. Manche benutzen diese Form der Kommunikation zum Spiel und um sich zu vergnügen, aber sie steht euch aus einem viel wichtigeren Grunde zur Verfügung – um den Menschen mit Gott zu verbinden und damit der Mensch seine eigene Verbindung mit dem Gottesbewußtsein entwickeln kann, eine Verbindung, die euch buchstäblich in der nahen Zukunft das Leben retten kann.

Was ist notwendig, um automatisch schreiben zu können? Nicht viel. Jeder Mensch hat diese Fähigkeit. Es ist sehr gut, zuerst zu beten und zu meditieren. Ihr müßt ernsthaft mit Gott oder der geistigen Welt in Verbindung treten wollen. Gott wird euch nicht zwingen, Ihn anzurufen, und auch niemand anders kann euch dazu bringen, zu channeln oder zu schreiben. Es muß aus eurem eigenen freien Willen geschehen.

Eine der Ängste bei jeder Form spiritueller Kommunikation ist, daß irgendein „böser oder übler" Geist Besitz von euch ergreifen könnte. Das ist Unsinn, aber wir sehen, daß dies eine weitverbreitete Vorstellung ist. Es gibt in Wirklichkeit nur spielerische und fehlgeleitete Geister, die euch vielleicht verwirren können. Um dies auszuschalten, könnt ihr ein Gebet sprechen und Gott bitten, euch zu schützen. Es kann etwas ganz Einfaches sein, wie zum Beispiel: „Gott, bitte beschütze mich während des Schreibens vor allem, was mich täuschen könnte." Oder ihr könnt im Geiste uns, die Bruderschaft Gottes, Jesus, Maria oder wen immer, mit dem ihr sprechen möchtet, anrufen. Wir – die Bruderschaft – und die, die mit uns verbunden sind, können euch nur die Wahrheit übermitteln. Das ist von Gott so vorgesehen, und wir haben einen Eid geleistet, nur die Wahrheit zu sprechen.

Nun zum „automatischen Schreiben". Das kann natürlich von Hand geschehen; wenn ihr indes „tippen" könnt und Schreibmaschine oder Computer besitzt, habt ihr manche Vorteile.

Automatisches Schreiben setzt voraus, daß euer Bewußtsein völlig leer ist. Das ist für manche Menschen das schwierigste. Haltet Angst so weit wie möglich von euch fern. Byron hat ein sehr geschäftiges und aktives Wachbewußtsein. Er denkt immer darüber nach, wie er seine Arbeit vervollkommnen und sein Los im Leben verbessern könnte. Es hat ihn viel Zeit und Mühe gekostet, zu dem Punkt zu gelangen, wo er sein Bewußtsein leer machen konnte.

Sprecht ein Gebet, nachdem ihr euer Bewußtsein leer gemacht habt. Byron und Annie benutzen das Vaterunser zu Beginn ihrer Sitzung. Es gibt ihrem Bewußtsein und auch uns das Signal, daß sie bereit sind, mit uns in Kontakt zu treten. Ruft uns (oder das Wesen, das ihr erreichen möchtet) dann im Geiste an. Byron sagt oft: „Ich rufe die Bruderschaft Gottes, Gott selbst, Jesus, Maria, Joseph oder nur einen nahen Verwandten. Niemand anderen." Das öffnet das Tor (der Kommunikation) nur für die, an die er sich wendet. Wenn ihr nur zu uns (der Bruderschaft) sprechen möchtet, dann sagt einfach im Geiste: „Ich rufe die Bruderschaft Gottes an." Ihr könnt es auch auf ein Stück Papier oder auf den Bildschirm tippen oder schreiben. Es hat für uns keine Bedeutung, aber vielleicht hilft es euch. Dann macht euer Bewußtsein leer und tippt oder schreibt, was immer euch in den Sinn kommt, ganz gleich, wie lächerlich es sich im Augenblick vielleicht anhört. Verzichtet auf jede Deutung, während ihr empfangt. Schreibt es einfach auf. Später könnt ihr zurückgehen und es lesen und Korrekturen anbringen, wo sie nötig sind. Das ist mit einem Computer einfacher auszuführen. Byron und Annie haben ein Rechtschreibprogramm, das Schreibfehler aufspürt, und sie korrigieren anschließend alle Fehler, die beim Tippen hineingekommen sind. Automatisches Schreiben ist ganz ähnlich wie ein Diktat. Es kommt leicht vor, daß ihr ein Wort falsch schreibt, daß ihr ein Wort aufschreibt, das ähnlich klingt, oder die Satzzeichen falsch setzt. Deshalb ist es in Ordnung, noch einmal zurückzugehen und Fehler zu korrigieren. Wenn ihr wie Annie Fortschritte im automatischen Schreiben macht, werdet ihr in eurem Innern vollständige Konzepte empfangen, die euer Bewußtsein in Worte umsetzen wird. Es ist wichtig, zu erklären, daß wir die Wörter benutzen müssen, die sich in eurem Bewußtsein befinden. Wir schicken die Gedanken, und euer Bewußtsein sucht dafür die Wörter und Sätze aus, die ihr normalerweise benutzen würdet. Deshalb sind in manchen unserer Schriften bestimmte „Slang"-Ausdrücke und Redewendungen der Umgangssprache zu finden. Nun zurück zum Aufschreiben der Botschaft. Wenn wir fertig sind oder das Gefühl haben, daß es genug für euch ist, dann hören wir auf. Wir wollen euch nicht ermüden. Ihr setzt das Tempo fest. Wenn wir zu schnell sprechen, dann bittet uns, langsamer zu reden, und wir werden es tun. Normalerweise merken wir, wenn ihr müde werdet. Sagt uns einfach: „Bitte langsamer", und wir werden langsamer diktieren.

Wir empfehlen euch, das, was ihr auf diese Weise aufschreibt, aufzuheben. Unsere besten Übermittlungen kommen als Antwort auf Fragen, die ihr uns stellt. Als Antwort auf persönliche Fragen können wir sehr persönlich sein. Manche dieser Antworten wollt ihr vielleicht nicht einmal aufheben; vielleicht wollt ihr nicht Gefahr laufen, daß irgend jemand sie findet. Wir können euch besser helfen, wenn ihr Fragen stellt, deshalb fragt ohne Umschweife. Wir sind über viele Leben hinweg gut ausgebildet worden und meinen, euch helfen zu können; wenn wir als Gruppe die Antwort nicht wissen, bitten wir immer Gott, uns die richtige Antwort für euch in den Mund zu legen.

Vielleicht habt ihr Fragen zum automatischen Schreiben. Ihr könnt Annie oder Byron fragen; falls ihr selbst anfangt, können wir sie in euren eigenen Schriften beantworten.

Wir von der Bruderschaft lieben alle Menschen und sind hier, um euch zu helfen, euren Weg zu Gott zu finden.

Die Bruderschaft Gottes

Im Folgenden fügt Annie ihren eigenen Kommentar hinzu und spricht darüber, wie sie selbst „schreibt“:

Ein Wort von Annie

Ich möchte gerne etwas darüber sagen, wie ich in meinem Bewußtsein Botschaften empfange. Ich kann mich nicht mehr gut daran erinnern, wie es am Anfang war – es ist nun sieben Jahre her, seit ich angefangen habe, auf diese Weise zu schreiben. Ganz von Anfang an war es mein Wunsch, mit den höchstmöglichen Führern, die ich erreichen konnte, zu kommunizieren. Es war mir außerordentlich wichtig, daß niemand anderer kam. Nun weiß ich, daß unsere „Absicht und unser Ziel“ darüber entscheiden, wer mit uns spricht. Ich hatte niemals Angst und dachte auch nie, daß meine Bitte nicht erhört werden würde. Ich habe immer zu Gott dem Herrn, Schöpfer von Himmel und Erde, gebetet. Ich weiß nicht mehr, wann ich Ihn zum erstenmal so beschrieben habe.

1987 begann ich immer mit einer Meditation. Wenn ich die Zeit hatte, meditierte ich bis zu einer Stunde, bevor ich mit dem Schreiben begann. Ich betete aufrichtig und eindringlich darum, daß ich mit den höchsten Wesen in Verbindung treten wollte. Ich wollte niemand anderen akzeptieren, und schon gar nicht einen Geist, der noch vor kurzem auf der Erde gelebt hatte. Ich entwickelte bald meine eigene Art zu beginnen, die ich noch immer benutze. Ich bitte Gott, mir zu helfen, meine Ängste zu überwinden, die Worte klar und deutlich von meinen höchstmöglichen Führern oder der Bruderschaft Gottes als dem Heiligen Geist zu hören. Wie ihr sehen könnt, rede ich sehr viel und mache sehr eindringlich klar, was ich tue und warum.

Ich mache es immer noch so, daß ich darum bete, klar und deutlich zu hören, was mir von ausschließlich diesen Wesenheiten übermittelt wird – von der Bruderschaft Gottes, von Mutter Maria, Jesus oder von Gott Selbst. Dann spreche ich das Vaterunser. Sobald ich „amen“ sage, fange ich an, Worte zu hören. Ich schreibe jedes Wort auf, das ich höre, genau so, wie es zu mir kommt. Ich buchstabiere die Wörter phonetisch und kümmere mich nicht um Satzzeichen oder Rechtschreibung. Am Anfang hatte ich Zweifel, aber ich habe weitergemacht. Später korrigiere ich dann, wie Byron in seinen Ausführungen sagt. Später fand ich zufällig heraus, daß ich, wenn ich das Geschriebene ein paar Stunden oder einen Tag lang weglegte, wirklich sagen konnte, daß das, was ich empfangen hatte, durch mich gekommen war und nicht aus meinem eigenen Bewußtsein. Das habe ich weiterempfohlen, wenn ich gefragt wurde.

Ich weiß, daß jeder auf diese Weise schreiben kann, wenn ich es kann. Ich habe keinerlei besonderen schriftstellerischen Talente und habe sie auch nie gehabt.

Noch etwas – ich frage immer nach, wer die Botschaft schickt. Ich frage gewöhnlich immer wieder nach der Identität der betreffenden Wesenheit.

Dieser Prozeß ist höchst erleuchtend für mich gewesen, und das ist nur das mindeste, was ich sagen kann. Er hat nicht nur mir und meiner Familie sehr geholfen, sondern wird jetzt auch Ihnen helfen. Ich möchte Sie ermutigen, sehr klar Ihre Absicht auszudrücken und darum zu beten, daß die Botschaft von der höchsten und heiligsten Stelle kommen möge. Ich wünsche Ihnen eine wunderbare Zeit beim Lernen, nach innen zu hören, und beim Aufschreiben dessen, was Sie hören.

Annie Kirkwood

Biographie

Annie und Byron Kirkwood heirateten im Jahre 1985. Ihre gemeinsame Familie besteht aus fünf Söhnen, zwei Schwiegertöchtern und zwei Enkelsöhnen. Annie ist Autorin von „Marias Botschaft an die Welt", Byron hat einen Survival Guide for the New Millenium (Überlebensführer für das neue Jahrtausend) geschrieben. Ihr neuestes Buch „Botschaften an meine Familie", ist eine Zusammenstellung von Botschaften, die Annie über einen Zeitraum von sechs Jahren als Lektionen für die allwöchentlichen Gebets- und Meditationstreffen der Familie empfing.

Annie war früher Krankenschwester; sie spielt gern Klavier und malt gelegentlich. Sie empfängt noch immer Botschaften.

Byron hat an der Southern Methodist University studiert und war früher in der Mikrocomputer- und Elektronikindustrie angestellt.

Zusammen bringen sie einen zweimonatlichen Rundbrief heraus, halten Vorträge und Seminare an verschiedenen Orten und betreiben einen Versandhandel für Artikel, die dem spirituellen Fortkommen und der Notfallbereitschaft dienen.

Kontaktinformationen

Um den englischen Rundbrief von *Marias Botschaft an die Welt* zu erhalten, wenden Sie sich bitte an:

Annie Kirkwood
B & A Products
P.O.Box 111249
Carrollton, TX 75011-1249
Tel. (214) 416-0141
Fax (214) 416-2141

Gott liebt mich so, wie ich bin!

Wenn ich betend am Altar sitze, liebt mich Gott.
Wenn ich im Gefängnis sitze, liebt mich Gott.
Wenn ich für die Kranken sorge, liebt mich Gott.
Wenn ich auf Raubzüge ausziehe, liebt mich Gott.
Bin ich glücklich, liebt mich Gott.
Bin ich traurig, liebt mich Gott.
Bin ich laut und wütend, liebt mich Gott.
Bin ich still und heiter, liebt mich Gott.
Wenn ich mißbraucht werde, liebt mich Gott.
Wenn ich mißbrauche, liebt mich Gott.
Wenn ich krank im Bett liege, liebt mich Gott.
Wenn ich frisch und munter bin, liebt mich Gott.
Wenn ich arm bin, liebt mich Gott.
Wenn ich arbeitslos bin, liebt mich Gott.
Wenn ich viel Geld verdiene, liebt mich Gott.
Wenn ich gewinne, liebt mich Gott.
Wenn ich zu verlieren glaube, liebt mich Gott.
Wenn ich enttäuscht und voller Groll bin, liebt mich Gott.
Wenn ich ständig im Gebet bin, liebt mich Gott.
Wenn ich deprimiert bin, liebt mich Gott.
Wenn ich guter Laune bin, liebt mich Gott.
Ganz gleich, wo ich bin, wer, wie oder was ich bin –
mit unermeßlicher und grenzenloser Liebe liebt mich Gott.

Ich werde geliebt, so wie ich bin!

Annie Kirkwood

Lesen Sie auch von derselben Autorin:

Marias Botschaft an unsere Familien

Band 2

ISBN 3-89568-015-X

und

Marias Botschaft an die Welt

ISBN 3-924161-62-3